网络调查的科学

THE SCIENCE OF WEB SURVEYS

［美］罗杰·图兰格（Roger Tourangeau）
［美］弗雷德里克·G. 康拉德（Frederick G. Conrad） 著
［美］米克·P. 库珀（Mick P. Couper）

翟洪江　余志刚　译

重庆大学出版社

前 言

本书探讨了网络调查的优点和局限性，试图对使用网络调查方法收集数据的文献进行全面的回顾。虽然这些文献包含了许多我们自己的论文，但本书不仅仅是对我们自己工作的总结。例如，在第7章中，我们对所有我们能够找到的使用网络调查方式与其他调查方式进行敏感话题调查的可比较的研究进行了荟萃分析（元分析）。其他章节中总结的一些研究，比如网络调查中的覆盖误差，我们自己研究的也并不多。除了总结已知的内容外，我们还试图为理解网络调查的特性提供理论框架。此外，第8章我们讨论了多种调查方式的组合模式，并提出了一个数学模型，用以理解多种调查方式组合模式调查中的误差估计。

本书采用总调查误差的分析框架，考察了抽样和覆盖（第2章）、无应答（第3章）、测量（第4—7章）以及多种调查组合模式问题（第8章）。第2章考察了消除网络调查估计偏差的统计方法（特别是对那些基于自愿加入的志愿者样本的估计值）。第8章讨论了基于多种调查方式组合模式进行参数估计的统计特性。第4章和第8章的实用性最强，会激起希望以此书为指导开展网络调查的读者的兴趣。第4章介绍了网络调查的基本设计问题，对输入组件到背景颜色都进行了讨论。第8章总结了前几章提出的所有建议。第4、5、6章主要关注我们自己在网络调查方面的研究，这些研究集中于网络数据收集特有的功能，例如其视觉特征（第5章）、与受访者互动的能力（第6章）以及其自填模式特征（第7章）。

我们能够对网络调查展开研究，得益于我们三个人以及我们曾经的合作者——国际市场战略公司的Reg Baker，获得的一系列资助。我们非常感谢美国国家科学基金会(NSF)和Eunice Kennedy Shriver国家儿童健康与人类发展研究所(NICHD)对我们的支持。国家科学基金会以赠款的形式为我们的工作提供了初期资金,资助了Tourangeau 和 Couper (SES-9910882),随后资助了 Tourangeau、Couper、Conrad和Baker (SES-0106222)。后来,国家儿童健康与人类发展研究所为该项目提供了额外的支持(5 R01-HD041386-01A1和2 R01 HD041386-06A1)。需要说明的是,无论是美国国家科学基金会还是美国国立卫生研究院,都无需对此书的结论负责。Cheryl Eavey是国家科学基金会方法论、测量和统计(MMS)项目的负责人,她一直是我们工作的坚定支持者,我们非常感谢她,但她也同样无需对本书结论负责。

Reg Baker除了对本书的大量学术贡献(以及他对本书早期手稿的真知灼见)之外,还承担了一系列网络调查的实施工作,我们的许多结论都是基于这些调查得出的。在这个过程中,他确实是个完美的合作者,在很多方面都是最有价值的帮手。他尽其所能地让我们的网络调查实践忠实于研究设计,并让我们了解运行过程中的真实情况。我们的网络调查实验是在mrInterview软件环境运行的,我们尽力地克服mrInterview的一些限制,虽然有时不太成功。我们感谢Reg和他优秀的同事(包括Scott Crawford、Gina Hamm、Jim Iatrow、Joanne Mechling和Duston Pope),我们的大部分研究是由他们设计、实施和运行的。另外,还有两位乐于助人的同事,Stanley Presser和Andy Peytchev,他们通读了本书的早期草稿,并从编辑的角度提出了很好的建议。我们感谢他们的帮助和鼓励。此外,我们还感谢Rick Valliant为我们审阅了第2章中的统计资料,非常感谢他的帮助。Catherine Tourangeau在第7章中提供了有价值的帮助(做了大量的模式比较研究),并且为本书做了索引。我们对她愿意承担如此乏味的任务表示感谢,对她的工作技巧表示赞叹。当然,我们也得到了很多优秀研究生的帮助,他们是Mirta Galešic、Courtney Kennedy、Becca Medway、Andy Peytchev、Cleo Redline、Hanyu Sun、Ting Yan、Cong Ye和Chan Zhang。没有他们,我们不可能完成此书。

目　录

阅读导航

带着思考和问题去阅读，最容易带来收获。为了方便读者更好地使用本书，本书的译者针对各章节的具体内容，提出了以下问题，尝试着为你的这一趟阅读之旅做一次向导。

我们鼓励读者在阅读中写下自己的思考和灵感，欢迎写下了自己的问题的读者和我们联系，我们会在重印的时候，在书中加上读者们提供的、有价值的问题。

联系邮箱:wjffsyh@foxmail.com。邮件请注明本书书名，问题及对应的本书页码。

1.

引言

自从科学调查方法诞生以来，研究人员经常更新和改进他们收集数据的方法。在过去的30年里，调查方法的创新速度显著增快。在这期间，运用计算机来辅助收集调查数据得到了广泛的应用。计算机革命之前，调查主要依靠三种方法收集数据：面对面调查——访问员联系受访者，通常到受访者的家中，向他们宣读访题，并在纸质问卷上记录答案；电话调查——访问员通过电话联系受访者，向他们宣读访题，并在纸质问卷上记录答案；邮件调查——调查员向受访者邮寄一份纸质问卷，受访者填写问卷并将其寄回。这些方法都逐渐被包含计算机技术的方法所取代，第5章对这一发展历程进行了更详细的讨论（Groves, Fowler, Couper, Lepkowski, Singer, and Tourangeau, 2009）。

随着台式电脑和笔记本电脑的普及，通信技术和计算机网络已经改变了收集调查数据的方式，也已经影响到人们如何相互沟通。

译者思考

1. 为什么越来越多的人采用网络调查形式收集数据？

20世纪60年代和70年代，随着电话服务在美国的普及，电话调查逐渐被调查研究人员所接受（Thornberry and Massey,1988）。而随着越来越多的人使用移动电话代替固定电话（Brick,Dipko,Presser,Tucker, and Yuan,2007），移动电话调查应运而生。不难想象，下一阶段将会产生新的调查模式，如手机文本问卷和视频调查（SMS text questionnaires and desktop video interviews），以适应人们不断变化的媒体偏好。

网络调查是自填问卷（self-administered questionnaires）发展的一个重要进步。在计算机革命之前，唯一有效的自填问卷方法是让受访者填写打印的纸质表格。有几种自动化的自填模式方法领先于万维网的发展，例如“邮递磁盘”和电子邮件调查，但这些方法都是短暂的，没有得到广泛采用（Groves et al.,2009）（也见第5章）。其他自动化的自填调查方法应用在面对面和电话调查，一般与采访调查模式（interviewer-administered）结合在一起。例如，面对面调查有时会使用多种方式组合模式，其中调查员问一部分访题，而其余访题受访者直接与计算机（有或没有声音）互动完成。类似地，许多电话调查都涉及一种混合方法，即由现场电话访问员联系受访者，然后切换到自动交互式语音应答（IVR）系统（Cooley,Miller,Gribble,Turner, 2000）。但是，自从网络成为日常生活的一部分以来，使用独立的、自我管理的、自动化的网络问卷变得更加普遍。

在发达国家的许多地区，人们大部分时间都在网上度过，从事各种各样的活动，包括许多与调查结果有共同特点的活动——申报所得税、申请工作、预订旅游、购买产品和服务（Purcell,2011）。因此，通过互联网进行问卷调查是一种自然的延伸。在这里，人们——即便不是全部也至少是其中的许多人，可以在熟悉的日常环境中完成问卷调查。此外，与其他调查模式相比，网络调查中增加调查样本的边际成本极低。在其他模式下，每份调查都需要访问员完成，因此要支付访问员工资，并且可能产生差旅费。网络调查每份问卷的边际成本甚至低于纸质问卷，每增加一份纸质问卷都要支付印刷和邮资成本。网络调查的主要花费是编写调查问卷程序。不论调查数目如何，这笔费用是固定的，与计算机辅助调查工具的编程费用类似。如果调查使用电子邮件邀请和固定成本的奖励（例如参与者的抽奖），那么网络调查的总成本基本上与样本量无关。

因此，与传统的数据收集模式相比，网络调查使更多的研究人员能够负担得起大样本调查，其低成本特性似乎可以保证这种模式能持续受欢迎和发展。以调查问卷呈现在网络浏览器（当前的主要形式）中的调查方式可能会逐渐让位于嵌套在移动设备中的 APP 调查和社交媒体中的民意调查。然而，尽管网络调查在预算上颇具吸引力，但它也有其固有的缺陷，会导致各种形式的误差。

1.1 总调查误差框架

对网络调查中影响估计的误差进行分类，多采用总调查误差分析框架（例如，Groves,1989）。使用这一框架分析调查研究的误差有着悠久的历史（参见 Groves and Lyberg[2010]的综述）。在总调查误差框架中，误差通常分为两大类：一类是影响应答者代表性的误差，另一类是影响个体答案的准确性或有效性的误差。前一种误差产生于“未能观测到”。例如，潜在的样本成员可能没有互联网接入，因此不能参加网络调查；也就是说他们不在“抽样框”内，不在可以参与

> 译者思考
> 2. 网络调查存在哪几类调查误差？

调查的潜在人群之中。又如，样本成员被邀请参加调查却没有完成，这可能是因为电子邮件邀请函在他们看到之前被垃圾邮件过滤器拦截了。这些不完全覆盖误差（参见第2章）和无应答误差（参见第3章）是非观测误差的例子。当然，依靠网络志愿者样本（volunteer Web panels）是另一个潜在的非观测误差的重要来源，因为网络样本成员可能并不能构成所研究人群的代表性样本。当在抽样框中的人群、抽样样本和成为受访者的人群在调查中测量的属性上与未被观察到的相对应的目标人群不同时，会产生三种类型的误差——覆盖误差、抽样误差和无应答误差，这些都会导致有偏的调查估计量。

影响答案的准确性或有效性的误差涉及测量，因此这些误差可以在调查中观测到。测量误差通常被定义为受访者应答调查访题时报告的内容与被测量属性的真实值之间的差异。这种差异最常归因于受访者在回答访题时的社会和认知过程（参见第4—7章）。例如，与其他模式的受访者相比，网络受访者可能更倾向于采取认知捷径（导致更多的测量误差），或者他们可能更愿意披露个人信息（导致更少的测量误差）。测量误差存在于受访者的应答中，是可以观测的，因此被认为是观测误差。

非观测误差。设想一个以“选择加入”或志愿者网络样本（“opt-in” or volunteer panel[①]）为调查对象的关于医疗卫生服务使用的网络调查项目。这些网络样本的人员构成与总体不相同，成员以一种非常简单的方式加入到网络样本中，通常是为了获得某种形式的奖励。如果网络样本成员参加医疗保险的比例小于一般公众的比例（或许加入网络样本的一个原因是维持生计，他们正处于失业状态，

①指通过网络招募的调查志愿者，非概率获得的样本。Panel在社会调查中通常是指追踪的调查样本，但在本书中实际上是指被招募的样本。Panel可以翻译为“小组”，但可能会给读者带来困惑（所有调查研究书没有此类词汇）。因此，根据上下文的实际意思，翻译成“网络样本”或“追踪样本”。——译者注

因此没有参加健康保险），那么网络样本成员可能在一系列与健康有关的特征上与总体人群有所不同。例如，他们可能比其他普通民众更少地使用卫生保健服务。从这些受访者的健康状况做出统计推断可能存在偏差，因为存在覆盖误差，网络样本成员参加保险的比例比总体人群低。即使调查对象是从志愿者样本中随机抽取的，也要避免这一问题；因为该抽样样本的抽样框（网络样本）存在覆盖误差。相反，如果拥有健康保险与网络样本成员是否加入调查项目不存在相关关系，那么就存在很小的覆盖错误，至少在健康保险以及与之密切相关的变量上不存在覆盖误差。当然，覆盖率误差还可能影响其他调查变量，这取决于网络样本构成和总样本构成之间的差异与这些变量的关系程度。

无应答误差具有类似的逻辑。如果无应答受访者中某些特征分布不同于应答受访者，并且这些特征与调查变量相关，就会产生无应答偏差；但是如果无应答受访者和应答受访者一些特征分布是相似的，即使应答率很低，无应答偏差会很小甚至没有（参见 Groves, 2006）。假设邀请一个网络样本参加一项关于政治参与的研究。如果样本中对政治不感兴趣的成员比感兴趣的成员更经常地谢绝参与邀请，这可能会错误地夸大对投票率的估计；可以推测，不感兴趣的无应答者比接受调查的应答者投票率更低。事实上，有学者（Tourangeau,Groves and Redline,2010）在一份关于政治议题的邮件和电话调查中发现了这样的误差：在他们的研究中，不参加投票的选民更可能拒绝参与调查，从而导致高估投票率。相比而言，无涉政治的调查可能会有相对较小的或不存在无应答误差。

如果样本是概率抽样，网络调查中的无应答误差与其他模式相比并没有什么不同。这些网络样本的成员是通过电话或面对面从传统电话或区域概率框中招募的。招募的样本成员被要求提供一个电子邮件地址，在电子邮件里他们会收到网络调查邀请；如果他们没有网络访问权限和电脑,调查方会提供给他们。美国的知识网络追踪样本(Knowledge Networks panel)和荷兰的社会科学纵向互联网追踪样本(Longitudinal Internet Studies for the Social Sciences panel in the Netherlands)是概率网络样本——与选择加入网络样本不同,能够反映总体人群的关键属性,可以直接用于对总体推断估计(参见第2章和第3章)。

相比之下,选择加入网络追踪样本不能支持对总体的估计,至少基于传统的研究设计难以实现这一目标。由于网络样本成员的特征与总体人群的特征之间的关系还不清楚,因此无应答并不能真正与无应答误差联系在一起。选择加入网络追踪样本中常见的极低参与率(有时是个位数)可能不会像使用概率样本那样威胁到结果。这是因为,即使所有被邀请的人都参加了调查,当参与者是从一个选择加入网络追踪样本中选出时,仍然没有真正的依据来概括参与者之外的情况。对于选择加入网络追踪样本,即使参与率很低,自我选择问题可能比无应答问题更易扭曲对总体的估计。

观测误差。网络调查中的测量与其他主要以视觉和自填模式(如邮件调查)为特征的测量有许多共同点。然而,在依赖志愿者样本的网络调查中,问题可能更糟,因为这些网络样本的成员可能不像其他模式的受访者那样认真回答。例如,在网络调查中也发现与访题的视觉显示相关的测量误差——首呈效应(primacy effects)。首呈效应是指对于文本(而不是语音)访题,受访者倾向于选择在答案类别列表中较早出现的答案,而不是随后出现的答案,即使后面的答案实际上可能更合适。Galešic、Tourangeau、Couper 和 Conrad(2007)跟踪记录了网络受访者回答具有一长串应答选项的调查访题时的眼球运动轨迹,发现出现了首呈效应(至少在某些时候发生),因为受访者根本没有阅读列在末尾的应答选项。首呈效应最初在纸质调查中被观察到(Krosnick and Alwin,1987),被归因于满意(satisficing)[①],即受访者的应答行为表现为“满意即可”,但不是“最佳答案”(Simon,1956)。相反,当调查员口头提出相似类型的访题时,受访者倾向于表现出对最近提出的选项(列表末尾的选项)的偏好,从而产生近呈效应(recency effects)。因此,首呈效应似乎更多由视觉产生,而不是因在线(online)产生。事实上,在网络调查中使用口头提问是完全可行的(参见第6章);在这种情况下,我们可能会看到近呈效应而非首呈效应。

在网络调查中,受访者几乎总是在没有访问员的情况下完成调查。长期以来,人们都知道,没有访问员有助于提高受访者对敏感话题的回答质量(如 Tourangeau and Yan,2007),无论调查是使用邮件问卷还是类似计算机辅助自我访问(CASI 或 IVR)这样的自动化数据收集模式。网络调查似乎呈现与其他自填模式调查类似的优势。Kreuter、Presser 和 Tourangeau(2008)的报告称,受访者比在由调查员进行的电话调查或 IVR 调查中应答了更多的学业访题(如成绩不及格)(参见第8章)。而且,将受访者的应答与大学记录进行比较后,Kreuter 和她的同事证实增加的应答实际上更为准确。这种测量误差的减少几乎可以肯定是由自填模式产生的。

一些研究人员担心,网络追踪样本成员参与调查主要是为了获得金钱奖励,而不太关心他们提供信息的质量。在被称为“超速回答”的行为那里可以看到这种现象——受访者回答太快而没有阅读访题,更不用说仔细考虑答案了。超速回答肯定对数据质量没有好处(参见第6章)。然而,所有自填模式下的受访者都可能会发生这

①调查中的 Satisficing 理论是由 Jon Krosnick 借鉴西蒙(Simon)决策理论提出的。他认为,受访者填答选项的认知过程包括三个阶段:理解问题,推断问题的意图;搜寻记忆,整合相关信息,形成判断;将判断转化为一个备选选项,选择答案。这是一个非常复杂的过程,受访者需要付出大量的时间和精力。如果受访者能够按照三个阶段完成问卷,将给出最优的答案,这种情况被称为 optimizing。但实际上,被试会缺乏完成 optimizing 过程的动机,给出的答案不是最佳答案,而是降低标准、付出较少的努力完成问卷,选择令人满意的选项,这一行为被称为 satisficing。——译者注

种情况。超速行为在网络调查中发现是因为网络调查能够检测到超速行为。纸质问卷在一般情况下几乎不可能测量受访者完成问卷时长，但在在线问卷中，自动测量完成问卷所用时长是相当容易的。网络调查中由于超速而导致的测量误差可能与网络本身没有多大关系；超速以及类似问题可能是自填模式问卷固有的问题，无论这些问题是出现在纸上还是在网上。

1.2 本书的内容结构

本书围绕总调查误差框架中的主要类别展开。在网络调查中，我们更注重观测误差而不是非观测误差，这在一定程度上反映了我们与其他研究者关于网络数据收集优缺点认知的不同。第2章讨论抽样和覆盖误差，其主要观点是：不同于其他调查模式，网络调查没有“与生俱来”的抽样技术。例如：电话调查通常使用随机数字拨号（RDD）样本，面对面调查通常使用区域概率样本，邮件调查通常基于地址框，但是在网络调查中却没有类似的方法。一些特殊群体，例如大学学生、某些企业的客户或大公司的员工，他们都有一个完整的电子邮件地址列表；但是无论在美国还是其他地方，都没有针对一般人群的类似名单。此外，有许多人拥有多个电子邮件地址；还有一些人，没有独立的电子邮件地址，而是和别人共享一个电子邮箱。基于这些原因，为了使网络调查样本能够代表一般人群，一般是从随机数字拨号或区域概率样本中招募组成调查样本。选择加入网络追踪样本以及其他非概率样本的成员通常是通过在线广告或其他方法在网上招募的；但不管网络样本成员是怎么招募的，都不可能知道其被邀请的可能性，因此，也不可能估计被招募进入小组的概率。

第3章关注了无应答。虽然无应答并不一定简单意味着存在无应答误差,但测量无应答的发生率要比测度无应答误差容易得多。而且很普遍的是,很多研究检验了无应答的发生率,但没有检验无应答误差。尽管如此,第3章还是对网络调查中无应答误差的小部分研究进行了综述。此外,本章还对网络调查中的应答率及其决定因素(包括预先通知、邀请方式和内容、联系次数和激励措施等)的研究进行了回顾和分析;文献研究表明,网络调查的应答率明显低于其他模式。虽然这并不一定意味着网络调查中存在更多的无应答误差,但它确实表明,网络调查可能比使用传统的数据收集方法的调查面临更高的无应答误差风险。最后,第3章讨论了中止填答和访题无应答(breakoffs① and item nonresponse)。与其他模式相比,在网络调查中更容易发现这些问题,因为网络调查可以捕获到遗漏访题或中止填答行为。

本书余下的大部分内容都是关于网络调查中的测量和测量误差。第4章重点介绍了网络调查设计中可以使用的大量的、可选择的设计方式。例如,是使用分页形式(每页只显示一个或几个访题)还是使用滚动形式(将整个问卷显示为一个可滚动的表单)呈现问卷?分页形式似乎在长的调查问卷里更具有测量优势(例如更少的遗漏),滚动形式则通常被认为更适合较短的调查问卷。除了这些问卷层面的设计选择外,还有许多调查访题层面的设计选择。例如,是否将一组有同样回答选项的访题用网格(即矩阵)来表示?有证据表明,传统的网格设计存在着许多问题,但是通过引入一些新的设计方法,增加网格的互动功能,可能有助于解决这些问题,同时保留网格设计的主要优势——节省屏幕空间、减少页面下载次数和

①Breakoffs指受访者开始填答问卷,但没有完成问卷,只填答了一部分。可翻译成"中止、中断",采取意译,本文翻译为"中止填答"。——译者注

增强相似选项显示度。这些内容以及其他的一些设计要素(例如是否使用单选按钮或复选框作为应答选项等)将在第4章中讨论。

第5章探讨网络调查问卷的视觉特征如何影响测量结果。当网络调查的访题中包含量表时,受访者可以根据偶然的视觉特征(即设计人员从未打算使用的特征)来理解量表。例如,设计人员可能使用不同的颜色来强化双极量表,使用一种颜色表示不同意的选项,而使用另一种颜色表示同意的选项。与使用单一颜色相比,受访者将端点理解为更多的概念区分(进一步分化题项中的概念),使他们的选择集中在量表中更小和更正向的区域内(Tourangeau, Couper, and Conrad,2007)。访题中包含的图像同样可能会对测量产生意外影响。受访者似乎把这些图像融入他们对访题的理解中,或者用图像作为他们判断的参照标准。例如,Couper、Conrad和Tourangeau(2007)展示了一张病床上的妇女或外出慢跑的健康妇女的照片,并要求受访者评估自己的健康状况。那些看到患病女性的照片的受访者认为他们的健康状况比看到健康女性照片的受访者要好,这就说明图片产生了情景效应(context effect)①。第5章还回顾了一些证据,说明了在网络调查中不是所有访题都得到了同样的重视,部分原因是受访者处理网页信息的习惯不同。一个很好的例子是前面提到的首呈效应,即受访者似乎没有顾及访题中的所有选项。Galesic及其同事的研究(Galesc et al.,2007)证明至少有些受访者从未真正看到列表末尾的应答选项,问卷中越靠后的选项越不容易得到受访者的重视。

问卷可以根据受访者的行为做出响应,在这种意义上讲,网络调查可以具有互动性。第6章介绍了网络调查的互动功能,问卷设计者使用这些功能可能会减少测量误差,但有时也可能会适得其反。例如,可以设计出这样的表格,当被调查者选中某行时,行的颜色会

①情境效应是知觉的上下联系或情景对知觉结果的影响。——译者注

发生改变，从而简化导航并减少数据丢失（Couper, Tourangeau, and Conrad, 2009）。再如，问卷中增加一个进度标识（progress indicators）来反映问卷完成了多少，这个设计可以促进受访者完成问卷，但实际上进度标识信息（例如让受访者认为后续访题还有很多）也会使得受访者不愿意完成后续访题，增加中止填答现象。同样，包括解释信息的视频记录或电脑动画可以提高受访者对访题的理解（Conrad, Schober, Jans, Orlowski, Nielsen, Levenstein, 2008; Fuchs and Funke, 2007），但也可能会引入"访问员效应"（Conrad, Schober, and Nielsen, 2011; Fuchs, 2009）和社会期望偏差（Fuchs, 2009; Lind, Schober, Conrad, and Reichert, 2013）。有些互动功能在受访者使用时可以提高回答的准确性，但不会经常使用。在线定义（online definitions）就是一个很好的例子。我们从实验研究（例如，Conrad, Schober, and Coiner, 2007）中了解到，无论是受访者要求提供定义，还是系统自动提供定义，受访者接触定义的次数越多，答案就越准确。但在 Conrad、Couper、Tourangeau 和 Peytchev（2006）的一项研究中，只有 13% 的受访者使用过这个定义。因此，虽然网络调查中的互动功能有时可以提高回答的准确性，但它远非万能药。

在决定是否使用网络调查方式时，一个基本考虑因素是网络调查的估计值与其他调查模式的估计值相比有何不同。第 7 章从引起不同模式差异的两个潜在因素来探讨这个问题：自填模式中的敏感访题和认知负担。关于第一个问题，有强有力的证据表明，网络调查中的自填模式相对于访问员调查模式具有明显的优势，而且似乎可以提高自我报告的质量，这一点和纸面问卷的自填模式是一致的。例如，Chang 和 Krosnick（2009）的研究表明，相比于电话调查，白人受访者在网络调查中更倾向于提供不受欢迎的种族观点；Denniston、Brener、Kann、Eaton、McManus、Kyle、Roberts、Flint 和 Ross（2010）发现，他们的高中生受访者在网络调查中比在纸质问卷调查中报告更多的风险行为；Kreuter、Presser和Tourangeau（2008）的研究表明，相对于电话采访，网络调查的准确性有明显的提高。第7章中的荟萃分析（也译为“元分析”）证实了网络调查相对于电话调查在收集敏感信息方面具有优势，但是相比于纸质问卷调查，优势并不显著。

在网上应答问卷似乎有助于减轻几种类型访题的认知负担。Fricker、Galešic、Tourangeau和Yan（2005）报告了网络在“科学知识问题”调查上具有优异表现。这一结果与Strabac和Aalberg（2011）在政治知识上的研究结果相呼应。对于量表访题——由一系列相似结构且逻辑上相互关联的访题组成——网络调查的预测效度更高（Chang and Krosnick,2009）。例如在美国总统选举投票意向的调查中，网络调查相比于电话调查具有更好的预测效度。网络调查与其他形式调查的自填问卷过程具有共同的特点，就是受访者能够安排自己的工作节奏和时间。第7章回顾的文献也显示，在某些情况下，网络调查数据质量可能比纸质问卷数据更好。

除了回顾本书的主要发现和探讨本书的主题外，第8章（最后一章）还讨论了模式效应（mode effects），特别是混合模式调查中数据组合的问题。研究者是否应该消除各个调查模式的固有特征，从而尽量减少以不同模式收集数据的差异？这有时被称为单模式方式（unimode approach）。或者是发挥各自调查模式的优势，以最优方式设计各种调查模式的调查问卷，在每种模式下产生尽可能高质量的数据，即使这会导致模式差异？这有时被称为最佳实践方式（best practices approach）。我们在第8章中提出了一个模式效应的数学模型；该模型的一个含义是，当调查的目的是产生点估计（point estimates），特别是针对客观现象，最佳实践方法通常是最适当的；然而，当调查的目的在于在群体或实验组之间进行比较时，单模式方式通常是最适合的。最后，本章基于前期对实证研究的讨论，给出了相应的操作性建议。

1.3 本书的目的和范围

尽管我们在第8章中提供了一组与设计相关的建议,书中也穿插了其他一些建议,但是我们关注的重点更多的是关于网络调查的科学证据,而非实践性问题。我们利用统计和社会科学研究来总结这些证据,这些研究涉及网络调查的数据质量和统计推断。在本书编辑出版的同时,我们的这些研究工作一直在进行中,一些论文尚未正式发表,因此,我们引用了许多会议论文;这些论文最终可能成为同行评审的出版物。我们在尽可能的范围内以那些我们认为能经得起时间推敲的研究发现来支撑本书。我们相信,即使网络调查技术和方法会不断革新,这些发现也能经得起时间的考验。我们试图对网络调查及其误差性质进行全面的回顾。

当然,在许多情况下,我们的结论也适用于其他调查模式。网络调查与其他模式有许多共同的属性或功能(即,调查界面可执行的操作;Norman,1988)。与纸质问卷的共同点是它们都是可视的。与纸质调查以及计算机辅助自我访谈调查(CASI)、音频计算机辅助自我访谈(ACASI)、互动式语音应答(IVR)调查的共同点是它们都属于自填模式。与所有计算机辅助调查的共同点是它们都是自动完成的。与访谈收集数据模式的共同点是它们可以是互动的。因此,我们在本书中探讨的一些(甚至许多)现象,也可能适用于其他与网络调查有相同属性或功能的调查模式。在许多情况下,我们讨论由网络调查的特殊性引起的调查设计问题。例如,在第5章,关于视觉对测量影响的主题中,我们讨论了应答选项间距对调查的影响,结果表明不均匀的间距可以改变受访者对量表的解读。这种视觉失真可能是由浏览器或显示器上的设置造成的,而设计者无法控制这些设置。如果纸质问卷中的间距被同样扭曲，几乎可以肯定地出现类似的结果，只是这种情况不太可能发生。因此，这个问题是一个视觉呈现的一般性问题，只是它更可能出现在网页上，而不是纸上。与此相似，第8章中对混合模式调查和模式效应的讨论也适用于任何模式组合。政府或学术调查主要通过邮件或电话调查收集数据，但通常会增加一个“网络选项”；这些组合很有吸引力，因为很难单独通过电子邮件联系和邀请样本成员参加网络调查。因此，我们对混合模式设计的讨论解决了调查方法中的一般性问题（这些问题在网络调查中尤其重要）。

网络调查在如此短的时间内获得如此多的研究关注，对调查行业产生了巨大的影响。虽然网络调查在非观测误差方面存在很多挑战，但在提高数据质量或减少测量误差方面值得期待。确实，网络促进了测量形式的发展，这些测量形式在其他数据收集模式中即便能实现，也会很困难。挑战和机遇并存，要在利用网络的测量优势的同时减少其代表性缺陷的不利影响。

2.

网络调查的抽样和覆盖问题

对许多研究人员来说，网络调查的一个主要吸引力是其相对较低的成本。不幸的是，这种低成本往往以几乎完全无视抽样原则为代价，这些抽样原则为大多数高质量的旨在推断总体状况的政府或学术调查所遵循。虽然有很多人群可以成为网络调查中的概率样本，例如专业协会的成员、网站的注册用户或大学生，但对于一般人群（如美国成年人）的网络调查则面临调查样本覆盖和抽样问题，调查结果难以推断总体情况。在Couper（2000）发表的、被广泛引用的关于网络调查的研究综述论文中，他将网络调查区分为八种类型，其中三种为非概率抽样调查。表2.1（改编自Couper的论文）呈现了八种类型的网络调查。许多针对一般人群的网络调查依赖于非概率抽样，这就提出了我们在本章中要讨论的几个问题。首先，为什么不经常使用概率样本？第二，使用非概率样本可能会带来哪些偏差？这个问题引导我们去探索能够访问网络并参加网络调查的人群与不能访问网络的人群相比有何特征。第三，已知能够访问网络的人群和不能访问网络的人群之间的差异，是否可以使用统计方法来消除或至少减少由此产生的偏差？我们首先从区分不同类型的网络调查来讨论这些问题。

表 2.1　网络调查的类型和概率抽样的使用

调查类型	定义
非概率样本	
1)出于娱乐目的的民意测验	没有代表性的民意调查(如CNN快速投票);受访者通常是访问开展调查的网站的志愿者
2)不受限制的自我选择调查	受访者是通过门户网站或经常访问的网站上的公开邀请函招募而来;这些调查类似于娱乐民调
3)选择加入(opt-in)的志愿者追踪样本	受访者作为网络追踪样本成员参加很多调查;追踪样本成员通常通过受欢迎网站(如哈里斯民调在线(Harris Poll Online)的邀请招募而来
概率样本	
4)拦截调查	样本成员是随机抽样或系统抽样方法从访问特定网站的访问者中抽取的,通常通过弹出式邀请招募而来
5)基于列表的样本	样本成员从定义明确的人群(例如,大学的学生或职员)的列表中抽取,通过电子邮件或邮件招募
6)网络作为填答选项的混合模式	向通过传统方法抽取的样本成员提供网络选项填答问卷;通常通过一些其他媒介(例如,预告信)与受访者进行初步接触
7)预先招募的互联网用户追踪样本	概率样本;受访者经过抽取和筛选,确定为互联网用户后,被招募参加追踪样本
8)预先招募的一般人群追踪样本	概率样本成员被招募成为网络调查追踪样本;为不能访问互联网的样本成员提供网络或计算机,使其能够填答网络问卷

说明：这种分类由Couper提出，经Couper许可转载，2000。

2.1 网络调查的类型与概率抽样

网络调查的类型。Couper(2000)将网络调查分为两大类,一类是使用概率抽样,另一类是不使用概率抽样。我们先阐述非概率样本的网络调查。出于娱乐目的的民意测验和不受限制的自我选择(self-selected)的调查是两种非概率调查,其样本由临时志愿者组成;一般来说,这些志愿者通常是一个网站(或多个网站)的访问者,被要求参加调查。在某些情况下,这些"调查"结果并不会被认真对待(如那些娱乐性民意调查);但有些时候,呈现的结果似乎是科学上有效的(无限制的自我选择调查,Couper将其分为第二类)。Couper(2007)展现了一些在医学和健康文献中的调查案例。第三类是选择加入(opt-in)志愿者或追踪样本。这种调查非常普遍,有几家公司组建了追踪样本提供给市场和研究人员。这些追踪样本往往相当庞大,有几十万甚至数百万成员,但此类调查应答率往往很低。可能是因为只有相对较少的样本成员仍然活跃,而大多数样本成员不会做出回应;也可能是活跃的小组成员被邀请完成太多的调查,他们只会选择完成其中一些调查。无论是样本成员完全退出追踪样本,还是样本成员未能应答特定的调查请求,无应答都可能加剧自我选择偏差(self-selection bias)。

自我选择志愿者追踪样本有其科学用途,本书总结的许多工作都使用了此类追踪样本。这样的追踪样本是否可以用于推断总体人群的调查,仍然是一个有争议的问题。在某些情况下,此类调查结果被用于推断总体人群,并且使用了复杂的加权程序来减少使用

译者思考

3. 网络调查的类型有哪些?

自我选择追踪样本带来的覆盖和无应答偏差（例如，参见 Taylor, Bremer, Overmeyer, Siegel, and Terhanian, 2001）。在第 2.3 节中讨论了使用这些加权方法消除或减少偏差的有效性的证据。

网络的概率抽样怎么样呢？Couper 区分了五种类型的使用概率抽样的网络调查，但即使将它们汇总在一起，使用概率抽样的调查也可能只占所有网络调查的一小部分。第一种使用概率抽样的调查类型是拦截调查（intercept survey），即在指定的时间范围内使用随机抽样或系统抽样方法在访问特定网站的访问者中抽取调查样本，并邀请其完成调查[①]。尽管这种抽样形式确实会产生概率样本，但它是从一个受限制的群体（特定时间范围内访问指定网站或一些网站的访问者）中抽取的。调查结论仅限于此类访问者，而不能推断到更广泛的人群。只有我们研究的目标人群就是网站的访问者时，才不会存在样本覆盖问题。这种类型的网络调查通常用于网站评价和网络购物评价。Couper 还指出，在访问者访问网站时抽取样本具有优势：这种方法允许选择所有访问者，包括那些没有完成任何交易就离开的访问者。调查邀请可以在访问者要离开网站时呈现出来，但是选择他们作为调查样本则在他们刚访问网站时就已经完成。这种类型的网络调查的主要挑战是无应答，而不是覆盖或抽样误差。

①系统样本也叫等距抽样，从随机选择的元素开始，抽取第 n 个元素作为调查样本。抽样框可以是某个群体成员的列表，也可以是一组其他材料，如城市或县的街区列表，在这些街区中构建调查元素列表。对于网络调查，抽样框由特定时期内访问网站的访问者组成，这个抽样框覆盖所有目标人群（目标人群被定义为特定时期内访问网站的访问者）。严格来说，这类抽样设计抽取的样本是代表访问网站的概率样本，而不是网站访问者的概率样本。但是正如 Couper（2000）所指出的，cookies 可以用来阻止同一个访问者（至少可以阻止使用同一计算机和浏览器的访问者）的多次填答，则产生近似与访问者概率样本相同的样本。——译者注

译者思考

4. 网络调查如何实施概率样本调查？

概率抽样网络调查的另一个实例是对特定人群(例如,个别公司的雇员或大学的学生)进行的调查,对于此类人群而言互联网几乎普及。抽样框可能包含电子邮件地址,也可能不包含电子邮件地址。邀请函可以通过电子邮件或邮件发送,具体取决于抽样框上地址信息的可用性和质量(第3章我们会讨论邀请函问题)。无论采用何种邀请方式,所有受访者都在网上完成调查。通常而言,当一个抽样框能够从目标人群中获得,能够覆盖(或几乎完全)目标人群;并且,如果这些人都能够访问互联网,那么这样的抽样策略会得出高质量的调查估计——很小或没有覆盖偏差的调查估计。(我们将在本章后面使用数学方法更详细地讨论覆盖偏差。)

一些调查使用传统的抽样方法(如从清单或区域框抽样),但提供网络作为填答调查问卷的选项之一。该策略回避了抽样和覆盖问题——这些问题正是大多数网络调查难以克服的主要困难。例如,国家教育统计中心(National Center for Education Statistics)自1987年就开展的国家高等教育师资研究(National Study of Postsecondary Faculty, NSOPF),在最近的调查中(如2003年和2004年),首先在学位授予机构中抽取调查机构样本,然后在每个被抽取机构样本的有资格的成员中抽取受访者。受访者可以填写网络问卷,也可以参加电话访问。最终,约有76%的受访者通过网络完成了调查(请参见Heuer, Kuhr, Fahimi, Curtin, Hinsdale, Carley-Baxter, and Green, 2006关于NSOPF:04的详细信息)。只要有其他备选的应答方式,目标人群中的一部分人无法上网也并不一定会造成覆盖偏差。

最后两种采取概率抽样的网络调查都是使用的常规方法进行抽样。两者都依赖于某种传统的方法(如随机数字拨号)来抽取一般人群的样本;然后要么从可以访问互联网的用户中选择样本(这是Couper的第七种类型,在网络用户中预先招募调查追踪样本),要么为不能访问互联网的样本提供互联网接入(这是Couper的最后一个类别,即从一般人群中预先招募调查追踪样本);使抽样样本能够代表整个一般人群。Couper(2000)引用了皮尤研究中心(Pew Research Center)(Flemming and Sonner,1999)和盖洛普组织(Gallup Organization)(Rookey,Hanway,and Dillman,2008)作为第七类网络调查的例子。原则上,这些样本只能代表能够访问互联网的人群,而不是一般人群,并且正如我们在下文中所述的,两者之间可能会有很大差异。这种类型的网络调查已经不那么流行了,研究人员要么倾向于成本更低的"选择加入"方式,要么为非网络用户提供互联网接入将他们囊括到调查样本中来。盖洛普追踪样本显然是一个例外,它使用邮件调查来覆盖不能访问互联网的人群。

美国的知识网络(Knowledge Networks)追踪样本(Krotki and Dennis,2001;Smith,2003)和荷兰的社会科学纵向互联网研究(Longitudinal Internet Studies for the Social Sciences,LISS)追踪样本是第八种类型的案例,即网络追踪样本是能够代表一般人群的概率样本。知识网络追踪样本成员是通过随机数字拨号方法抽取并通过电话进行招募的[①];LISS追踪样本从人口注册资料库抽取。在两个案例中,都为不能访问互联网的样本成员提供了互联网接入。最近,美国面对面网络调查追踪样本(Face-to-Face Recruited Internet Survey Panel,FFRISP)招募了成员,他们使用区域概率抽样方法抽取样本成员。FFRISP将为样本成员提供一台计算机和互联网接入作为吸引其加入追踪样本的奖励。(参见Sakshaug,Tourangeau,Krosnick,Ackermann,Malka,DeBell,and Turakhia,2009对FFRISP样本的描述。)

尽管预先招募的追踪样本属于概率样本,但无应答可能会危及样本的代表性。这些追踪样本的招募过程涉及多个步骤,潜在的样本成员在每一个步骤都有可能退出。使用追踪样本调查的理想状况

①知识网络(Knowledge Networks)现在使用基于地址的抽样方法(ABS)来抽取和招募追踪样本(请参阅DiSogra,2009)。——译者注

是:首先,研究人员找到并联系到样本成员;样本成员同意加入追踪样本,并且允许安装任何必要的设备;通常,潜在的样本成员必须完成一些基线调查问卷,以便研究人员日后确定其是否符合某个调查的样本要求;加入追踪样本的成员能一直保持"活跃";最后,追踪样本成员对发送给他们的调查问卷能够做出应答。但实际上,即使每个阶段的成功率都很高,累积的应答率也可能很低,通常在10%到20%(参见Berrens,Bohara,Jenkins-Smith,Silva,and Weimer,2003,pp.6-7的讨论;Callegaro and DiSogra,2008)。在第3章中,我们将更深入地研究网络调查中的无应答问题。

使用概率抽样的障碍。事实上,大多数数据收集模式是由一些可拆分的功能部分组成的(参见Groves,Fowler,Couper,Lepkowski,Singer,and Tourangeau,2009,第4章中的讨论)。例如,大多数(至少许多)电话调查使用某种形式的RDD抽样生成电话号码样本,通过电话联系样本家庭(有时在发出邀请函之后),并由现场访问员完成电话访问。然而,并没有根本的原因说样本必须通过RDD进行抽样,也没有根本的原因说访问不能使用"录制"的话语进行(如使用交互式语音应答系统)。类似地,许多(即使不是大多数)面对面访问调查使用区域概率抽样方法("面对面访问+区域概率抽样"组合被美国大量的跨州调查所采用),尽管面对面访问调查可以与很多抽样方法组合。传统的数据收集方式,每一种通常都会使用特定的抽样框和抽样方法。

按照Couper的分类,网络调查与任何特定的抽样方法之间没有这种联系。网络调查所使用的概率抽样方法,一些使用拦截方法抽

译者思考

5. 网络调查进行概率抽样有何障碍?

样，一些使用样本清单或者其他抽样方法（例如RDD），而这些方法通常与其他数据收集模式配套使用。为什么没有一种抽样方法成为与网络调查相匹配的典型方法呢？答案似乎是，缺少与网络调查相匹配的、良好的、代表一般人群的抽样框。一个好的抽样框的关键性要求有：

> 1）覆盖目标人群（即抽样框应包含高比例的目标人群）；
>
> 2）相对较低的样本重复率或“多重性”（multiplicity）（也就是说，抽样框中大多数成员不被重复纳入，或应易于确定每个成员被纳入的次数）；
>
> 3）样本信息及时更新，研究人员能够联系到被抽取为样本的成员。

因为一般使用电子邮件来联系和招募网络调查追踪样本成员，理想抽样框应列出总体所有成员的电子邮件地址。此外，电子邮件地址抽样框应避免让研究人员与使用更传统的抽样方法（如RDD）的预招募概率样本成员进行多次重复的抽样、联系和招募。对于某些群体（例如大学的学生），包含所有电子邮件地址的抽样框是可以得到的，因此，诸如此类的调查具有可接受的高应答率和相对较低的成本。

当然，美国没有最新的、完整的住宅电话号码簿可供使用，但这并没有阻止电话抽样标准方法的出现。（住宅电话号码簿确实存在，但很大一部分住宅电话号码没有在住宅电话号码簿中，因此大多数调查不依赖于住宅电话号码簿。）美国的电话号码采用标准格式；每个电话号码正好由十位数字组成，前三个数字代表区号，其后三个数字代表前缀（交换码），最后四个数字代表后缀。可以获得所有有效的“区号+前缀（交换码）组合”（area code-prefix combinations）的完整且最新的清单。此外，还可以识别“区号+前缀组合”包含一个还是多个住宅电话号码。清单辅助RDD抽样(Casady and Lepkowski, 1993;Lepkowski,1988)利用这一格式,从包含至少一个(或在某些版本中,至少三个)住宅电话号码的有效"区号+前缀组合"中生成潜在电话号码的样本。首先,先抽取一个"区号+前缀组合"样本,然后随机生成四位后缀号码,将两者合并到一起产生潜在电话号码样本。以这种方式产生的电话号码中有相当高的比例是有效的住宅电话号码(Brick, Waksberg, Kulp, and Starer, 1995)——尽管这一比例似乎在下降——因此,清单辅助抽样方法是一种高效益的抽取"家户"(household)样本的方法。

迄今为止,还没有开发出与互联网用户抽样相匹配的方法。与RDD抽样最为类似的方法是一种随机抽取电子邮箱地址的方法。几乎所有的互联网用户都有电子邮箱,并且我们推测大多数互联网用户只有一个或两个电子邮箱(正如他们只有一个或两个电话号码);电子邮箱为研究人员联系样本成员提供了方便。不幸的是,电子邮箱地址(与电话号码不同)不遵循任何标准格式,多种多样。因此,任何生成一组随机电子邮件地址的方案都可能包含非常高比例的无效的(不再使用)电子邮箱地址;同时,也可能会排除大量实际存在的电子邮箱地址,这些地址的格式是抽样算法中未设定的格式。由于电子邮件地址格式未标准化,而且没有比电子邮箱地址更具覆盖率的抽样框,大多数网络调查的概率抽样依赖于传统抽样方法(这些方法通常与其他数据收集模式匹配使用)。当然,将来可能会开发出针对电子邮箱地址或网络用户的概率抽样方法,但在短期内似乎不太可能。此外,出于对垃圾邮件的担心,在实践中大规模地抽取概率样本并向这些电子邮箱发送调查信息是不可行的。

非概率抽样的统计结果。如果样本由自主选择的志愿者组成,而不是来自目标人群的概率样本,对调查结果有何影响?关键的统计结果是偏差的——从非概率样本中未调整的均值或频率推断目标总体均值或频率是有偏差的。公式2.1(参见Bethlehem,2010,公式15)显示,偏差的大小和方向取决于两个因素:一个是没有机会纳入样本的人口比例(例如,没有网络访问接入端的人或没有加入网络调查追踪样本的人),另一个是应该完成调查的样本成员之间被抽取的概率差异。

$$
\begin{aligned}
Bias &= E(\bar{y} - \bar{Y}) \\
&= P_0(\overline{Y_1} - \overline{Y_0}) + \frac{Cov(P,Y)}{\bar{P}}
\end{aligned}
\qquad (2.1)
$$

在公式2.1中,$\bar{y}$表示完成网络调查的样本均值(或样本频率);$\bar{Y}$代表相应的总体平均值或频率;P_0代表人群中完全没有机会参与调查的人口比例(例如,没有网络访问权限的人群);$\overline{Y_1}$代表参与调查概率非零的样本均值;$\overline{Y_0}$代表参与调查概率为零的样本均值;$Cov(P,Y)$代表参与概率非零样本的参与概率(P)与目标调查变量(Y)之间的协方差;$\bar{P}$代表参与概率非零样本的平均参与概率。

根据公式,使用志愿者样本而非概率样本造成的偏差有两个部分。公式2.1第二行中的第一项反映了完全被排除的目标人群的影响,它是完全被排除样本以外的目标人群的比例与排除样本以外成员和参与调查成员均值差的乘积,反映了被排除的目标人群的影响(在本章的下一节中,我们将探讨具有网络访问接入的人与不具有网络访问接入的人之间的一些差异)。公式第二行第二项反映了非零概率(参与调查)成员之间被纳入样本的概率差异的影响;如果这些概率与调查的目标变量(y)共变,则第二个偏差将为非零。尽管公式2.1适用于未加权样本均值$\bar{y}$,但它将偏差做了区分,可用于理解复杂的估计量如何影响偏差。在非概率样本中,P[①]和$\bar{P}$通常是未知的或不可估计的。此外,无论概率样本还是非概率样本中,$\bar{Y}$都是不可知的——如果预先可知,那就不(或不那么)需要做调查了。因

①原文中为p,可能是印刷错误。——译者注

此，在实践中，对于大多数调查的目标变量，不能估计覆盖偏差。

2.2 网络调查的覆盖问题

本节讨论美国互联网接入的发展趋势，并探讨有互联网接入样本成员和无互联网接入样本成员的区别。无互联网接入的比例对应于公式 2.1 中的 P_0；有互联网接入与无互联网接入样本差异对应于公式中的 $(\overline{Y_1} - \overline{Y_0})$ 项。

首先，应该讨论一下互联网接入的含义。在美国，不同的互联网调查项目使用了不相同的互联网接入概念来测量在线人口的比例。如由美国人口普查局(US Bureau of the Census)代表美国劳工统计局(Bureau of Labor Statistics)开展的当期人口调查 (Current Population Survey, CPS)，包含定期评估互联网接入状况的调查模块。其中一个题项是问家庭互联网接入状况(“家中的每个人都能在家里上网吗？”)；另一个问题是问工作或学校互联网接入状况(“工作中使用计算机连接互联网或使用电子邮件吗？”)。取决于各种调查的性质(以及是否与工作有关)，不同的网络接入①方式可能会影响网络调查的覆盖水平。由美国国家卫生研究院(National Institutes of Health)资助的国家卫生信息趋势调查(Health Information National Trends

①在本章的其余部分，我们将术语“网络接入”(Web access)和“互联网接入”(Internet access)互换使用。我们使用“互联网用户”一词来指称具有互联网接入的用户。

> 译者思考
>
> 6. 网络调查的覆盖误差是怎样产生的？

Survey, HINTS)也包含网络接入的访题;核心问题是,你是否使用过互联网或万维网,或收发过电子邮件?最后,皮尤互联网与美国生活项目(Pew Internet & American Life Project)也定期调查互联网的使用情况("您是否至少偶尔使用网络?"以及"您是否至少偶尔发送和接收电子邮件?")。

目前尚不清楚哪种方法(如果有的话)是评估网络调查覆盖范围的最佳方法。有些访题测量的是互联网接入,有些访题测量的是互联网使用。有些题项以"家户"为对象测量互联网接入或使用情况,有些题项以"个人"为对象测量互联网接入或使用情况。对于招募"家户"为主的网络追踪样本,测量家庭互联网接入或使用情况是适当的评估方式。不管调查问题的措辞如何,这些访题都可能高估了网络调查能够覆盖一般人群的规模。显然,那些很少上网的人(比如说,从当地图书馆上网)或者那些只在工作中上网的人不太可能出现在大多数网络调查中。另一个问题是,互联网接入方式正在迅速改变,智能手机和平板电脑取代台式电脑成为上网的主要设备(Purcell, 2011; Purcell, Rainey, Rosenstiel, and Mitchell, 2011)。尚不清楚现有调查问题是否充分反映了这些技术发展。

互联网覆盖趋势。不管访题在措辞上有何差异,美国和欧洲互联网覆盖率趋势都明显上升,但似乎这一趋势趋于平稳。图 2.1 总结了 CPS、HINTS 和皮尤调查的数据,与欧盟统计局对欧洲互联网接入调查数据一致。根据 CPS 的数据,2009 年美国约 69% 的家庭接入互联网,高于 1997 年的 18%。HINTS 的数据显示,2007 年超过 68% 的成年人能够上网,高于 2005 年的 61%。皮尤的调查显示,2000 年年中拥有网络接入的成年人比例约 50%,到 2011 年春季上升到约 78%。尽管各调查之间存在差异(例如,皮尤数据来自通过 RDD 抽取家庭的电话调查,而 CPS 数据基于区域概率样本面对面访问或电话调查),但三种调查的趋势基本一致;这三者均显示,能够访问互联网的人口比例持续但缓慢地增长。总趋势中显示出的“逆转”可能是由于调查方法更换造成的。例如,HINTS 在 2003 年之后(当时的问题为“您完全不上网吗?”)更改了调查访题,而在 2007 年,HINTS 从 RDD 模式转换为邮件和电话组合的数据收集模式。整个发达国家都呈现出类似的发展趋势;根据国际电信联盟(International Telecommunications Union)(2007 年)的数据,发达国家约有 62% 的人口有互联网接入;欧盟统计局(Eurostat)估计,2010 年欧盟成年人口中约有 71% 有互联网接入。

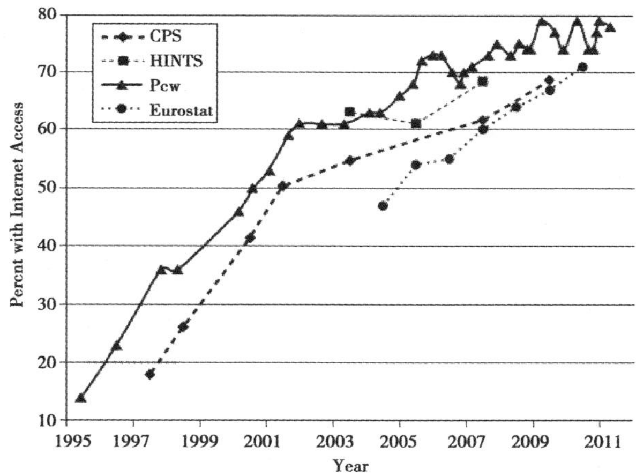

图 2.1　美国和欧盟国家的互联网接入的变化趋势

注:尽管美国的三项调查(CPS、HINTS 和 Pew)都显示,拥有互联网接入的成年人口比例在稳步增长,但这种增长似乎正在趋于平稳。欧盟的趋势与美国相似,但欧盟的互联网接入可能略有滞后。

图 2.1 中绘制的数据引发了一个问题,即是否有可能在某一时刻所有人(或几乎所有人)都能接入互联网,而那个时候网络调查的覆盖问题(不是抽样问题)将会消失。Ehlen 和 Ehlen(2007)提出了一个模型,用于预测从固定电话用户向仅使用移动电话用户(他们称之

为仅使用移动电话的生活方式)转移的人口规模和人口构成变化。这个模型可能也适用于互联网生活方式的应用。根据他们的模型,采用新生活方式的人口规模取决于两个主要因素:习惯保持率(行为惯性因素)和采用新生活方式的动机。

$$logY_t = logK_t + \lambda logY_{t-1} + \varepsilon_t \qquad (2.2)$$

在公式 2.2 中,Y_t 代表在时间 t 采取新的生活方式(本书是指家里接入互联网)的人口比例;Y_{t-1} 代表上一时期 $t-1$ 采取新的生活方式的比例;K_t 代表时间 t 采取新生活方式的动机;λ 是上一时期 $t-1$ 的习惯保持率。K_t 与采用新生活方式相关的成本和受访者的收入等变量相关。显然,互联网接入成本趋于稳定;因此,互联网接入是否普及(以及普及的速度)将在很大程度上取决于行为习惯因素。不幸的是,当使用非线性回归方法对公式 2.2 与皮尤数据拟合时,我们发现拟合度相对较差(r^2 约为 0.20);显然,皮尤的调查数据在时间上过于接近,无法对习惯保持因素做出稳定的估计。图 2.1 中绘制的其他时间序列数据包含的时间点太少,无法得到 λ 的稳定估计。

"数字鸿沟"。如公式 2.1 所示,如果接入网络者与没有接入网络者在调查变量上存在差异,那么网络调查中遗漏了 30% 以上没有上网的成年人就会出现问题(更具体地说,会导致严重的覆盖偏差)。有大量证据表明,线上人群与没有接入网络的人群确实存在差异。表 2.2 显示了覆盖率在不同人群之间的差异。是否接入网络在年龄、种族和受教育程度方面有很大差异。互联网接入随着年龄单调下降,随着教育(和收入)单调增加;非西班牙裔黑人和西班牙裔比非西班牙裔白人和其他人群更不可能接入互联网。互联网接入率的这些差异,有时被称为"数字鸿沟"(Lenhart,Horrigan,Rainie,Allen,Boyce,Madden,and O´Grady,2003;Norris,2001),意味着网络调查中存在严重

译者思考

7. 哪些人群不宜作为网络调查的调查对象?

的覆盖偏差风险，调查结果难以推广到总体人群。相对于总体人群，美国上网人群更年轻、受教育程度更高、更富有，而且更可能是白人。Bethlehem(2010)报告说，在欧洲联盟，有网络接入的人群和没有网络接入的人群之间也存在类似的差异。

表 2.2　美国不同人群互联网接入的比例　　　　（单位：%）

亚群体	HINTS 2007	HINTS 2005
男性	66.4	61.3
女性	70.6	60.9
18~34 岁	80.3	74.4
25~49 岁	76.0	67.4
50~64 岁	68.4	59.3
65~74 岁	45.1	32.7
75 岁及以上	21.6	17.6
高中以下	27.0	22.9
高中毕业	56.8	49.1
有大学经历(没有毕业)	80.4	74.1
大学毕业	91.0	87.2
西班牙裔	49.3	36.2
非西班牙裔黑人	56.8	52.5
非西班牙裔白人	75.0	68.4
所有其他	74.2	60.9

注：数据来源于2005年和2007年国家卫生信息趋势调查(HINTS)。

通过加权，可以相对容易调整互联网人口和总体人口之间的差异(如表2.2中明显的差异)。(我们将在本章的下一节讨论这些加权方法。)但真正的问题是，有网络接入的人群和没有网络接入的人群在可能对调查产生实质性影响的特征上是否存在不同——也就是公式2.1中的变量y？表2.3的前两个部分显示了接入网络者与没有接入网络者在一些健康变量上的差异；表格的第三部分呈现了美国综合社会调查(General Social Survey)中的两个态度变量的差异。表2.3所示的估计值来自Dever、Rafferty和Valliant(2008)以及Schonlau、van

Soest、Kapteyn 和 Couper（2009）论文中的变量。表 2.3 包括 Lee（2006b）研究的两个变量。

表 2.3　总体人群和具有网络接入人群的健康状况　　　（单位：%）

调查项目/特征	有网络接入人群	总体人群	研究的目标人群
2003 密歇根行为风险因素监测系统调查（BRFSS）			
健康评价等级“好”到“优秀”	89.8	84.9	密歇根州 18 岁及以上居民
有医疗保险	90.7	89.3	
有私人医生或保健提供者	84.0	83.6	
上个月参加锻炼	82.6	78.2	
告诉他/她有糖尿病	5.5	7.9	
告诉他/她有高血压	22.6	26.8	
因关节炎或关节症状而日常活动受到限制	23.1	27.2	
2002 年健康和退休研究			
有高血压	44.0	54.8	美国 50 岁及以上人口
有心脏病	16.0	25.3	
有关节炎	48.9	61.9	
沮丧的	10.6	18.6	
孤独的	11.7	21.2	
享受生活	93.3	95.7	
穿衣有困难	3.7	8.7	
走几个街区有困难	14.9	31.2	
2002 年美国综合社会调查			
对黑人很热情	63.6	61.2	美国 18 岁及以上人口
在 2000 年的选举中参加投票	71.5	65.0	

注：第一部分中的数字来自 Deveret 等（2008）论文中的表 3 和表 5；中间部分摘自 Schonlaue 等（2009）论文中的表 3；第三部分来自 Lee（2006b）。有关详细信息（例如访题的确切措辞）请参见原始文献。

表2.3顶部部分中的数字来自密歇根州行为风险因素监测系统(Michigan Behavioral Risk Factor Surveillance System，BRFSS)调查，该调查使用RDD方法抽样并通过电话进行调查。这项调查样本的目标是代表密歇根州的成年“家户”总体，调查对象既包括接入网络的受访者，也包括没有接入网络的受访者。密歇根州BRFSS调查收集了一系列与健康相关的信息，包括受访者如何评估自己的健康状况、他们是否参加了健康保险以及医生是否曾告诉他们患有糖尿病。从表格的第一部分可以明显看出，有互联网接入的人报告自己的健康状况比没有互联网接入的人要好，这导致与总体人口相比，对健康状况的估计过高，对不健康状况的估计过低。调查中间部分的数据来自健康和退休调查(Health and Retirement Survey，HRS)，该调查使用区域概率样本，利用不同的模式收集数据；与密歇根BRFSS一样，HRS样本包括有互联网接入的受访者和没有互联网接入的受访者。尽管HRS(美国50岁及以上的人群)与密歇根BRFSS调查目标人群有差异，但有互联网接入受访者和没有互联网接入受访者的差异却非常相似。同样，有互联网接入的受访者(百分比的第一列)似乎比总体人群(百分比的第二列)更健康，高血压、心脏病、孤独、抑郁等的自我报告的比率更低。第三部分呈现两个“态度变量”，来源于美国综合社会调查。社会调查通过对18岁及以上的代表全国人口总体的样本进行面对面访问来获得数据。有网络接入者与没有网络接入者在一个变量(受访者是否报告在2000年总统选举中投票)上存在显著差异，而在另一个变量(被调查者是否报告对黑人有热情)上没有显著差异。表中的其余差异均具有统计学意义，但有一个例外(报告他们有私人医生或保健提供者的百分比差异)。

因此，总体而言，表2.3中的数据表明，数字鸿沟不仅限于人口变量，还可以扩展到各种健康变量(有关更多的证据，请参见Dever et al.,2008;Schonlau et al.,2009)。另外，第三部分表明它也可以扩展到态度变量。有网络接入者与没有网络接入的受访者在各种特征上有所不同(参见 Couper,Kapteyn,Schonlau,and Winter,2007)。正如我们将在下一部分中看到的那样,针对人口特征差异进行加权调整(例如,表2.2 中的变量)并不总是能减少实质性变量(例如,表 2.3 中的变量)的偏差。

2.3 覆盖和抽样偏差的统计校正

正如 Lee(2006a)指出的,有几个潜在的误差来源可能会使基于自主加入追踪样本的网络调查(Couper 的第三类网络调查)的估计产生偏差。就我们的目的而言,有必要区分这三个潜在的误差源:

1) **覆盖误差**,或者说调查中所代表的人群(如有互联网接入的成年人)与调查的目标人群(所有成年人)之间的差异;

2) **抽样误差**,或者说调查人群(互联网用户)与被招募进入追踪样本并被选中参与特定调查的人群之间的差异;

3) **无应答误差**,或者说被选中参与调查的人与实际完成调查的人之间的差异。

不管采用什么样的抽样方法,对于排除没有互联网接入人群但仍试图描述总体人群特征的网络调查,都会出现覆盖误差。在公式2.1 中,未加权的第一部分代表这种误差源。如公式所示,如果互联网人群和总体人群在目标变量上没有差异,那么覆盖偏差将为零;

译者思考

8. 如何使用统计方法校正网络调查的覆盖和抽样偏差?

但是如果两个人群之间存在差异,这些差异将使调查估计产生偏差。第二个误差源反映了招募或抽样过程中的问题,这些问题导致互联网人群与调查目标样本之间存在系统性差异。例如,对于选择加入追踪样本,不能保证样本成员在调查变量上与更大的互联网用户群体相似。如果招募(和抽取)的可能性与目标变量相关,这将在估计中引入误差(如等式2.1中的协方差项所示)。例如,选民可能比没有参加投票的人更有可能加入一个以政治调查为特征的追踪样本;这将使投票率的估计产生偏差。如果使用概率抽样方法选择追踪样本成员,这一误差会被消除。最后一个误差源是无应答误差,我们将对这个误差源的讨论推迟到第3章。

事后分层加权调整(Post-stratification adjustments)。调查研究人员创造了一些统计方法来减少覆盖和抽样偏差。所有的方法都是通过分配给受访者权重,使之与总体人群的各种数据更接近。这些方法有时也用来纠正无应答偏差(参见 Kalton and Flores Cervantes, 2003,对加权方法进行了系统的综述,包括这里讨论的四种方法)。

用于调整网络调查中抽样和覆盖问题的第一种方法被称为比率调整(ratio adjustment)、事后分层加权(post-stratification)或"单元加权"(cell weighting,是 Kalton 和 Flores Cervantes 使用的术语,2003)。该方法"调整样本权重,使样本与总体在每个'单元'上的总数一致"(Kalton and Flores Cervantes,2003,p.84)。调整程序相当简单——对每一个在加权单元(或事后分层)中受访者的权重(通常是个案被抽取概率的倒数)乘以一个调整因子:

$$w_{2ij} = \frac{N_j}{\sum^{n_j} w_{1ij}} w_{1ij} \tag{2.3}$$

其中 w_{2ij} 是调整后的或事后分层的权重,w_{1ij} 是未调整的权重,调整因子是 j 单元(N_j)的总体人口数与该单元中应答者未调整权重总数之间的比率。(有时“总体人口”数实际上是通过一个基于良好的调查估计出来的。)对于许多网络调查,初始权重是1。调整后,每个单元的加权样本总数与总体总数完全匹配。总体(π_j)和样本比例($\sum^{n_i} w_{1ij} / \sum^{n} w_{1j}$)可用于代替公式2.3中的总体($N_j$)和样本总数($\sum^{n_j} w_{1ij}$),以产生相同的调整权重。

如果在调整单元内每个个体完成调查的概率与调查变量无关,则事后分层加权将消除由于选择或覆盖问题引起的偏差。这种情况有时被称为随机缺失假设(Little and Rubin,2002)。根据公式2.1,如果参与概率(P)和调查变量(Y)之间的单元内期望协方差变为零,则分层后调整将消除偏差:

$$Cov(P,Y|\underline{X}) = 0$$

其中X是分类变量(这些变量被交叉分类以形成调整单元)的向量。协方差为零的条件可以通过多种方式得到满足:参与概率在每个单元内相同;调查变量的值在每个单元内相同;或者两个变量的值可以在单元内不相关。实际上,当单元内协方差项的绝对值小于总协方差的绝对值时,事后分层加权将减小偏差的大小:

$$|Cov(P,Y|\underline{X})| < |Cov(P,Y)| \qquad (2.4)$$

大多数调查统计学家使用事后分层加权是因为相信公式2.4中的不平等是成立的,而不是因为认为残差完全消失。

我们注意到,一些学者在网络样本中使用样本匹配方法使网络样本与目标人群数据一致(Rivers and Bailey,2009)。利用这种方法,特定调查可以在网络调查追踪样本中抽取子样本,使子样本准确地代表总体人群构成。样本构成和总体构成之间的任何残差都将通过倾向加权(下文讨论)进行统计校正。抽样匹配可能会对残差产生与事后分层加权类似的影响。

多变量反复加权方法(Raking)。多变量反复加权方法(或边缘加权)也是调整权重使调查样本与外部总体数据一致,但是这种调整会将样本与辅助变量的边际总数对齐,而不是与单元总数对齐。例如,如果有男性和女性、有大学学位和无大学学位的人口数据,调整权重将使样本中男性和女性、大学毕业生和受教育程度较低的人与总体数据一致,但有大学学历的男性或没有大学学历的女性不一定与总体一致。有些情况下多变量反复加权方法可能比事后分层加权更可取。无法获得每个调整单元(单元由辅助变量交叉构成)的人口数据;或者,在某一调整单元中只有很少的参与者,调整因子在各个单元之间变得极端且高度可变;或者,研究人员可能希望在加权方案合并大量的变量,这些变量太多,逐个单元调整不切实际。

多变量反复加权方法使用迭代比例拟合方法(iterative proportional fitting)(与用于拟合对数线性模型的算法相同)进行拟合。首先,样本权重被调整为与一个辅助变量(例如受访者的性别)的边缘总数相一致。调整因子的计算方法与公式2.3中所述方法的相同,只是目标人口基于边缘总数(例如,男性总数)。然后,调整权重以与下一个辅助变量(教育水平)的边际总数一致,以此类推,直到对每个辅助变量都进行了调整。后期变量(教育)的调整过程可能会舍弃了前期变量(性别)的总数,因此重复调整过程,直到权重不再变化。(收敛通常是快速的,但不是必需的,请参见Kalton和Flores-Cervantes的讨论,2003,p.86。)

在满足相同的条件下,多变量反复加权方法与事后分层加权一样减少或消除偏差(即,辅助变量被考虑后,成员参与概率和调查变量之间的协方差会减小),但是假设模型更为严格(辅助变量之间的相互作用可以被忽略或对减少额外偏差的影响很小)。

广义回归(GREG)模型。 GREG加权是将样本估计值与总体数据进行基准比较的另一种方法。这种方法假设"分析变量y和一组协变量之间的存在线性关系"(Dever,Rafferty,and Valliant,2008,p.57)。

利用这一线性关系，使用 GREG 计算出 y 的估计值修正了初始样本估计结果：

$$\hat{T}_{Gy} = \hat{T}_{1y} + \sum_{j}^{p} b_j (T_{xj} - \hat{T}_{1xj}) \tag{2.5}$$

其中，$\hat{T}_{Gy}$ 是加权后变量 y 的估计值；$\hat{T}_{1y}$ 是未加权的相应的估计值（即，$\hat{T}_{1y} = \sum_{i}^{n_r} w_{1i} y_i$，其中 n_r 表示受访者人数）；其中，T_{xj} 是协变量 x_j 的总体总数；$\hat{T}_{1xj}$ 是对协变量总数的样本估计值（未加权）；b 是通过加权最小二乘法估计的 p 个协变量的回归系数（加权回归中的权重是未经调整的样本权重 w_{1i}）。正如 Kalton 和 Flores Cervantes（2003,p.88）指出的，在最简单的情况下（只有一个协变量 x），调整后的权重变为：

$$w_{2i} = w_{1i} + (T_x - \hat{T}_{1x})(x_i - \bar{x}) / \sum_{i}^{n_r} (x_i - \bar{x})^2$$

其中 w_{1i} 是受访者 i 的初始权重；w_{2i} 是 GREG 权重；T_{xj} 和 $\hat{T}_{1x}$ 是总体总数和协变量总数的样本估计值（如上面的公式 2.5 所示）；x_i 是受访者 i 在协变量的值；$\bar{x}$ 是协变量的样本均值。

与事后分层加权和多变量反复加权一样，当以协变量为条件，受访者完成调查的可能性与调查变量之间不相关时，GREG 加权会消除偏差。

倾向值方法。研究人员使用了一种额外的方法——倾向值调整（PSA）或倾向权重——来调整调查权重，以消除或减少偏差。至少有七篇已发表的论文研究了倾向值调整方法在网络调查中的应用，通过减少因不完全覆盖、抽样（或两者兼而有之）产生的偏差，改进网络调查估计（Berrens et al.,2003;Dever et al.,2008;Lee,2006b;Lee and Valliant,2009;Schonlau;van Soest and Kapteyn,2007;Schonlau et al.,2009;Schonlau, Zapert, Simon, Sanstad, Marcus, Adams, Spranca, Kan , Turner, and

Berry,2004)。倾向值是一个个案最终身在某一群组的预测概率,例如,某人成为“互联网接入”群组(相对于未接入)的概率。这项技术最初用于处理观察研究(observational studies)——一些个案给予了“实验处理”,但与这些个案相似的其他个案却没有获得相应的“实验处理”——中的混淆(confounds)问题。在非实验研究中,研究个案没有随机分派就会产生混淆问题。倾向值调整同时校正了多个混淆变量(两组成员的差异变量)产生的影响。

在网络调查中,这两个组通常被定义为网络调查的应答者(例如,完成特定网络调查问卷的网络调查追踪样本成员)和“校准(calibration)”调查或参考调查的应答者(例如,与网络调查同时进行的RDD调查的应答者)。假设校准调查很少或没有覆盖和抽样偏差,因此它提供了一个有用的基准,可以对网络调查结果进行调整(参见Lee和Valliant[2008]关于倾向权重的讨论;我们在这里主要采用他们的研究)。

倾向加权的第一步是拟合一个模型,预测个案成为某组成员的概率。通常的过程是拟合logistic回归模型:

$$\log(p(\underline{x})/(1-p(\underline{x}))=\alpha+\sum_{j}^{p}\beta_{j}x_{j}$$

其中$p(\underline{x})$是个案成为目标群组的概率(例如,将完成网络调查);x是协变量;α是截距项;β是logistic回归系数。(不一定绝对要使用logistic回归模型预测概率,但实际上这是一般典型的做法。)接下来,根据预测的倾向值(即$\hat{p}(\underline{x})$的值)将个案分组(通常分为五个等级)。将原有个案权重除以预测的个案倾向概率,调整权重。

$$w_{2i}=\frac{w_{1i}}{\hat{p}_{i}(\underline{x})} \tag{2.6}$$

如果将案例按倾向值排序进行分组,则将使用每组倾向值均值

（或调和平均数）代替公式2.6分母中的$\hat{p}_i(\underline{x})$[①]。正如Lee和Valliant（2008）指出的，当logistic回归模型包含与倾向值和实质变量都相关的预测变量时，倾向调整最有效（Little and Vartivarian,2004，对事后分层调整也提出了相同的观点）。Lee和Valliant（2009）的模拟表明，即使校准样本完全覆盖目标人群，仅使用倾向值调整不能完全消除互联网样本中的覆盖偏差。

校正方法的比较。这些方法有好几种是密切相关的。GREG和多变量反复加权方法都是校准加权的特例。事后分层加权又是GREG加权的一个特例。通过校准加权，发现调整权重（w_{2i}）很可能接近未调整权重（w_{1i}），但在这样的意义上进行了校准：加权后的样本和总体在一个或多个辅助变量（x_j）上的总数是一样的：

$$T_{1xj} = \sum_{i}^{n_r} w_{2i} x_{ij}$$

就事后分层加权而言，辅助变量仅仅是一组二进制变量（表示每个成员是否在每个事后分层之中）。对未调整和调整后权重距离的测量方法不同，校准权重的形式也不同。校准估计的所有三种形式（GREG、多变量反复加权和事后分层）都与线性模型相关联。例如，事后分层模型是单元jk中调查变量$E(y_{ijk})$的期望值，是总平均值u加上一个表示总平均值和单元平均值α_{ij}之间偏差项：

$$E(y_{ijk}) = u + \alpha_{jk}$$

多变量反复加权模型假设单元偏差可以由主效应项捕获。如果有两个调整变量，则模型为：

$$E(y_{ijk}) = u + \alpha_j + \beta_k$$

其中α_j是与第一个变量的水平j相关联的效应，β_k是与第二个变量的

①如果权重的目的是针对校准样本而不是针对总体样本进行调整，则调整采用以下形式（参见Schonlau et al.,2007），而不是公式2.6中给出的形式：

$$w_{2i} = \frac{(1 - \hat{p}(\underline{x}))w_{1i}}{\hat{p}(\underline{x})}$$

水平 k 相关联的效应。

为了理解模型的其他假设，在此再现公式2.1：

$$Bias = P_0(\overline{Y}_1 - \overline{Y}_0) + \frac{Cov(P,Y)}{\overline{P}}$$

如前所述，当满足两个条件时，事后分层加权消除了覆盖和选择偏差（均值或比例）。首先，目标人群中每个个案必须有非零的参与机会（即，目标人群中的每一个成员的参与概率 p 必须大于0）。满足这一条件，公式2.1中的第一部分的偏差将为零。第二，数据必须是随机缺失的，也就是说，在分类协变量交叉而形成的单元中，特定个案成为受访者的概率与该个案在调查变量上的应答值 y 无关。当满足第二个条件时，公式2.1中的第二项变为零。显然，相同的调整方法或多或少地影响调查中不同变量估计值的偏差。

在相同的这两个条件下，多变量反复加权同样能消除偏差，但对模型施加了另一个约束，即协变量之间的相互作用可以被忽略。正如我们指出的那样，GREG假设采用一个更通用的模型：一个或多个辅助变量与目标调查变量之间存在某种线性关系。

倾向值方法进一步假设协变量中的所有信息都被倾向值捕获。这种情况通常被称为强可忽略性。为了通过倾向加权模型消除偏差，拟合倾向条件为：a)调查变量值的分布必须与个案来自哪个组无关（例如，网络调查受访者与校准调查受访者）；b)调查结果必须与协变量无关。这些条件意味着：

$$Cov(P,Y|\hat{p}(\underline{x})) = 0$$

这些条件在实践中不太可能得到满足。正如我们将在下面看到的（在表2.4中），在倾向值调整之后，大部分的偏差仍然存在。在某种程度上，这可能反映了这样一个事实：倾向值并不影响 $P_0(\overline{Y}_1 - \overline{Y}_0)$ 部分的偏差（这部分偏差反映遗漏部分被调查对象所产生的偏差）。

表2.4　对网络调查统计调整的评估研究

研究项目	校准调查/网络调查	调整方法	结果估计值个数(异常值)	平均(中位数)偏差减少	平均(中位数)调整后偏差(绝对相对偏差)
Berrens,Bohara,Jen-kins-smith,Silva,& Weimer2003	RDD调查/哈里斯互动公司(一月)	多变量反复加权方法(迭代)	13(0)	10.8(19.4)	26.6(8.3)
	RDD调查/哈里斯互动公司(一月)	倾向值方法	13(2)	31.8(36.7)	17.1(4.7)
	知识网络调查	多变量反复加权方法(迭代)	13(0)	−3.0(−2.3)	20.6(15.9)
Dever, Rafferty, &Val-liant (2008)	全样本密歇根州行为风险因素监测系统(BRFSS)调查/密歇根州行为风险因素监测系统(BRFSS)调查互联网用户	广义回归(GREG)模型(7个协变量)	25(0)	23.9(70.0)	4.3(2.3)
Lee(2006b)	全样本社会综合调查/社会综合调查网络用户	倾向值方法	2(0)	31.0(31.0)	5.4(5.4)
Lee & Valliant(2006b)	全样本密歇根州行为风险因素监测系统(BRFSS)调查/密歇根州行为风险因素监测系统(BRFSS)调查互联网用户	倾向值方法(30个协变量)	5(0)	62.8(60.8)	5.8(6.9)
		倾向值方法+广义回归(GREG)模型		73.3(80.8)	4.3(3.9)
Schonlau , van Soest , & Kapteyn (2007)	RDD调查/RAND网络追踪样本	倾向值方法(人口统计学变量)	24(5)	24.2(24.6)	21.1(14.4)
		倾向值方法(所有变量)	24(3)	62.7(72.6)	10.3(3.7)

Schonlau, van Soest, Kapteyn, & Couper (2009)	全样本健康和退休调查(HRS)/健康和退休调查(HRS)网络用户样本	倾向值方法	33(0)	43.7(60.0)	25.8(14.4)
Schonlau, Zapert, Simon, Sanstad, Marcus, Adams, Spranca, Kan, Turner, & Berry (2004)	RDD调查/哈里斯互动公司	事后分层加权	34	NA	NA
		倾向值方法	34	NA	NA
Yeager, Krosnick, Chang, Javitz, Levendusky, Simpser, & Wang (2011)	各种外部基准/七个非概率网络样本	多变量反复加权方法(迭代)			
	调查1		19(2)	42.0(40.3)	8.2(5.1)
	调查2		19(0)	38.7(60.4)	8.4(4.2)
	调查3		19(1)	53.3(42.3)	7.0(4.6)
	调查4		19(2)	30.6(33.3)	7.0(4.6)
	调查5		19(3)	35.3(22.2)	7.7(5.9)
	调查6		19(2)	37.4(32.9)	7.3(6.3)
	调查7		19(1)	57.0(62.1)	7.7(6.6)

注：偏差减少和相对偏差（Relbias）以百分比表示。最后两列中的平均值在删除异常值后计算；中位数包括所有观测值。

相比于看似更简单的事后分层或多变量反复加权方法，使用GREG加权或倾向值方法有两个潜在的优势。首先，权重调整可能减少估计值的偏差，但也会增加其方差。例如，Lee（2006b）发现倾向值调整将估计值的标准误差增加了38%到130%以上。相对于事后分层调整，一般认为多变量反复加权可以减少这种通胀因素；GREG加权和倾向值被认为可以进一步降低方差通胀（Kalton andFlores Cervantes,2003）。Dever和她的同事（2008,p.57）报告，与使用较少协变量的类似模型相比，包含很多协变量的GREG模型产生的“标准误差（SE）稍大”。尽管如此，正如我们在下面指出的那样，任何基于校准调查的调整都可能增加网络调查变量估计值的方差。

第二，单元加权（事后分层加权）和多变量反复加权在类别协变量较少的情况下容易实施；而GREG和倾向加权调整容易纳入数值型协变量。此外，GREG和倾向加权相当灵活。这两个模型可以包含或排除交互项，并且可以处理没有应答者的单元；而没有应答者的单元对事后分层加权和多变量反复加权调整带来问题。因此，GREG和倾向值调整可以减少调整过程中对调查估计方差的影响，并使研究者在调整模型中纳入协变量有更大的灵活性。

区分这四种方法的最后一个因素是，倾向模型中要包含网络调查样本和校准样本都有的变量；其他方法只要求网络调查应答者的相关变量能够在外部基准中找到。

调整方法的有效性。到目前为止，我们主要从数学的角度研究了这四种调整方法，但关键问题是这些方法在实践中的效果如何。一些学者对这个问题进行了研究，表2.4总结了其中8项研究的结果。我们剔除了第九项研究（Yoshimura,2004），这项研究的描述不够

译者思考

9. 统计校正方法的效果如何？

详细。所有这些研究都采用类似策略来评估权重调整的影响。其中三项研究从一个网络样本中计算估计值,将调整前后网络调查估计值与并行RDD调查的估计值进行比较。调整方法使用前面描述的一种或多种方法。例如,Berrens和他的同事比较了哈里斯互动调查公司(Harris Interactive,HI)网络调查与并行RDD调查中的13个估计值;他们使用多变量反复加权方法处理了网络样本,研究这种方法如何影响网络调查估计值与RDD调查估计值之间的差异。其中4项研究实际上并没有进行网络调查,而是使用面对面调查或电话调查中有网络接入的受访者来代替网络样本,将其估计值与调查总样本的估计值进行比较。Lee(2006b)比较了美国综合社会调查(GSS)中有互联网接入的受访者与所有GSS受访者(包括没有网络接入的受访者)两者的估计值。两组都进行了面对面的访问(但只有"网络接入组"代表网络调查),被询问相同的问题。因此,这种比较给出了加权调整之前和之后覆盖偏差的估计值,用以修正覆盖偏差。(与实际网络调查的研究不同,第二组比较研究没有混淆样本差异与不同数据收集方式产生的测量差异。)最后一个研究(Yeager,Krosnick,Chang,Javitz,Levendusky,Simpser,and Wang,2011)使用的方法有些不同:它使用多变量反复加权方法对7个志愿者网络样本的估计值进行加权,使用加权前后的估计值与当前人口调查(CPS)、美国社区调查(ACS)、国家健康访谈调查(NHIS)和其他来源的调查外部基准进行比较。CPS、ACS和NHIS都使用高质量区域概率样本,不使用互联网收集数据。

我们使用了一些措施来评估权重调整的有效性。首先,我们计算偏差的平均减少量:

$$100 \times \left(1 - \frac{\sum |d_{adj,i}|/|d_{u,i}|}{n}\right)$$

其中,$d_{adj,i}$ 是网络调查(或有网络接入的那部分样本)的估计值与网络样本调整后的校准样本(或全样本、外部基准样本)相同估计值之间的差,$d_{u,i}$ 是调整前的差。偏差的减少以百分比表示。其次,我们计算了调整后剩余相对偏差的平均绝对值;绝对相对偏差是网络样本的调整后估计值 $\hat{y}_{adj}$ 与校准样本基准估计值 $\hat{y}_{cal}$ 之差的绝对值:

$$100 \times \left(\frac{|\hat{y}_{adj} - \hat{y}_{cal}|}{\hat{y}_{cal}}\right)$$

"网络"样本实际上可能是样本(包括网络用户和非网络用户)中的网络用户,"校准"样本是包括网络用户和非网络用户的全样本或来自其他调查的估计值(如 Yeager 等人的研究,2011)。

这两个评估权重调整影响的指标都不够完美。两个指标的前提假设是来自校准样本或外部的估计值是无偏的,或者至少比来自网络样本的未经调整或调整的估计值更接近总体。此外,加权调整有时会增加偏差,导致误差增加。如果原始的未经调整的估计值产生小的偏差,则调整可以很容易地使偏差的大小加倍(即,比率 $|d_{adj,i}|/|d_{u,i}|$ 可以超过 2.0)。在计算平均误差减少量时,我们剔除了导致偏差大幅增加的调整估计值(并注意我们剔除的异常值的数量)。表 2.4 还包括衡量加权调整影响的两个指标的中位数。中位数受极端值的影响较小。

这八项研究的结果非常一致(与 Yoshimura,2004)并支持 4 个一般结论。无论使用哪种调整方法,

1）调整仅消除部分偏差，最多约为五分之三（Schonlau, van Soest,and Kapteyn,2007）；

2）调整后有时会增加偏差，有的指标系数会大于2(这些是表2.4中的异常值)；

3）调整后的相对偏差通常很大，通常会使估计值变化20%或以上；

4）变量之间存在很大差异，调整有时会消除偏差，而有时则会使偏差更严重。

因此，总体而言，这些调整似乎是有用的，但对网络样本中固有的覆盖和选择偏差的纠正不具可靠性，只能部分地解决这些问题。

表2.4中的所有估计值都是对均值或比例的估计。Berrens和他的同事也研究了更复杂的变量之间关系的估计值（Berrens et al., 2003）。他们的结论是“尽管在各种检验结果有许多差异……互联网样本产生的关系推断与电话样本非常相似”（p.21）。这个结论是否会被证明是一个普遍的结论还有待观察。

关于这些调整方法，值得作最后一点说明。使用规模相对较小的调查（例如，并行RDD调查）作为校准调查，对一个大型的网络调查进行调整，任何方法都可能严重地增加估计值的方差（Bethlehem, 2010，公式18;Lee,2006b），尽管这种增加不会反映在方差估计值本身之中。这种方差膨胀不仅是权重变异性增加的副产品，而且反映了校准调查估计值的内在不稳定性。由于校准调查使用更昂贵的数据收集方法，因此与需要校正的网络调查相比，样本量要少得多。其结果是，来自校准调查的估计可能是高度可变的，这会在调整后网络调查估计中引入相当大的额外变异。Lee（2006b）在其模拟研究中报告的正是这种方差膨胀。

2.4 小结

许多(也许是大多数)互联网调查不使用概率抽样;即使在那些使用概率抽样的调查中,大多数依赖于传统的抽样方法(如RDD。这些方法更经常与其他数据收集方法结合使用)。试图描述一般人群特征的网络调查容易产生覆盖偏差(除非向没有网络接入的人提供网络接入);使用非概率样本的网络调查也容易产生抽样偏差。尽管如此,一些研究在招募代表一般人群的概率样本,并提供所有样本成员的网络接入,但他们仍面临现实的困难,包括在抽样和招募多个阶段积累的高无应答率、在招募和数据收集过程中产生的高成本。

覆盖问题是否以及在多大程度上使网络调查的估计值产生偏差,部分取决于不能上网的人口规模以及互联网接入人群与没有互联网接入人群之间的差异。尽管互联网人口在过去20年中快速增长,但增长速度似乎正在放缓(见图2.1),美国和欧洲的互联网普及远未完成。数字鸿沟仍然是生活中的一个事实;无论在人口统计特征上(例如,见表2.2),还是在调查中的目标变量上(表2.3),表现得都很明显。由于调整方法(以及样本匹配等相关方法)依赖人口统计学变量,它们可能无法针对与人口统计学变量不是密切相关的实质性变量的差异进行调整。

许多网络调查使用统计方法来消除,或至少减少覆盖偏差和抽样偏差对估计的影响。表2.4中总结的研究表明,无论采用何种方法,调整方法通常都会消除估计值中不到一半的偏差,并且通常在调整后仍然存在较大的偏差,甚至有时调整会适得其反,增加偏差。即使他们减少了偏差,调整往往伴随着方差增加(Bethlehem,2010;Lee,2006b)。显然,有大量研究工作要做,以找到用于抽取网络样本更好的方法,并减少不完全覆盖产生的问题。

3.

网络调查中的无应答

在应答率持续下降的时代(Atrostic,Bates,Burt,and Silberstein,2001;Curtin,Presser,and Singer,2005;De Leeuw and De Heer,2002),无应答对所有调查来说都是一个挑战。尤其对网络调查来说,这可能是一个更为特殊的问题。这至少有三个原因:第一,正如我们在第2章中看到的,网络调查通常从不具代表性的样本开始。他们往往遗漏了目标人群中缺乏互联网接入的那部分人。此外,网络调查样本通常由招募的志愿者组成(这个过程存在成员的自我选择),连接入互联网的人群都代表不了,更不用说代表一般人群了。目前尚不清楚无应答误差和覆盖误差之间的关联,但这两种误差经常累积在一起,致使低应答率对覆盖误差(以及由于自我选择而产生的偏差)的影响更加严重。也就是说,对于没有接入互联网或没有加入网络调查志愿小组的这类人群(如少数群体成员或低收入家庭的人),如果他们被邀请参加网络调查,也不太可能对网络调查作出应答。第二,正

译者思考

10. 为什么无应答对网络调查的影响更大?

如我们将在本章中看到的，基于概率抽样的网络调查的应答率往往低于使用传统的数据收集方法进行相同调查的应答率（Lozar Manfreda，Bosnjak，Berzelak，Haas，and Vehovar，2008；Shih and Fan，2008）。尽管应答率只是无应答误差的弱指标（如 Groves，2006；Groves and Peytcheva，2008），但它们仍然与无应答误差的风险有关。因此，网络调查很容易出现相对较高的无应答误差。第三，网络调查还存在另一种形式的无应答——中止填答（breakoffs）——这在调查员管理模式的调查中相对较少出现。目前尚不清楚较高的中止填答率是如何影响网络调查无应答误差的总体水平的。

由于网络调查存在特有短处，包括使用非概率样本以及较高的中止填答率，我们从讨论网络无应答的概念和无应答误差来开始本章。本章的后续章节将试图评估网络调查中无应答误差水平，研究影响单位无应答率（unit nonresponse rates）的因素、设计因素对中止填答以及访题无应答（item nonresponse）的影响。

3.1 定义网络调查中无应答和无应答误差

第 2 章讨论了概率样本网络调查与非概率样本网络调查之间的区别。在这里，我们简要讨论这种区分对无应答误差的影响。

概率样本。概率样本的调查目标是通过抽取样本描述总体；无应答误差是推断误差或偏差的一个潜在来源。无应答偏差是由初始抽样样本和实际回收样本之间的差异造成的。无应答对样本均值的

译者思考
11. 何为网络调查无应答和无应答误差？

影响很大程度上反映了抽样样本成员应答的概率(他或她的应答倾向,或p)与他(或她)在调查目标变量值(Y)之间的协方差:

$$E(\overline{y_r}) - \overline{Y} = \frac{Cov(P,Y)}{\overline{P}} \tag{3.1}$$

式中,$E(\overline{y_r})$是未调整样本均值的期望值(基于受访者);$\overline{Y}$是被估计的总体均值;$Cov(P,Y)$是协方差项;$\overline{P}$是总体的平均应答倾向(或调查的预期应答率)。该公式(Bethlehem,2002)与针对覆盖偏差提出的公式2.1相似。与前面的公式一样,它关注的是应答倾向与目标变量之间的关联,而不是将无应答率(见Groves,2006)作为无反应偏差的关键因素;它还强调了一个事实,即调查中的一个估计值可能会因无应答而产生偏差,而另一个估计值可能不会。如果样本中有零应答倾向的成员(即在任何情况下都不会应答调查的样本成员),则必须在偏差方程中添加第二项:

$$E(\overline{y_r}) - \overline{Y} = P_0(\overline{Y_1} - \overline{Y_0}) + \frac{Cov(P,Y)}{\overline{P}}$$

在这个版本的公式中,右边的第一个项代表了抽样框中零倾向样本成员的影响;P_0是完全没有机会参与调查的人口比例(那些零倾向的人口),$\overline{Y_0}$是零倾向组中目标调查变量的平均值,$\overline{Y_1}$是具有非零倾向组的平均值。

较高的无应答率(或较低的应答率)会减少样本数量,增大标准误和置信区间,从而影响关键估计值的方差。这可以通过增加抽样样本规模来解决。鉴于网络调查的单位成本较低,因此与其他调查模式相比,这是一种很有吸引力的解决方案(其他调查模式增加抽样样本数量可能会大大增加成本)。

非概率样本网络调查。对于非概率样本,无应答问题是我们在第2章讨论过的问题(应答者在关键的目标变量上是否与目标人群相似)中的问题之一。无应答误差反映了应答者与志愿者抽样框

(例如,在线追踪样本)之间的差异,但由于统计推断不是指向选择加入追踪样本的人群,而是指向一些更大的目标人群,因此将应答率作为误差指标进行计算没什么意义。对于一些类型的非概率样本,例如从网站招募的一次性样本(表2.1中的类型2),应答率计算的分母可能是未知的,这使应答率的概念毫无意义。

许多基于志愿者在线追踪样本的论文都报告了“应答率”(见Couper,2007)。由于应答率与概率样本之间的固有联系,AAPOR[①]在线追踪样本特别工作组(AAPOR Task Force on Online Panels)(AAPOR,2010)建议不要在基于此类志愿者样本的网络调查中使用“应答率”一词。Callegaro和DiSogra(2008)建议使用“完成率(completion rate)”来表示选择加入追踪样本成员对特定调查请求作出应答的比例。而ISO标准26362(ISO,2009)建议使用“参与率(participation rate)”一词,定义为“提供有效答案的应答者数量除以最开始邀请参与调查的总人数”。“AAPOR标准定义”(AAPOR,2011)的最新版本建议使用“参与率”一词。在此,对于“选择加入”追踪样本,我们采用该词。

无应答的形式。传统上,研究者把调查中的无应答分为单位(unit)无应答和访题(item)无应答,将部分完成的调查作为中间类别。单位无应答是指每个问题都没有获得答案。例如,邮件调查中没有回收的问卷,无论出于什么原因都属于单位无应答。中止填答(breakoff)是指一开始填答了问卷但没有完成问卷的情况。中止填答率(breakoff rate)是指一开始填答问卷但未完成调查的个案所占的

①指美国民意研究协会(American Association for Public Opinion Research)。——译者注

译者思考

12. 网络调查中无应答的形式有哪些?

比例;完成率(completion rate)是中止填答率的补充。访题无应答是指某一些特定的访题没有获得答案,而其他访题获得完整的应答。一个例子是邮件调查问卷被完成并寄回,但有一些访题数据缺失。网络调查可以提供有关中止填答和访题无应答更为丰富的数据。如果将一个唯一的URL或登录密码发送给样本成员,那么就可以跟踪他们是否单击了该URL(或键入了该URL),从而了解他们是否收到了邀请并按提示进行填答,即使他们没有完成调查。同样,对于网页类的网络调查(Peytchev,Couper,McCabe,and Crawford,2006),可以确定中止填答的那一"点"(产生中止填答的原因分析见Peytchev,2009),"点"之前的答案仍然可以用于分析。

在本章的下一节中,我们将回顾那些试图测量无应答对网络调查估计值影响的研究。然后,在下面的部分中,我们将考察单位无应答、中止填答和访题无应答。

3.2 网络调查中的无应答误差

谁会对网络调查请求作出应答?他们与那些没有应答的人有何不同?在开始填答网络问卷后,谁完成了调查,谁又在调查结束前中止填答?这些问题,以及更有趣的问题——为什么有些人应答而另一些人没有,都会涉及无应答误差。在网络调查中,大部分关于无应答的研究都集中在应答率上,而不是无应答误差。我们将在本章第3.3节和第3.4节中回顾这些研究。少数的例外是基于网络样本的研究,这些研究提前获得样本成员的信息,这些信息来自前期的筛选访谈或抽样框;在这些研究中,有可能确定应答者与无应答者、所研究的目标人群的差异,至少能够确定在预先获得的信息变量上三者有何差异。

在一项这样的研究中，Fricker、Galešic、Tourangeau和Yan（2005）首先进行了RDD电话调查，应答率为42.3%（AAPOR RR3①）。调查对样本成员进行了简短的筛选访问，给报告有网络接入的样本成员随机分派到后续的"网络调查组"或"电话调查组"中。被分配到"网络调查组"中的样本成员在筛选访问后会收到一封电子邮件邀请，而被分配到"电话调查组"的样本成员则会在筛选访问后立即继续进行正式调查。"网络调查组"获得了51.6%的应答率，而"电话调查"组应答率为97.5%。尽管应答率存在这种差异，但Fricker和他的同事发现，两组样本的人口构成没有显著差异。两组样本都较好地代表了互联网人群（以当期人口调查为基准数据），但都不能很好地代表美国的一般人群。研究人员还发现，这两组样本在对待科学以及支持科学研究的态度上没有显著差异。但是，他们发现"网络调查组"应答者的知识得分明显高于"电话调查组"应答者。他们推测，这些差异可能是由于电话调查的速度更快，而不是由两种模式的无应答误差不同造成的。我们将在第7.3节进一步讨论这项研究。

在研究无应答误差的另一个例子中，Couper、Kapteyn、Schonlau和Winter（2007）对健康和退休调查（HRS）的应答者进行了一项网络调查。健康和退休调查（HRS）是一项针对美国50岁及以上人群的追踪调查。在2002年HRS调查中，自我报告使用互联网（约30%的样本）和表示愿意参加后续网络调查的受访者（约75%的互联网用户）收到了参加互联网调查的邀请函。在被邀请的人中，80.6%的人完成了网络调查。在三组人中：a）参与健康和退休调查、b）报告使用互联网、c）同意参与网络调查的人，Couper和他的同事（2007）发现，实际应答网络调查与没有应答的样本成员在几个关键变量上存

①美国民意研究协会（AAPOR）提供了多种计算应答率的公式，Fricker使用了第三种公式；感兴趣的读者可到其网站自行查阅。——译者注

在显著差异(包括种族/族裔、就业状况以及自我评估的健康状况)。此外,在2002年健康和退休调查中较难访问到的样本成员参加网络调查的可能性也显著更低。其他一些人口统计学、健康相关变量与报告的参与意愿显著相关。尽管应答者和非应答者之间存在这些差异,但Couper和他的合作者(2007)发现,网络调查最大的误差来源是覆盖误差——有互联网接入者和无互联网接入者之间的差异。在有网络接入的条件下,应答网络调查与不应答网络调查样本差异较小,覆盖偏差比无应答偏差对总偏差的贡献更大。

Bandilla、Blohm、Kaczmirek和Neubarth(2007)以2006年德国综合社会调查(German General Social Survey, ALLBUS)为基础,进行了类似的研究。在所有的ALLBUS应答者中,46%的人报告有互联网接入;其中,37%的人表示愿意参与后续的网络调查,24%的人确实这样做了。Bandilla和他的同事发现愿意参加网络调查样本成员和不愿意参加网络调查样本成员在教育和互联网使用频率上存在显著差异,但实际应答的样本成员与没有应答的样本成员之间这种差异较小。

关于无应答误差的另一个间接信息来源是比较同一调查中不同在线志愿者追踪样本的参与率。在荷兰的一项研究中,19个不同的追踪样本各自进行同一调查(Vonk, van Ossenbruggen, and Willems, 2006)。19个追踪样本的参与率从18%到77%不等,总体参与率为50%。研究人员发现,低应答率的追踪样本和高应答率的追踪样本在估计值上没有有意义的差异(meaningful differences)。Yeager、Krosnick、Chang、Javitz、Levendusky、Simpser和Wang(2011)的研究发现美国也存在类似结果,尽管各追踪样本之间存在相当大的差异,但通过使用外部数据测算,各组估计都接近"真值"。没有哪一个追踪样本比其他追踪样本更准确。参与率并不是表征网络追踪样本估计值可能误差(likely error in the estimates)的好指标。这一发现与Groves

对概率样本研究的发现相似(Groves, 2006; Groves and Peytcheva, 2008)。

其他一些研究考察应答者与无应答者在人口统计学变量上的差异,这些人口统计学变量来自抽样框,非常有限。此类研究主要针对学生群体,并没有发现实质性的差异。这些人群是相对同质的人群,对于理解应答者与未应答者之间的差异几乎没有帮助。这里简短综述表明,对于网络调查中的无应答误差仍然缺乏研究(正如在所有模式中关于无应答误差的研究一样)。

3.3 网络调查中的应答率与参与率

在本节中,我们将讨论网络调查的应答率和参与率,并将其与其他数据收集模式的应答率和参与率进行比较。

概率样本的应答率。最近的两项荟萃分析比较了网络调查的应答率和其他数据模式下的应答率。Lozar Manfreda 及其同事(Lozar Manfreda et al.,2008)对网络调查模式和其他调查模式(主要是邮件)相比较的45个实验研究进行了荟萃分析。他们发现,平均而言,网络调查的应答率比其他模式低11个百分点。当仅分析网络调查与邮件调查的实验研究(共27项),邮件调查的应答率要高于网络调查的应答率,应答率的平均差异为12个百分点。

Shih 和 Fan(2008)将他们的荟萃分析局限于网络调查和邮件调查相比较的39项研究中。他们发现,网络调查平均未加权的应答率

> 译者思考
>
> 13. 何为网络调查的应答率和参与率?

为34%，邮件调查平均未加权的应答率为45%，总体差异为11个百分点，非常接近Lozar Manfreda等人发现的差异。Shih和Fan进一步从五个方面分析了这些研究的特征，试图解释不同调查的差异。调查的目标人群对两者的差异有显著影响，约占效应量(effect size)的四分之一。网络和邮件应答率差异最小(约5个百分点)是针对大学人群的调查，而应答率差异最大的(约23个百分点)是针对专业人士的调查。

两个荟萃分析都发现，应答率有很大的差异，网络调查的应答率偶尔会超过其他模式的应答率。但是，研究的数量还不足以找出这些差异的根源，也不足以确定在何种情况下，网络调查可能会比其他模式产生更高的应答率。

概率网络追踪样本的应答率。只有很少网络追踪样本使用离线方法招募样本成员，在某些情况下(知识网络、LISS和FFRISP)为缺乏互联网访问权限的样本成员提供互联网接入。但问题是，在经过多个阶段的招募程序后，累计的招募率往往很低。

两个追踪样本使用区域概率抽样方法进行面对面的招募。荷兰的社会科学纵向互联网追踪样本(LISS)使用了地址抽样框进行电话和面对面招募。Scherpenziel和Das(2011)报告说，75%的符合条件的“家户”中的成员完成了简短的招募采访或回答了一部分核心问题。其中，84%的人表示愿意加入到追踪样本中，76%的人实际登记成为追踪样本成员，累积招募率为48%。在美国面对面网络调查追踪样本(FFRISP)招募样本成员的过程中，符合条件的“家户”对招募人员的应答率为49%(占符合条件的“家户”的比例)，在招募采访中应答率为92%(占应答招募人员“家户”的比例)，以及87%(占完成了招募采访的“家户”的比例)的“家户”注册成为样本成员，累积招募率为39%(Krosnick, Ackermann, Malka, Yeager, Sakshaug, Tourangeau, DeBell, and Turakhia, 2009; Sakshaug, Tourangeau, Krosnick, Ackermann, Malka,

DeBell,and Turakhia,2009)。

另外两个追踪样本使用其他招募方法。知识网络(KN)追踪样本在2009年之前一直使用RDD电话联系RDD样本,2009年以后它切换到了RDD与基于地址抽样相结合的抽样方法(DiSogra,Callegaro,and Hendarwan,2009)。以2006年为例,Callegaro和DiSogra(2008)报告平均的"家户"招募率为33%(AAPOR RR3)和57%的"家户"参加家庭概况调查(加入追踪样本后完成家庭概况调查问卷的样本成员的比例),累计招募率约为18%。盖洛普追踪样本(Rookey,Hanway,and Dillman,2008)使用电话联系通过RDD方法抽取的样本成员。在同意加入追踪样本的"家户"中,如果他们报告每周至少两次使用互联网并能够提供电子邮件地址,则将其分配到网络调查组中;否则,他们将被分配到邮件调查组中。Rookey、Hanway和Dillman(2008)报告电话采访的应答率为26%(AAPOR RR3),约55%的受访者同意加入追踪样本中。这产生了大约14%的累积招募率。

所有这些例子里,追踪样本在其生命周期内还会遭受样本成员流失,而且某些成员对发送的特定调查没有应答。例如,Rookey、Hanway和Dillman(2008)报告说,盖洛普追踪样本的每月流失率为2%至3%,2006年发送的一项调查的应答率为57%(完成的调查样本成员数量除以受邀完成调查样本成员的数量)。Callegaro和DiSogra(2008)报告说,知识网络追踪样本的一项调查的应答率为84%。Scherpenziel和Das报告说,发送给荷兰的社会科学纵向互联网追踪样本的各项调查的应答率在60%到70%之间。

这些例子显示了使用概率方法招募网络追踪样本成员所遇到的挑战。招募阶段的应答率和无应答偏差可能与其他数据收集模式相似。但是,由于招募后存在流失,最初的无应答问题变得更加复杂。然而,一旦追踪样本成员完成筛选采访或概况调查,就可以获得额外的信息来评估(并可能调整)具体调查的无回应偏差和追踪样本生命周期内的流失偏差(attrition bias)。

非概率网络追踪样本的应答率。基于在线志愿者的追踪样本很难确定参与率(participation rates)。很少有公司提供关于招募追踪样本成员方法的详细信息。通常情况下,他们使用各种在线和离线招募方法(见AAPOR,2010;Miller,2006),因此很难估计招募潜在追踪样本成员的成功率。但我们确实知道,横幅广告的"点击率"非常低,通常不到页面曝光率的1%(参见,例如,Alvarez,Sherman,and VanBeselaere,2003; MacElroy, 2000; Page-Thomas, 2006; Tuten, Bosnjak and Bandilla,2000);点击率是指网站访问者点击广告并转到调查的比率。在线志愿者追踪样本处于不断流失的状态:不活跃的样本成员退出样本、新成员被招募、电子邮件地址经常更新,使估计招募率更加困难。尽管通常具体调查没有报告参与率,但是有两点证据表明参与率可能会急剧下降。

首先,在过去几年里,我们一直在利用美国在线追踪样本进行实验。我们看到参与率从2002年的高达近20%下降到2006年以来的个位数,2010年6月至7月进行的一项调查的参与率仅为1%。类似地,在2008年,我们的一项调查邀请近62000名追踪样本成员参加调查,只有1200人完成任务,参与率为1.9%。当时使用的追踪样本声称有大约120万美国人,这意味着大约20%的样本成员被邀请参加这项调查。第二个证据来自comScore Networks在2004年进行的一项研究(Miller,2006)。这项基于100多万志愿者在线活动的研究发现,30%的在线调查仅由0.25%的美国人口完成。此外,comScore报告说,这些高度活跃的个体人均加入7个在线追踪样本,并且每天完成近一次调查。荷兰的一项研究(Vonk,van Ossenbruggen,and Willems,2006)也有类似的证据表明一些样本成员身处多个追踪样本之中。我们认为,随着对在线研究需求的增长,发送给追踪样本成员的调查请求数量会急剧上升。

虽然这些数字没有提供使用在线志愿者追踪样本进行调查的无应答偏差信息，但它们确实表示出获得样本成员的应答存在的困难。数据表明，对调查对象的需求正在超过供给。正如 Tourangeau (2007)所指出的，调查数据已经成为一种商品，对于一些调查数据的消费者来说，数据的数量而不是质量似乎是唯一重要的因素。

总的来说，所有类型的网络调查的应答率似乎都低于其他模式，并且，其他数据收集模式的应答率似乎也在下降。然而，目前尚不清楚这是否是网络调查模式的固有特征。有可能的是，由于网络调查相对比较新颖，相对于我们以往采用的更传统的数据收集模式，我们只是还没有制定出提高网络调查应答率的策略。下一节讨论如何提高网络调查的应答率和参与率。

3.4 影响受访者网络调查参与的因素

可以使用许多方法来提高网络调查的应答率和参与率，但这些方法都借鉴了传统的数据收集模式。这些方法包括预先通知、尝试多次联系和奖励措施。一些研究还研究了不同特点的邀请形式对网络调查应答率和参与率的影响。

预先通知。预先通知会像其他数据收集方式一样提高网络调查的应答率吗？Dillman、Smyth 和 Christian(2009,p.244)指出，“研究一致表明，预先通知会使邮件调查的应答率提高3至6个百分点”(不同的结论见 Singer,Van Hoewyk,and Maher,2000)。在网络调查中是否

译者思考

14. 影响受访者参与网络调查的因素有哪些？如何提高网络调查的参与率？

也会出现同样的情况？对这一问题的有限研究表明，预先通知的方式可能比单纯的预先通知行为更为重要。

Crawford、McCabe、Saltz、Boyd、Freisthler 和 Paschall（2004）在一项针对大学生的网络调查中发现，邮件形式的预先通知比电子邮件形式的预先通知产生更高的应答率（52.5% 对 44.9%）。类似地，Kaplowitz、Hadlock 和 Levine（2004）在一项对大学生的调查中比较了明信片形式的预先通知和无预先通知的差异，发现以明信片形式发送预先通知会带来更高的应答率（29.7% 对 20.7%）。Harmon、Westin 和 Levin（2005）在对政府补助项目申请人的调查中测试了三种类型的预先通知。第一组以资助机构发送电子邮件，邀请函（PDF 格式）放在附件之中；第二组以数据收集公司的名义发送电子邮件，邀请函（PDF 格式）也放在附件之中；第三组以资助机构名义发送邮件。第三组的应答率最高（69.9%），第一组的应答率为 64.4%，第二组的应答率为 63.6%。Bosniak、Neubarth、Couper、Bandilla 和 Kaczmirek（2008）在一项大学生调查中比较了短信、电子邮件形式的预先通知和无预先通知三种情况的应答率。短信形式预先通知的应答率（84%）明显高于电子邮件形式预先通知（71%）和无预先通知（72%）。

这些研究结果表明：通过电子邮件发送的预先通知与没有发送预先通知相比，并没有体现出任何优势；但以其他方式（信件、明信片或短信）发送的预先通知可能会提高网络调查的应答率。预先通知在网络调查中没有发挥作用，可能是由于受访者未能接收到电子邮件（因为垃圾邮件过滤器的广泛使用）或是未能阅读它们，也可能是预先通知只会提醒收件人即将收到电子邮件邀请，而没有阐述调查内容和要求。当然，邮寄邮件或明信片需要邮寄地址，有些调查样本无法获得邮寄地址。此外，邮寄会增加数据收集的成本。然而，Kaplowitz、Hadlock 和 Levine（2004）发现，如果考虑到应答率的提高，明信片形式的预先通知并不比无预先通知的成本高多少。邮寄预先通知的另一个优点是,它更容易使用预付奖励。

邀请形式。一些研究人员高估了电子邮件邀请形式的优点(例如 Couper,2008a)。电子邮件邀请形式既便宜又及时,受访者可以通过点击网址快速方便地访问调查。然而,由于垃圾邮件的盛行和许多人收到的电子邮件数量庞大,电子邮件可能不再是发送邀请函参加网络调查的首选方法。进一步地,电子邮件邀请形式的有效性取决于抽样框中相关信息的质量;电子邮件地址中的微小错误将导致发送失败,而邮寄方式却能够容忍地址中的微小错误。然而,到目前为止,关于网络调查邀请形式的研究还很少。Kaplowitz、Lupi、Couper 和 Thorp(2012)使用电子邮件和明信片两种形式邀请大学教师、职员和学生参加网络调查。电子邮件形式在教师(33% 对 21%)和职员(36% 对 32%)群体中显示了良好的性能,但在学生(15% 对 14%)中却没有体现优势。显然,对于哪种邀请形式在网络调查中最有效,还需要大量的研究;对于不同的目标人群,最有效的邀请形式也有所不同。

其他研究控制了电子邮件邀请的一些特征,如发件人的电子邮件地址、标题和称呼。一般来说,这些特征的影响相当弱,部分原因是它们依赖于收件人能否接收、打开并阅读电子邮件邀请函。我们认为,网络调查中受访者没有应答的很大一部分原因在于没有阅读(或阅读到)邀请函。

据我们所知,只有一项实验研究控制了电子邮件的"发件者"(Smith and Kiniorski,2003),研究结果并没有发现处理效应。类似地,据我们所知,还没有一项研究对收件人地址书写方式进行过实验,尽管我们预计单独发送的电子邮件比通用格式电子邮件或隐藏收件

译者思考

15. 邀请函的形式对受访者是否参与网络调查有影响吗?

人的电子邮件更有效。

一些研究探索了电子邮件邀请标题的影响。Porter 和 Whitcomb(2005)发现,在高参与度调查(与进行调查的机构有关)中,电子邮件标题对样本成员应答调查的比例没有影响。但是对于低参与度的调查,电子邮件空白标题比表明调查目的(调查目标或调查发起者的目标)标题获得更高的点击率。这项调查是在高中生群体中(他们需要获取大学信息)进行的,这一发现可能不适用于其他人群。Trouteaud(2004)报告,"恳求(plea)"标题("请向×××公司提供您的建议和意见")比"提议(offer)"标题("现在与×××公司分享您的建议和意见")有 5 个百分点的优势。Kent 和 Brandel(2003)发现,奖励标题("赢得两个人的周末")的应答率明显低于表明该电子邮件是一项调查的标题(52% 对 68%);他们的调查样本由一项顾客忠诚度项目的成员组成。

我们怀疑发件人与收件人之间的关系可能是影响标题"效应"的一个重要因素,例如,在员工调查、学生或教职员调查、追踪样本调查以及其他相似的调查中发件人与收件人存在某种关系。这使得很难从这些有限的关于对电子邮件邀请标题的研究中进行概括。

一些文献研究了电子邮件邀请函正文的设计方案,包括称谓、签名和 URL 的位置。在一项对校友的调查中,Pearson 和 Levine(2003)发现个性化的设计要好一点,但并不显著。Heerwegh、Vanhove、Matthijs 和 Loosveldt(2005)在一项针对大学生的调查中发现,个人化称谓("亲爱的某某")比非个人化称谓("亲爱的学生")的影响显著,分别有 64.3% 和 54.5% 的人登录调查(另见 Heerwegh,2005)。Joinson 和他的同事(Joinson and Reips,2007;Joinson, Woodley, and Reips,2007)在一系列的研究中考察了个性化设置和发送者地位的影响。他们发现,发送者的地位会影响应答率,较高地位的发送者会得到较高的应答率(另见 Guéguen and Jacob,2002)。但是 Joinson 和他的同事也发现,个性化设置只有在发送者处于高地位时才有效。此外,他们也发现,个性化设置降低了人们对匿名性的感知,因此可能会减少信息披露(另见 Heerwegh,2005)。

最后,Kaplowitz 和他的同事(Kaplowitz et al.,2012)研究了大学教师、职员和学生的调查中电子邮件邀请函的长度和 URL 的位置(顶部与底部)的影响。与预期相反,他们发现较长的邀请函比短的邀请函有更高的应答率,而且把 URL 放在邀请的底部比放在顶部有更高的应答率。他们还发现,这些和其他设计对应答率的影响在教师、员工和学生之间存在差异。

调查主题和发起者。一些研究人员担心,在邀请函中披露调查主题可能会增加无应答偏差;在选择加入追踪样本中低应答率和大量邀请函可能会恶化这种偏见。到目前为止,对这一问题的研究相对较少。

Tourangeau、Groves、Kennedy 和 Yan(2009)进行了一项“调查主题对无应答偏差的影响”实验;他们的研究使用了两个不同在线追踪样本。他们发现,多个追踪样本的成员身份和较高的调查参与率可以很好地预测是否应答后续调查,对调查主题的兴趣却不是很好的预测指标。需要更多的研究来证实这一发现,但现有的证据表明,受访者在线调查常规行为比受访者对调查主题的态度对是否参与调查的影响更大。在其他模式的调查中,调查主题“效应”也并不总是显现出来(Groves, Couper, Presser, Singer, Tourangeau, Acosta, and Nelson, 2006)。

据我们所知,还没有控制发起者(例如,政府、学术机构与商业公司之间的比较)的实验研究。但我们认为没有理由拒绝将其他数据收集模式(如 Groves and Couper,1998 第 10 章)的研究发现应用于网络调查;这些研究发现,当发起者是政府机构或学术研究人员,比商业公司会产生高的应答率。

催答(contact attempts)的次数和类型。 Lozar Manfreda 及其同事(2008)的荟萃分析发现,催答次数对网络调查和其他模式之间的应答率差异有显著影响(见第3.2节)。在23项仅有1次或2次催答的研究中,网络调查的应答率比其他模式低5个百分点。然而,对于那些有3到5次催答的研究,差异是16个百分点;很明显,更多次数的催答在其他模式下比在网络调查中产生了更大的益处。Shih和Fan(2008)发现,催答次数对应答率差异有类似的影响,没有催答的调查(网络调查低4个百分点)与一个或多个催答(网络调查低14个百分点)有较小差异。虽然有证据表明,更多的电子邮件催答会吸引更多的受访者(见 Muóoz Leiva, Sánchez Fernández, Montoro-Ríos, and Ibóez Zapata,2010),但似乎确实存在回报递减的总体趋势。尽管电子邮件催答实际上是无成本的,但持续发送催答可能适得其反,强化了样本成员对调查请求的抵制。研究结果还表明,电子邮件尝试联系的价值可能不如(纸质)邮件尝试联系的价值大,这可能反映了样本成员接收和阅读电子邮件可能性较低。

奖励措施。 相对于在网络调查中提高应答率的其他策略,很多研究都考察了奖励措施的使用。这项工作的大部分总结在Göritz的荟萃分析中(2006a;另见Göritz,2010)。在32项实验研究中,她发现奖励显著提高了受邀者参与调查的比例(奖励效应的平均优势比为1.19)。但什么样的奖励最有效?调查文献中的一般发现是,预付奖励比承诺或有条件的奖励更有效,现金奖励比实物奖励、抽奖、彩票、忠诚积分等替代措施更有效(参见 Church,1993;Singer,2002)。尽管如此,在网络调查中,以完成为条件的抽奖或忠诚积分奖励还是很受欢迎的,特别是对于志愿者追踪样本更是如此。

译者思考

16. 如何通过奖励措施提高应答率?

有几个原因可以解释为什么网络研究人员更喜欢使用有条件的奖励、非现金的奖励。首先,预付现金奖励不能以电子方式提供;它们需要邮寄地址,需要更昂贵的材料处理和邮寄费用。其次,如果应答率可能是个位数(通常情况下),投资回报率可能很低(见下文讨论的 Alexander,Divine,Couper,McClure,Stopponi,Fortman,Tolsma,Strecher and Johnson,2008)。正如 Góritz(2006b)所指出的,抽奖的费用通常是有上限的,因为无论有多少人参加,奖金都是一样的。这样便于控制调查成本。虽然抽奖和忠诚积分对研究人员很有吸引力,但它们能有效地鼓励样本成员的应答吗?

Göritz(2006a)对 27 项涉及抽奖的实验研究进行了荟萃分析,研究发现抽奖奖励比无奖励产生更高的应答率,这些研究大多基于商业追踪样本的调查。然而,她在对 6 个非盈利(学术)追踪样本奖励实验的荟萃分析中发现,现金抽奖与无奖励相比,并没有体现出更大的益处(Góritz,2006b)。因此,虽然抽奖可能比什么都不做要好,至少对商业追踪样本如此,但不清楚抽奖是否比其他奖励策略更好。

在为数不多的比较不同类型奖励措施的研究中,Bosnjak 和 Tuten(2002)开展了一项研究对象为房地产代理人和经纪人(他们拥有电子邮件)的实验研究。他们检验了四种类型的奖励措施:1)第一次联系时通过贝宝(PayPal)预先支付 2 美元,这种类型产生 14.3% 的应答率;2)在完成后通过贝宝(PayPal)支付 2 美元,这种类型产生 15.9% 的应答率;3)完成后进行两个 50 美元和四个 25 美元的抽奖奖励,这种类型产生了 23.4% 的应答率;4)没有激励为对照组,应答率为 12.9%。抽奖类型的表现优于预付和承诺的奖励措施,一个原因是后者没有使用现金形式的奖励;要想让贝宝奖励措施有价值,就必须有一个贝宝账户。另一项研究(Birnholtz,Horn,Finholt and Bae,2004)比较了三种奖励措施:1)邮件邀请函中夹带 5 美元;2)邮件邀请函中夹带5美元亚马逊礼券；3）在给20所大学的工程系师生样本的电子邮箱邀请函中夹带5美元的亚马逊电子礼券。研究发现，“现金奖励”组的应答率最高（56.9%），随后是“邮件礼券”组（40.0%）和“电子邮件礼券”组（32.4%）。这项研究表明，现金奖励的表现优于礼券奖励（与先前关于调查奖励的研究文献一致），也与以往的研究得出的邮件比电子邮件邀请更具优势的结论相一致。

Alexander和她的同事（2008）进行了一项奖励实验，这项实验是一项在线健康干预（an online health intervention）招募工作的一部分。在线注册邀请函并通过邮件发送给健康维护组织的成员。实验检验了六种不同的奖励措施：无奖励，预付奖励1美元、2美元或5美元，承诺奖励10美元或20美元。注册率最高的是预付奖励组：预付奖励5美元组为7.7%，预付奖励2美元组为6.9%，预付奖励1美元组为3.9%。承诺奖励10美元组为3.4%，承诺奖励20美元组为3.3%。无奖励组的注册率为2.7%。这一结果为支持在线调查中预付奖励的有效性提供了更充分的证据。在成本方面，预付奖励5美元组每个注册个案约77.73美元，预付奖励2美元组约43.37美元，预付奖励1美元组51.25美元，无奖励组36.70美元，承诺奖励10美元组41.09美元，承诺奖励20美元组50.94美元。尽管注册率相对较低，小额预付奖励（2美元的账单）证明比承诺奖励相比具有成本效益，但与没有奖励相比没有成本优势。

这里简短的综述表明，奖励似乎在网络调查中起作用，作用方式及产生作用原因与其他数据收集模式几乎相同。虽然当网络调查公司每天发送成千上万个邀请时，使用邮件预付奖励是不现实的，但对于基于清单的样本（list-based sample），预先通知信函、小额预付现金奖励和电子邮件邀请的组合形式可能最为有效。

3.5 混合模式调查中的无应答

到目前为止,我们只关注单独使用网络调查时影响应答率的因素。在本节中,我们考察混合模式调查(样本成员可以选择应答方式,网络调查是可选方式之一)的总体应答率是如何被影响的。由于存在覆盖和抽样误差(第2章回顾了这些问题),许多组织——特别是关心样本代表性的政府统计机构——不愿意将网络作为其调查的唯一数据收集模式,而是将网络作为其混合模式调查的一部分,通常与邮件结合使用。这一策略的目标是提高总体的应答率,并通过低成本的网络调查模式提高受访者完成调查的比例。

主要有两种方式的组合模式:并行混合模式设计(concurrent mixed-mode designs)和顺序混合模式设计(sequential mixed-mode designs)(de Leeuw,2005)。并行设计同时提供两种方式填答问卷。例如,一项调查可以向样本成员(个人或家户)发送纸质问卷,但也提供网络填答作为备选,受访者一开始就可以选择填答方式。若干研究发现,给予受访者这样的选择并不会提高应答率,反而会产生比纯邮件方式更低的应答率。表3.1简要总结了这些研究。十项研究中有八项显示,当在邮件调查中提供网络调查备选给受访者时,应答率低于没有提供网络调查备选时的应答率。

译者思考

17. 网络调查可否与其他数据收集方式组合开展调查?

表 3.1　模式选择实验的应答率

研究	简要说明	应答率
Griffin , Fischer, and Morgan (2001)	美国家户;美国社区调查(ASC)测试;自主应答率	仅邮件:43.6% 网络备选:37.8%
Brennan (2005)	新西兰成年人	仅邮件:40.0% 网络备选:25.4%
Schneider 等 (2005)	美国人口普查(简易形式)实验;一组鼓励上网(电话卡附后);另一组不鼓励	仅邮件:71.4% 网络备选(无奖励措施):71.5% 网络备选(有奖励措施):73.9%
Werner (2005)	瑞典大学生	仅邮件:66% 网络备选:62% ~ 64%
Brøgger 等(2007)	挪威 20~40 岁成人	仅邮件:46.7% 网络备选:44.8%
Gentry and Good (2008)	广播收听日记调查(radio listening diary),美国家户样本	纸质日记本:60.6% 电子日记本(eDiary)备选:56.4%
Israel(2009)	美国合作推广调查的用户	仅邮件:64.5% 网络备选:59.2%
brasseur 等(2010)	加拿大人口普查测试:自我完成率	仅邮件:61.1% 网络备选:61.5%
Smyth 等(2010)	基于美国某地区地址的样本:对邮件偏好组提供网络备选	邮件偏好:71.1% 网络备选:63.0%
Millar and Dillman (2011)	美国大学生	仅邮件:53.2% 网络备选:52.3%

为什么让受访者选择通过邮件或网络完成调查比只提供邮件方式产生更低的应答率？应答率下降有几个可能的原因。有一种观点认为，如果让样本成员在邮件和网络之间做出选择，他们就会拖延，而这种拖延会降低应答率。根据这一说法，样本成员暂时决定在网上完成调查，扔掉纸质问卷，但很快就忘了去网上完成填答。相反，当网络不是备选方式，样本成员更有可能保留纸质问卷，而问卷本身会提示受访者完成填答。第二种可能是，在邮件调查中提供网络备选可能形成不兼容模式；也就是说，样本成员通过邮件取得联系，但如果使用网络完成问卷，需要进行模式切换（即使他们可能更喜欢在线应答）。模式切换有很多成本（例如，进入计算机、记住个人ID号、输入URL等），对于许多样本成员来说，这些成本可能太高，最终成为无应答者。第三种可能性是执行失败。一些样本成员可能会尝试在网上完成调查，但由于烦琐的登录程序或完成网上调查的困难，他们放弃了努力，也决定不完成纸质调查问卷。还有一种解释涉及与做出选择相关的额外认知负担。Schwartz（2000）和相关的研究表明，提供备选可能会使人感到无力或提高认知成本（是否通过网络应答）（另参见Iyengar and Lepper,2000），从而导致行动失败。与这些竞争性解释相关的研究正在进行中，但关键的教训是仅仅为邮件调查提供一个网络备选，并不一定会提高应答率。

最近的一些研究考察了顺序混合方式设计。在这些设计中，样本成员最初是以一种模式联系，并不给予可选择的填答方式，但对无应答者以另一种调查方式跟进。一个例子是Holmberg、Lorenc和Werner（2010）对斯德哥尔摩成年人的研究。他们比较了几种不同顺序策略的邮件和网络混合模式设计。虽然在五个实验条件下，总体

译者思考

18. 网络调查与其他数据收集方式组合开展调查，能够提高应答率吗？

应答率没有显著差异，但Holmberg和他的同事发现，当网络填答选项在顺序设计中被重点推送时，完成在线调查的受访者比例增加。例如，当前两次联系受访者时只提到网络模式填答，直到第三次联系时才提供邮件问卷（纸质），总体应答率为73.3%，其中47.4%的样本成员使用网络模式填答。相比之下，在首次联系提供邮件调查问卷但并没有提到可以选择网络模式填答，第二次联系（催答）提到有网络模式，直到第三次联系（连同替代的调查问卷）时才提供网络调查的登录信息，总体应答率为74.8%，但仅1.9%的样本成员使用网络版本填答。Millar和Dillman（2011）在比较“邮件推送”方式和“网络推送”方式的研究中也报告了类似的发现。

然而，另外两项研究未能发现顺序设计的优势。Tourkin、Parmer、Cox和Zukerberg（2005；另见Cox, Parmer, Tourkin, Warner, Lyter, and Rowland, 2007）测试了顺序混合模式设计。在控制组中，受访者只提供邮件调查问卷。一个实验组中，邀请函中只提到在网络填答问卷，但随后一份邮件调查问卷邮寄给了无应答者。另一个实验组中，邀请在网络填答问卷，同时提到即将会邮寄邮件调查问卷。这一实验与奖励实验相交叉，在奖励的条件下，仅邮寄调查获得的答复率（48.8%）高于任何一个“网络+邮件”版本（在邀请函中未提及邮件问卷选项时的应答率为45.4%，而提及邮件问卷选项时的应答率为42.4%）。

Cantor、Brick、Han和Aponte（2010）测试了类似的顺序设计，用于简短的筛选调查。给一半的样本先发送了一个参加网络调查邀请，随后向无应答者发送了邮件，邮寄调查问卷；将无应答者进一步分为两组：一组调查问卷中包含鼓励其参与网络调查的彩色插页；而另一组没有包含这一插页。另一半样本仅在两个时间点上提供邮件调查问卷。仅邮件组的应答率为34.3%，显著高于每一个“网络+邮件”组（收到插页组为28.5%，未收到插页组为27.3%）。

这些喜忧参半的结果（参见Lesser, Newton, and Yang, 2010；Smyth,

Dillman,Christian,and O´Neill,2010)表明,我们仍然不了解如何有效地结合邮件和网络来增加受访者的参与。研究结果的差异可能受到目标人群的差异、调查的性质、混合调查模式的设计(并行混合模式或顺序混合模式)以及其他因素的影响。尽管结果好坏参半,但一些国家统计机构正在为人口普查提供一个网络选项,并取得了明显的成功(在网上回应的人口比例越来越高)。这些尝试的成功可能表明,调查表格或问卷的长度可能是其是否在线完成的一个因素。此外,人口普查往往是大力推广的公共活动,一般具有强制性,这些因素也可能会发挥作用。在邮件和网络混合模式设计中,如何提高应答率或减少无应答偏差还需要更多的研究。

3.6 网络调查中"中止填答"的影响因素

点击或输入网址并进入调查欢迎页面后,一些样本成员填答会持续到调查结束,但一些成员会在完成之前退出。"中止填答"(breakoffs)问题(也称为放弃或终止)会影响所有类型的网络调查,无论是使用概率样本还是非概率样本。中止填答也发生在其他数据收集模式中。在采访模式的调查中(无论是电话还是面对面),中止填答是相对罕见,通常被视为单位无应答(unit nonresponse)的一种形式(尤其是在调查早期发生中止填答)或作为部分访谈(partial interviews)(在中止填答前回答了一些问题)。邮件调查中止填答问题——一些样本成员开始调查问卷但未能完成或邮寄回来——尚不清楚。

译者思考

19. 哪些因素影响受访者中途停止填答网络问卷?

相比于采访模式，中止填答在自动化自填模式（例如IVR和网络调查）中更为常见。Tourangeau、Steiger和Wilson（2002）回顾了一些IVR研究，这些研究表明中止填答在IVR调查中很常见，特别是在从现场访问员向IVR系统转换期间。Peytchev（2009）引用了两项未发表的关于网络调查中止填答研究的荟萃分析，报告中止填答率的中位数分别为16%和34%。Galešic（2006）报告网络调查中的中止填答率高达80%。在最近的五项研究中，作者使用了选择加入样本，中止填答率从13.4%到30.2%不等，平均为22.4%。但网络调查中的中止填答率也并不总是很高。对HRS追踪样本进行的网络调查，2007年的中止填答率为1.4%，2009年为0.4%。IVR和网络调查的中止填答率普遍高于电话或面对面调查，无疑反映出受访者若要结束互动在自动化系统比现场采访容易得多。

大多数中止填答似乎发生在调查的初期（通常在欢迎页面或第一个问题上），因此可以被视为单位无回应的一种形式。这些早期的中止填答似乎并不取决于题目的难度。然而，受访者越深入调查，越有可能是由于特定的问题导致中止填答，这些问题会引起被调查者的负面反应。例如，Peytchev（2009）认为，问题的难度（表现为对问题的实质性理解、判断或应答的困难）与更高水平的中止填答相关联。因此，中止填答是反馈网络调查问卷设计的有效信息，可作为评估不同设计方案效果的指标（在后面的章节中我们将会讨论）。

相对于调查工具的研究，对调查特征如何影响中止填答的研究有限。Göriz（2006a）关于奖励措施（对受访者填答问卷的奖励）的荟萃分析发现，除了增加开始参与调查样本成员的比例之外，奖励措施显著增加了完成调查样本成员的比例（平均优势比为1.27，基于26个实验）。这并不奇怪，因为她所考察的26项研究中的大多数奖励措施都是以完成调查为条件的。

另一个影响中止填答率的设计特征是问卷的时长。Crawford、Couper和Lamias(2001)通过实验控制了邀请函中提到的调查时长。被告知调查需要8到10分钟完成调查的样本成员(67.5%)比被告知需要20分钟的样本成员(63.4%)更有可能开始填答问卷。然而,开始填答后“被告知8到10分钟”组的样本成员(9.0%)比“被告知20分钟”组的样本成员(11.3%)更容易中止填答,在这两个条件下产生相似的总体完成率。(完成该调查的实际平均时长为19.5分钟。)Galešic(2006)也进行了控制网络调查的时长的实验研究。她发现,与10分钟的调查相比,那些进行20分钟调查的样本成员中止填答的风险高出20%,而接受30分钟调查的样本成员则高出40%。此外,她发现样本成员对调查主题兴趣程度(兴趣程度在每个部分开始时都进行测量)会显著降低中止填答的风险,但感知负担会显著增加中止填答的风险。

网络调查中经常考虑使用进度标识(progress indicators)来减少中止填答。我们推迟到第6章讨论进度标识及其在影响中止填答方面的作用。

在这里我们回顾的很多文献和第6章中我们关于进度标识的讨论都可以用一个模型来解释,该模型假设样本成员根据他们早期填答调查问卷经历做出关于是否完成网络调查的最初决定,但随后的调查中如果遇到没有预料到的困难他们会重新考虑他们的决定。例如,进度标识被人为操纵显示前期问题进展迅速,相比于被人为操纵显示前期问题进度缓慢,样本成员更有可能决定完成调查问卷(并且在后面遇到困难访题时更有可能坚持他们的最初决定)。但是,完成调查问卷的最初决定只是暂时的;当受访者意识到调查访题比他们预想的更难或调查问卷更长时,他们可能会重新考虑并中止调查。Peytchev(2009)指出,调查章节的转换(section transitions)经常触发中止填答。调查章节标题可能会向受访者发出信号,表示还有许多其他问题要问。与此相似，在一项使用2000年长版本的人口普查问卷（Long Form of the 2000 census）的IVR研究中，Tourangeau、Steiger和Wilson（2002）发现，当被要求报告下一个家庭成员的情况时，受访者很可能会中止填答；显然，在这一节点上，受访者明显看出这项调查还需要多长时间。这个“最初决定—重新考虑”中止填答模型（sample-decide-reconsider model of breakoffs）强调调查前期相对愉悦（比如，问简单的问题）和调查后期避免或尽量减少产生令人不悦“意外”的重要性。

3.7 网络调查中的访题无应答

像中止填答一样，访题无应答通常是问题设计不佳的标志。除了问题本身之外，访题缺失数据的程度是几个因素的函数，包括调查的总体设计方式、为尽量减少缺失数据而采用的策略以及受访者的众多特征（如他们的动机、兴趣、承诺等）。

网络调查中缺失数据的情况有很大差异，这具体取决于几个关键设计因素。例如，没有提示数据缺失的滚动式网络调查设计（scrolling Web survey）在访题数据缺失率上可能类似于邮件调查。对于要求受访者回答或检查遗漏问题的分页式网络调查设计（paging survey），其数据丢失率可能与采访模式的计算机辅助调查（interviewer-administered computer-assisted survey）相似。我们将在第4章讨论滚动和分页设计之间的区别。是否提供“不知道”的选项也可能影响问题是否得到回答。由于数据缺失率依赖于网络调查设计基本功能，相比于其他调查模式，不同网络调查数据缺失率差异更大。

例如，Kwak和Radler（2002）在对大学生的实验研究中报告，邮件调查（访题平均缺失2.47%）的数据缺失率显著高于网络调查（平均缺失1.98%）。相反，在一项涉及机构雇员调查的实验中，Bates（2001）报告说，在组织和个人经历方面访题网络版的数据缺失率显著高于邮件版，但在人口变量和就业特征方面的问题没有显著差异。类似地，Denniston、Brener、Kann、Eaton、McManus、Kyle、Roberts、Flint和Ross（2010）发现，与纸质调查相比，设置跳转（skips）（4.4%）或没有设置跳转（5.2%）的网络问卷数据缺失率都要高于纸质问卷；这个实验以高中生为被试。Denscombe（2009）在对高中生的一项调查中发现网络版数据缺失率低于（事实性问题为1.8%、意见性问题为1.5%、开放式问题为6.8%）纸质版（事实性问题为2.6%、意见性问题为2.7%、开放式问题为15.1%）。然而，Wolfe、Converse、Airen和Bodenhorn（2009）在一项针对学校辅导人员的实验中并没有发现网络与纸质调查的缺失率有差异。因此，在五项研究中，两项研究发现网上调查数据缺失率较低，两项研究发现纸质调查数据缺失率较低，一项研究发现两种模式之间没有差异。目前尚不明确这些关于网络和纸质问卷之间差异的研究得出不同结论的原因。一般来说，我们怀疑当网络调查被设计为类似于纸质调查时（例如，使用滚动设计、没有自动跳过或提示错误消息），数据缺失率也将类似于邮件调查，但是，当网络调查设计时使用了互动功能，数据缺失率将会降低。我们将在第6章讨论这些互动功能。

要求受访者回答每个问题是消除访题缺失数据的一种方法，但这可能是以增加中止填答或受访者其他不良行为为代价的，在答案中提供非实质性应答选项时（例如“没有意见”）尤为如此。要求回答所有问题在市场调研中很常见，但在学术调查中通常没有这样的要求。

Couper、Baker和Mechling（2011）的研究对是否强制要求受访者回答每个问题（“要求填答”）和是否提示受访者回答未完成的问题（“提示填答”）进行了实验研究。他们发现要求受访者回答每个问题可以消除数据缺失,但在不强制“要求答案”情况下,“提示”也可以起到类似的效果。此外,他们发现“要求填答”组(10.5%)比“提示填答”组(9.4%)或没有“提示填答”组(8.2%)的中止填答率略高,但没有达到统计显著性。总的来说,Couper和他的同事们发现“要求填答”的作用很小,可能是因为调查样本成员来自“选择加入”,他们习惯于“要求填答”的调查。Albaum和他的同事(2010)使用从一家供应商购买的电子邮件地址样本进行了一项类似的研究。他们发现,“要求填答”可以显著减少访题数据缺失,但不会显著影响中止填答率。可能是那些回应网络调查请求的人已经习惯了“要求填答”的调查,“要求答案”很常见。这方面需要进行更多的研究,特别是在“要求填答”情况下数据缺失与应答质量之间的潜在权衡问题。不管证据如何,强迫受访者回答问题可能会引起伦理问题,特别是受到机构审查委员会(Institutional Review Boards,IRBs)或伦理审查委员会(Ethics Review Committees)的质疑,因为这似乎与“允许受访者自行决定是否回答”的原则相矛盾。

3.8 小结

本章对无应答的讨论给网络调查描绘了一幅相当黯淡的情景,与更传统的数据收集模式相比,应答率更低,中止填答率更高。与传统调查模式相比,网络调查的应答率通常较低的一个原因是:网络调查出现的时间并不长,而且我们还没有发现提高应答率的最佳技术。我们认为这不是唯一的解释。另一种可能性是有太多的网络调查正在进行。网络调查使调查研究大众化。自助式网络调查工具的兴起意味着几乎任何人都可以设计和展开自己的网络调查。调查的激增使得潜在的受访者很难区分好的调查和不好的调查，以及合理的调查请求和无意义的调查请求。随着电子邮件使用的普及程度的日益提高，网络调查数量的增加可能意味着我们已经使市场饱和。有关这方面的证据可以从越来越多调查招募“选择加入”样本和与之相应的应答率下降中看出来。太多的调查追逐太少的受访者。网络调查低成本和高便利性的特点使其迅速地被采用，但是可能也因此使其衰落。

4.

网络调查的测量与设计

第2章和第3章研究了网络调查中的各种非观测误差,包括覆盖误差、抽样误差和无应答误差。网络样本的代表性,特别是它们代表一般人群的能力,仍然是一个令人关注的主要问题。然而,当涉及观测或测量误差时,网络调查有许多吸引人的功能,这些功能可能会使其比其他数据收集方式更具优势。同时,由于网络调查提供广泛的可选的设计方案,而且调查平台相对新颖,因此与传统数据收集模式相比,设计不当会引起更高水平的测量误差。在本章中,我们概述了网络调查测量,并讨论了网络调查设计在减小观测误差中的作用。在接下来的三章中,我们将更详细地讨论具体的设计问题。第5章考察网络调查作为一种可视化的数据收集模式,第6章考察网络调查作为一种具有互动功能的调查模式,第7章考察网络调查作为一种自填写的调查模式。

网络调查与其他数据收集方法有许多共同之处。例如,邮件调查问卷也是可视化的和自填写的。许多基于网络调查实验的研究发现也适用于其他的数据收集模式。同样,访谈模式和自填模式纸质问卷中关于调查问题布局和设计“效应”的早期研究发现也适用于网络调查。有关网站设计的文献(例如,Lynch and Horton,2001;Nielsen,2000)也可能适用于网络调查,尽管人们应谨慎地考虑使用这些设计原则[①]。但是,网络调查仍有它的独特性。它的特点是设计灵活。它可以以许多不同的方式设计,有时表现得像计算机辅助采访,有时表现得像自填的纸质问卷。了解可用的设计元素的范围并适当地使用它们是网络调查设计中的关键问题。

4.1 网络调查中的测量误差

测量误差涉及与第2章和第3章讨论的不同类型的推断问题。在那些章节中,我们研究网络样本如何能很好地代表目标人群。在这一章中,我们开始研究通过网络调查得到的受访者的特定观测值或测量值如何很好地表征该受访者的相应真实值。测量误差的简化数学模型将在特定模式(模式A)下从受访者i收集到的每个观测值(y_{iA})分为两个部分——真实值和误差:

$$y_{iA} = \mu_i + \varepsilon_{iA} \tag{4.1}$$

其中μ_i是受访者i的真实值,ε_{iA}是受访者在该数据收集模式下的误差。要用这个表达式估计测量误差水平,我们需要知道真实值。偏离真实值的原因有很多,包括受访者、访问员(采访模式的调查)和调查工具(包括问题措辞、顺序、格式或设计元素)。本章和第5章至第7章的重点是讨论网络调查设计对测量误差的影响。

①例如,Nielsen主张使用默认选项,这在电子商务中是有意义的,但在调查中没有意义。

译者思考

20. 测量误差是如何影响调查结果的?

现实中，我们很少知道真实值。研究人员通常依赖其他方法来检查由调查模式或设计引起的测量误差。一种常见的方法是考察应答者对不同陈述的同一问题回答的差异，这是我们在本书中最常用的方法。实际上，公式 4.1 中的测量误差分为两个部分，一部分是由提问方法而产生的系统误差（M_{ijA}）（用 j 表示），另一部是残差（e_{ijA}）：

$$y_{ij} = \mu_i + M_{ijA} + e_{ijA}$$
$$\varepsilon_{ijA} = M_{ijA} + e_{ijA}$$

使用经典的拆分投票实验（split-ballot experiment）来研究措辞效应（例如，Schuman and Presser,1981）就是应用这种方法的一个例子。网络调查的优势之一是很容易实现随机化，为研究人员探索测量效应提供了强大工具。但是，此方法的主要缺点是，在不知道真实值的情况下，有时很难说哪种提问方法“更好”——哪种方法实际上可以减少误差。

考察测量误差的另一种方法是在不同的时间对受访者实施相同（或相似）的测量，以探究测量的可靠性。这一方法被用于探索模式效应（例如，邮件与网络），通常在不同时间使用相同问卷（但不同模式）对相同应答者进行重复测量。

无论采用何种方法，研究人员经常必须依靠间接测量来评估测量误差。在网络调查设计研究中，数据质量的间接测量包括缺失数据率、中止填答率（可能导致无应答误差增大）、完成问卷速度和受访者的主观反应。这些指标能够反映出一种调查方法相对于另一种调查方法的潜在优势，但却没有直接评估测量误差。因此，在本章（以及在接下来的三章中），我们更关注测量过程，而不是测量误差，并探讨网络调查的设计如何影响测量过程和测量误差。

4.2 网络调查测量的特征

网络调查中的一些特征会影响调查工具的设计，从而也会影响测量误差。这些特征都不是网络调查所独有的，但每一个特征都给网络调查设计者带来了机遇和挑战。

首先，也许网络调查最显著的特征是其丰富的视觉特性。这一特征被网络调查设计者广泛利用。尽管其他的调查模式也是可视化的，例如，在纸介调查中使用了图片或图像，但是在网络调查中视觉元素更容易被融入其中，这使得网络调查成为一种与众不同的数据收集模式。这些视觉元素不仅包括图片，还包括颜色、形状、符号、图形、图表和视频。将全彩图像添加到网络调查中的成本是微不足道的。实际上，网络调查可以使用多媒体呈现问题，包括声音和视频。媒介的丰富性为增强和扩展调查测量带来了许多机会，这是网络调查最令人兴奋的功能之一。尽管如此，丰富的视觉元素和其他增强功能也带来风险。我们的大部分研究都集中在网络调查设计的视觉方面，我们在第5章中更详细地探讨了这个主题。

第二，网络调查的计算机化（computerized）。与计算机辅助个人访问（CAPI）和计算机辅助电话访问（CATI）类似，但与纸介调查不同，网络调查可以在问卷中使用各种高级功能。随机化（问题顺序、应答选项顺序、问题措辞或格式等）在网络调查中相对容易。这也是网络调查致使调查设计实验研究数量大幅增加的原因之一。计算机辅助采访的网络调查相对容易实现自动跳转（条件问题）、编辑检查、填充（在当前问题中插入来自先前答案的信息）等，然而纸质调

译者思考

21. 网络调查测量设计有哪些特征？

查相对难以实现这些计算机化的手段。这意味着,可以根据抽样框或调查中问题获得的信息,对每个受访者的调查进行高级定制。这需要使用非常复杂的工具和测量方法,如计算机化自适应测验。然而,添加这些复杂性需要加大测试,提高了编程错误的机会,使得制定详细的技术参数和加强对调查工具的测试更为重要。

网络调查的第三个特征是可以设计出不同程度的"互动",也就是说可以做到根据受访者的行为作出响应。这一特征也与计算机化有关。条件路径(conditional routing)是互动的一种形式。因为网络调查可以是互动的,所以可以设计成类似面对面调查形式,例如,提示缺失的数据、提供说明、提供反馈等等。我们在第6章中更详细地讨论了网络调查的互动功能;在第4.3节中讨论滚动与分页设计的互动功能。

网络调查的第四个特征是网络问卷属于发布式的,因此,设计人员无法控制问题的最终呈现情况。在传统的计算机辅助模式下,技术由访问员掌控,硬件和软件均由调查组织提供(并受其控制)。这意味着设计人员可以控制调查工具的观感(look and feel)。相比之下,网络调查模式,设计人员几乎无法控制受访者用来访问和完成调查的浏览器或硬件。人们越来越多地使用各种移动设备(如智能手机或平板电脑)访问网络,这对网络调查设计人员提出了新的挑战。用户浏览器页面大小的设置会影响网络调查问卷的呈现;安全设置会影响JavaScript、Flash或其他强化功能是否起作用以及如何起作用,链接类型会决定受访者在线下载或上传信息速度。尽管超文本标记语言(HTML)是跨浏览器和平台标准的,但JavaScript在不同的操作系统上并不总是以相同的方式运行。尽管这些差异为受访者在如何、何时、何地访问调查问卷提供了极大灵活性,但如果想对所有的受访者呈现观感一致的问卷变得困难或不可能。

最后,网络调查属于自填模式。在这方面,它们类似于纸质的自填问卷(如邮件调查)和计算机化的自填问卷(如计算机辅助自填或互动式语音应答)。长期以来,自填模式在减少与访问员在场"效应"(如社会期望偏差)方面被证明是有优势的。同时,访问员在场的好处——如激励受访者、深入追问、澄清问题——也会消失。从调查工具设计的角度来看,这意味着调查工具本身要具备这些功能,以弥补访问员的缺失。问卷要设计得尽量"容易",能够使未经培训或经验不足的受访者顺利完成问卷。第7章探讨了网络调查相对于其他自填模式的优点,并探讨了在网络调查中增强社会临场感(例如,通过使用虚拟访问员)的利与弊。

鉴于网络提供的广泛可选择性,网络调查设计者面临许多设计决策——总体设计方式(滚动还是分页)、特定问题的应答或输入格式、导航、总体布局和样式元素等。我们将在下面依次讨论这些主题。

4.3 设计方式的选择

网页调查设计者面临的第一个也是最重要的选择:是在一个滚动的网页上呈现所有问题,还是每个网页只呈现一个问题。在这个连续体中有许多中间选项,很少有调查采用两个极端。例如,通常在一个页面上对相关问题进行分组——2001年,Norman、Friedman、Norman和Stevenson提出了一种称为"语义组块"(semantic chunking)的方法,或者将一个长滚动的调查分成几页,每一部分在一页呈现。图4.1给出了相同调查的滚动页面和分页页面设计的示例。一些网络调查软件——特别是低端市场的软件——不支持分页方式;还有一些软件则难以控制多访题页面的布局。显然,设计方式的选择不应该由软件决定,而应该由调查的目的和问题的内容决定。

尽管这一基本设计决策非常重要,但对这两种方式的相对优点的研究却很少。在几个早期未发表的两者比较研究(例如,Burris, Chen,Graf,Johnson,and Owens,2001;Clark and Nyiri,2001;Nyiri and Clark, 2003;Vehovar,Lozar Manfreda,and Batagelj,1999)中有所涉及,但其中大多数研究因样本量太小无法检测出有意义的差异,或者所使用的调查工具都不支持这两种方式。因此,这些研究没有发现差异也就不足为奇。此后,这一主题很少受到研究者的关注。据我们所知,只有一项研究使用足够大的样本来探索两种设计方式的差异。Peytchev、Couper、McCabe和Crawford(2006)将滚动设计(调查分为五个部分)与分页页面设计(页面上有一个或多个问题)进行了比较,以调查大学生的毒品和酒精使用情况。他们发现在单位无应答、中止填答和非实质性回答(明确拒绝或“不知道”回答)上没有差异,而且不同版本的回答分布和关键联系也没有差异。然而,他们确实在滚动设计版本中发现了更多的访题数据缺失和更长的完成时间,这归因于分页页面设计中导航和路径的自动控制。

在实践中,调查研究人员在较少跳转或编辑的简短调查和以复制纸质问卷为目标的混合模式设计中似乎更喜欢滚动式设计。总的来说,分页设计似乎更为常见,它们使研究人员能够掌控问题的呈现顺序,允许自动跳转和按路径填答,允许进行编辑检查,等等。调查工具越复杂,设计人员越想控制互动,就越有可能采用分页设计方式。

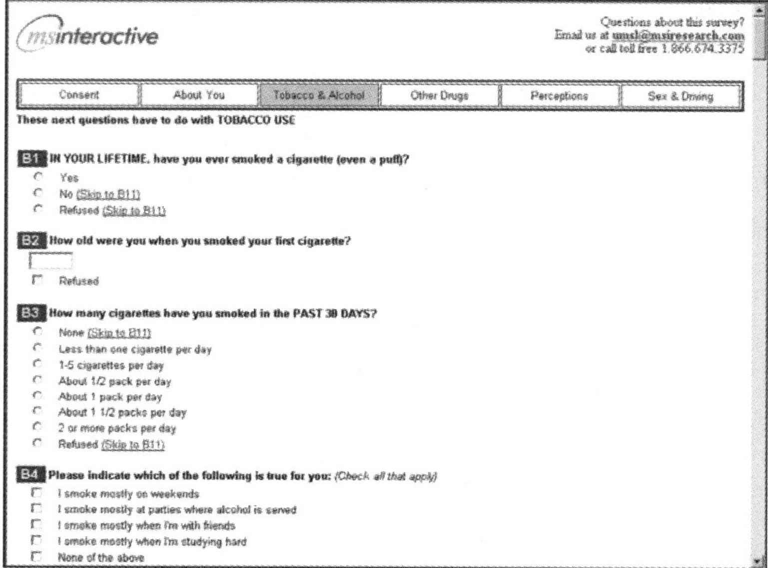

(a) Scrolling design

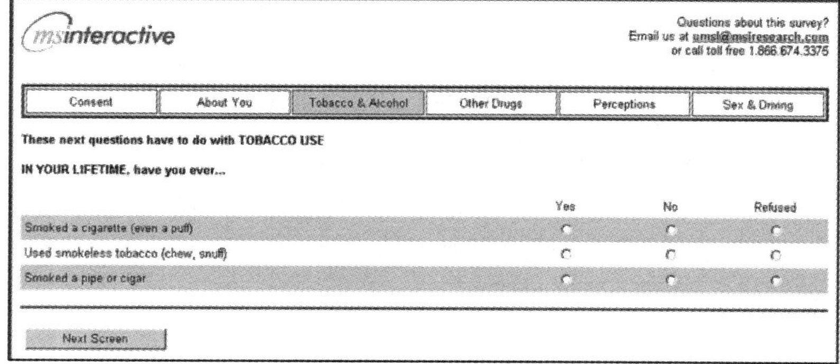

(b) Paging design

图 4.1　滚动页面和分页页面设计示例

注：(a)部分为滚动页面设计，(b)部分为分页页面设计。Peytchev、Couper、McCabe 和 Crawford 许可转载，2006。(摘自 Peytchev,Couper,McCabe,and Crawford,2006)。

4.4 网络调查的观感

设计者面临的另一项决策与网络调查的“观感”有关。网络调查有很多视觉和互动功能可用，因此有许多不同的设计方案可供选择。无论是个人发起的调查还是各种组织开展的调查，都可能会面临这些抉择。无论是哪种情况，我们都认为调查设计者应该积极参与到外观设计的过程中。设计一个网络调查并不等同于设计一个网站，尽管它们有很多共同点。不同的设计服务于不同的目的，应该鼓励不同类型的网络用户填答网络问卷。

必须考虑的一些设计要素包括：

- 背景和前景设计；
- 字号或字体；
- 窗格的总体布局和使用；
- 应答要求（强制作答、提醒作答等）；
- 导航惯例。

Couper（2008a，第4章）非常详细地讨论了其中许多设计问题。我们在这里提供简要概述，重点介绍那些最受研究关注的领域。我们将导航惯例的讨论推迟到第4.5节。

背景/前景设计。每一个网络调查页面都涉及背景颜色、图案、纹理或其他呈现样式的选择。纸质问卷通常印在单色纸（一般是白色）上，不过彩色印刷的问卷越来越多了。例如，Dillman、Sinclair和Clark（2003）在1990年的人口普查测试中报告了可以改善应答率的

译者思考

22. 网络调查页面的背景颜色会影响受访者填答吗？

设计，其中包括（除其他事项外）使用浅蓝色背景和应答选项间使用白色空格（另见Jenkins and Dillman,1997）。随后，1995年全国人口普查测试比较了蓝色版本与绿色版本（答案之间都使用白色空格），发现应答率没有显著差异（Scott and Barrett,1996）。两项研究在数据质量、感知或实际完成时间方面都没有存在任何差异。网络调查的出现使研究人员有可能使用数以百万计的颜色，但背景颜色对数据质量的影响（如果有的话）的研究却非常有限。

背景/前景颜色的选择对网络调查有两个潜在的影响。首先是对易读性或可读性的影响。对比度不足可能会使阅读问卷变得困难，而当字体较小时，可能会加剧这种影响。虽然我们已经看到许多易读性差的网络调查的例子，但我们知道没有关于这个主题的研究。有很多指导原则和工具来加强对比度以便于在线阅读，我们可以简单地加以总结并阐述应遵循指导原则（见 Couper,2008a,pp.164-167）。大多数作者喜欢使用白色或浅色（如浅蓝色或黄色）背景、黑色字体。背景/前景颜色的选择的第二个影响是受访者可能会附加给不同颜色以不同的含义（参见 White,1990）；或者说，背景/前景颜色的选择会影响受访者回答问题。Novemsky 及其同事的研究（参见 Novemsky, Dhar, Schwarz, and Simonson, 2007; Reber and Schwarz, 1999; Song and Schwarz, 2008a, 2008b）表明，知觉流畅性（perceptual fluency）——即容易看到和识别（外部）刺激——可以影响判断；例如，较高水平的知觉流畅性可以导致更积极的评价。知觉流畅性可能受到背景/前景对比度和字体或字号的影响。

有一些尚未发表的关于网络调查中背景颜色效应的研究。Pope 和 Baker（2005）在一项对大学生的调查中比较了白色、蓝色和粉色背景。他们发现，不同背景颜色的应答率和中止填答率没有显著差异。在实际调查时间和感知调查时间上，蓝色背景略低于（但不显著）粉色和白色背景；在男性中的这些差异大于女性，表明男性受粉色背景的负面影响更大。Baker和Couper(2007)在一项关于能源利用的消费者调查中测试了白色、蓝色和黄色背景。黄色背景的填答中止率(15.0%)显著高于蓝色背景(10.8%),白色背景处于中间位置(13.7%)。然而,背景颜色对调查完成的感知时间或实际时间,以及调查结束时要求回答的各种主观评价题目没有显著影响。在另一项研究中,Hammen(2010)询问了受访者对网络页面的偏好颜色;最大比例(31.1%)的人表示没有偏好,但29.5%的人偏好蓝色,15.8%的人偏好白色。然后,她在一项网络调查中测试了白色、蓝色、绿色和红色背景,发现在中止填答率上没有显著差异。这些研究均未报告不同背景颜色的应答分布存在差异。

这三项研究表明在选择背景颜色时应谨慎使用,但背景颜色效应通常不大。背景颜色的选择应依据以下因素:配色(即匹配源网站或发起组织的配色方案)背景颜色的特定方案由品牌因素、导航(例如,对问卷的不同"章节"使用不同的颜色;将不同的颜色分配给问卷中不同的操作)、美感以及其他。迄今为止,证据虽然有限,但似乎微弱地支持浅的中性色背景(例如淡蓝色)。

除了颜色,还有各种各样的背景视觉元素可用于网络调查,包括纹理、线条、形状,甚至图像。正如我们在第5章中所展示的,受访者倾向于将意义赋予这些图形元素。在最好的情况下,他们可能会分散被访者回答问题的注意力;在最坏的情况下,他们可能会改变问题的含义。正如Nielsen(2000,p.126)所说,"要么使用纯色背景,要么使用极其微妙的背景图案。背景图形干扰了眼睛分辨字符线条和识别单词形状的能力。"

总而言之,背景应该只是背景。呈现问题和应答选项的页面应尽可能保持中立,目标是将注意力集中在关键的调查任务上。(p.64)。

字体和字号。另一个可能影响调查问题的可读性,进而影响回答质量的设计元素是字体和字号。与字体相关的文献大多是定性或描述性的(例如,Lynch and Horton,2001,第5章;Schriver,1997,第5章;Spiekermann and Ginger,2003),这些文献聚焦于字数较多的问题,而不是调查中常见的相对较短的问题和应答选项。字体会影响调查问题的可读性,从而影响对调查问题的理解。但字体也能传达情感意义,这可能会影响对问题的理解(参见Childers and Jass,2002;McCarthy and Mothersbaugh,2002;Novemsky et al.,2007)。不过,一般来说,只要字号足够大,能让人舒服地阅读,以及字体易于阅读,对调查结果的影响就应该是很小的。此外,与纸质问卷相比,网络提供了一个潜在的优势,受访者可以调整浏览器中的字体大小设置,以方便轻松阅读。但是,设计者必须注意,这种灵活性的操作以不会造成应答量表、表格和图像等的布局或设计问题为前提。

选择性强调。与字体相关的设计决策涉及如何强调某些文字。同样有很多可能性,包括粗体、下画线、大写和颜色。例如,Crawford、McCabe和Pope(2003)提倡对问题文字使用粗体,对应答选项使用常规字体;他们进一步提倡使用蓝色来进行强调。关于网站设计的文献(参见Nielsen,2005)中有一些共识,即颜色(尤其是蓝色)和下画线不应该用于强调,因为这些表示链接到下一个网页。虽然大写不适合长文本,但适用于选择性强调。斜体文本由于与常规文本在形状上的对比而引起注意,但比常规文本可读性差。网络调查中的一个常见惯例是使用斜体字作为指示,部分是为了传达这样一种概念:斜体字不如问题文本重要,如果不需要,可以忽略。如果问题使用常规文字,粗体表示强调;如果问题使用的不是常规文字,大写表示强调。同样,选择性强调的关键是——过多的强调会适得其反

> 译者思考
> 23. 网络调查页面应该如何设计文字大小、页面布局等?

(参见 Lynch and Horton,2001,pp.132-133)。此外,在整个调查工具中文本样式应一致,以便受访者能够了解不同文本要素的含义。

页面布局和对齐方式。网络调查设计人员面临的另一个全局性决策是屏幕上各种元素的空间布局。因为 HTML 被设计成从左到右和从上到下布局,所以大多数设计人员仍遵循这种格式,即使在中国和日本这样的国家也如此(这些国家垂直文本在打印文档中可能更常见[①])。对于西方读者和大多数互联网用户来说,屏幕左上角有一个特殊的位置。当浏览网页(例如,Nielsen and Pernice,2010)时,眼睛通常从那里开始,浏览活动通常锚定在这一点上。

在每个网页上使用页眉也很常见。页眉可以实现标签或定向功能,提醒受访者关键的调查元素(主题、发起者等);他们还可以为附加信息提供链接,例如"常见问题(FAQ)"。研究表明,受访者很快会习惯页眉的存在,并且会忽略其中包含的任何信息。这种现象被称为广告盲区(banner blindness)(Benway,1998;Benway and Lane,1998;Pagendarm and Schaumburg,2001)。调查中需要导航或其他信息显示在每个页面上,通常使用垂直导航窗格。这种方式在机构调查(establishment survey)和政府机构进行的调查中似乎更为常见。图 4.2 显示了一个示例,其中一个窗格用于移动到问卷的不同部分(在左侧),另一个窗格用于移动调查问卷(在底部)。在这些窗格中谨慎使用了背景和前景颜色,可以帮助应答者注意重点调查内容。

①原文如此。——译者注

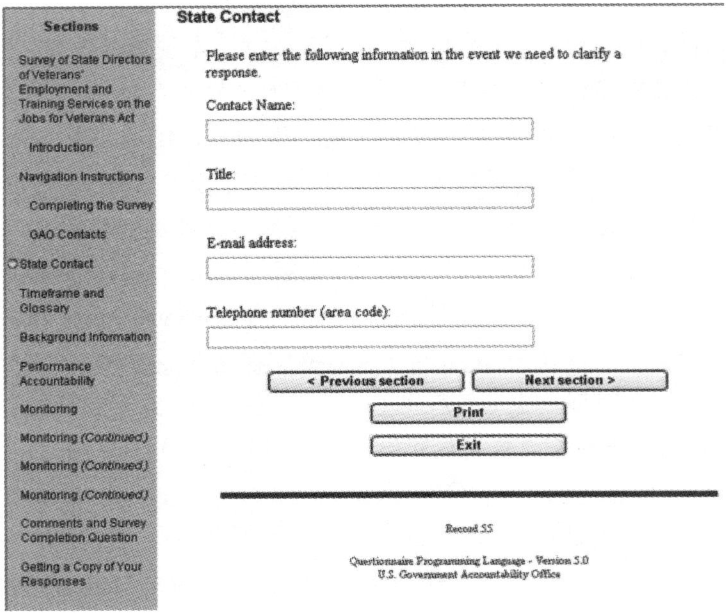

Sections
Survey of State Directors of Veterans' Employment and Training Services on the Jobs for Veterans Act
Introduction
Navigation Instructions
Completing the Survey
GAO Contacts
State Contact
Timeframe and Glossary
Background Information
Performance Accountability
Monitoring
Monitoring *(Continued)*
Monitoring *(Continued)*
Monitoring *(Continued)*
Comments and Survey Completion Question
Getting a Copy of Your Responses

State Contact

Please enter the following information in the event we need to clarify a response.

Contact Name:

Title:

E-mail address:

Telephone number (area code):

< Previous section | Next section >
Print
Exit

Record 55

Questionnaire Programming Language - Version 5.0
U.S. Government Accountability Office

图 4.2　美国政府问责局在调查中使用的窗口

注：左侧窗格允许受访者切换调查章节；底部的窗格允许在调查问卷中进行其他移动。

屏幕中有的部分容易被受访者关注到，有的部分不容易被受访者关注到（见 5.3 节），因此，合理放置问题的位置，让应答者很容易找到每个问题的开头很重要。左对齐调查问题可以帮助受访者找到问题的起点。在一个页面上有多个问题时，用于标识每个问题的问题编号或图标也有助于引导受访者。

关于应答选项的对齐和位置，有几个问题需要讨论。一个是选项应该垂直排列还是水平排列在问题下方。一些人认为后一种方法更好地传达了连续体的感觉。然而，我们自己的研究（见 Tourangeau, Couper and Conrad，出版中）表明，应答选项的垂直或水平呈现对受访者回答的应答分布没有影响，尽管填答时间有时会受到影响（见

第5章)。另一个问题是,勾选框(input field)(如单选按钮或复选框)应该放在应答选项的左侧还是右侧。在书面调查中存在着争议,各有论据(例如 Dillman,2007,pp.123-124)。将输入框放在右侧的潜在优势是,当应答者回答时,跳转指令(skip instructions)将更具可见性,并且应答选项不会被遮挡(对于惯用右手的人)。在网络上,没有令人信服的实证证据支持哪个更好。在分页调查中,跳转可以自动进行,无须跳转指令。此外,在大多数网络调查中,都使用鼠标或其他设备来选择答案,受访者的手不会遮挡应答选项(但是,随着触摸屏设备的日益采用,在未来这可能成为一个问题)。在 HTML 中,通常将勾选框放置在应答选项的左侧,并已成为一种惯例,因此我们建议放在这个位置。

还有一个设计决策是关于多列应答选项的对齐。将应答选项排列成多个列可能会减少垂直滚动条的使用,但可能会使受访者认为每列都需要单独的应答。Christian、Parsons 和 Dillman(2009)以及 Toepoel、Das 和 van Soest(2009a)的研究表明,应答选项的排列方式(行和列组合)会影响应答选项的分布。读取选项的顺序(按行或按列)可能会受到列间距和行间距的影响。如果列之间视觉上区分得很明显,则受访者可能先阅读第一列。但是,如果行之间更明显,则受访者可能逐行读取。网络调查并不像纸质调查一样存在空间限制,我们认为不需要使用多栏。我们同意 Christian、Parsons 和 Dillman(2009, p.420)的观点,他们的结论是"将应答选项线性地显示在栏目中,有助于受访者对量表进行处理,并鼓励他们以相同的顺序处理应答选项,从而使受访者更易于提供应答"。

最后一个关于应答选项排列的问题是它们的相对间距。我们将在第 5.1 节中更详细地讨论这个问题。总的来说,关于我们在这里讨论的设计问题,我们的经验是,只要确保可读性并遵循明确的设计惯例,受访者就会迅速适应调查中使用的特定设计元素。因此,设计的一致性可能比遵循任何特定的指南更重要。

4.5 导航设计

除了回答调查问题，受访者在完成调查时通常只需执行少量的操作。然而，有许多不同的方式来设计用于导航或移动网络问卷的工具。

在滚动页面调查中，主要的导航工具是滚动条。这是网络浏览器自身固有的一个特性，调查设计人员无法对其进行控制。这种设计的主要优势是，大多数用户都熟悉网页的垂直滚动，不需要任何指导或说明。其缺点是网页越长，滚动条就越小，这就要求受访者更精确地移动鼠标，增加了他们无意中漏掉某个访题的风险。

在分页设计调查中，从一个页面移动到下一个页面的设计受设计人员的控制。确实，一些网络调查只允许向前移动，不允许向后移动。其他调查则使用自动跳页，一旦选择了答案，就会移动到下一页（Hammen,2010;Hays,Bode,Rothrock,Riley,Cella,and Gershon,2010;Rivers,2006）。更常见的情况是，受访者在选择应答选项后按“下一页”（或“继续”、向前箭头）按钮继续。要求受访者按下“下一步”按钮可能会增加回答的时间，并需要额外的鼠标点击，但有一定比例的受访者在单选访题（单选按钮）中进行多项选择（见 Heerwegh,2003;Stern,2008）。我们认为，使用“下一步”按钮可以让受访者在点击之前检查并重新考虑他们的答案。包含“下一步”按钮的另一个

译者思考

24. 网络调查页面应该如何设计导航按钮？

原因是,自动跳页仅适用于单选访题,而不适用于多选访题、开放式问题或包含多个问题的页面。

因此,“下一步”按钮似乎很有用。“上一个”按钮呢？关于这一主题的研究很少,但我们认为,给被访者一个回顾或改变先前答案的机会,可能会提高数据质量。在我们自己的调查中,我们发现受访者通常不经常使用此项功能,但当他们使用此功能时,往往表明对先前的问题理解存在偏差,后续问题“提示”受访者存在这一偏差(例如,受访者被跳转到不符合他们情况的问题)。

如果调查的每一页都包含“下一页”和“上一页”按钮,应如何设计？这里至少有三个问题:1)是否使用标准的HTML操作按钮或其他图形等效按钮;2)如何标记按钮;3)将按钮放置在何处。据我们所知,第一个问题还没有相关研究;我们对第二个问题有所研究但未发表,研究表明标签(例如,“Previous”“Back”与“<-”)“效应”很小。Couper、Baker和Mechling(2011)对“上一步(Previous)”和“下一步(Next)”按钮的位置进行了实验操控(见图4.3),发现按钮位置对中止填答率或完成时间影响不大,但确实发现按钮位置对使用“上一步(Previous)”按钮频率有影响。当“上一个”按钮位于“下一个”按钮的右侧并且与“下一个”按钮一样突出时(图4.3中的(a)和(b)部分),受访者更有可能使用“上一个”按钮。总体而言,Couper和他的同事发现当使用超链接代替“上一步”按钮或将“上一步”按钮放置在“下一个”按钮下方时(图4.3中的(c)和(d)部分),会减少“上一个”按钮的视觉突出感。这会使受访者减少使用“上一步”按钮,并减少完成问卷的时间。这些发现与Wroblewski(2009)建议一致,即在屏幕左侧放置常用的操作按钮。

（a）“下一步”在左侧，“上一步”在右侧

Who in your household is responsible for paying your household's energy utility bills?

Select one.

- ◉ I am responsible for doing so
- ○ Another member of my household is responsible for doing so
- ○ Not applicable - someone who does not live in my household is responsible for doing so
- ○ Not applicable - energy utility bills are included in rent or condominium fees the household pays
- ○ Don't know

Next Previous

（b）“下一步”和“上一步”都在左侧，水平排列

(b) *Next* and *Previous* both on left, horizontal arrangement

Who in your household is responsible for paying your household's energy utility bills?

Select one.

- ◉ I am responsible for doing so
- ○ Another member of my household is responsible for doing so
- ○ Not applicable - someone who does not live in my household is responsible for doing so
- ○ Not applicable - energy utility bills are included in rent or condominium fees the household pays
- ○ Don't know

Next Previous

（c）“下一步”和“上一步”都在左侧，垂直排列

(c) *Next* and *Previous* both on left, vertical arrangement

Who in your household is responsible for paying your household's energy utility bills?

Select one.

- ◉ I am responsible for doing so
- ○ Another member of my household is responsible for doing so
- ○ Not applicable - someone who does not live in my household is responsible for doing so
- ○ Not applicable - energy utility bills are included in rent or condominium fees the household pays
- ○ Don't know

Next
Previous

（d）“下一步”和“上一步”都在左侧，“上一步”设置为超链接

(d) *Next* and *Previous* both on left, hyperlink for *Previous*

Who in your household is responsible for paying your household's energy utility bills?

Select one.

- ◉ I am responsible for doing so
- ○ Another member of my household is responsible for doing so
- ○ Not applicable - someone who does not live in my household is responsible for doing so
- ○ Not applicable - energy utility bills are included in rent or condominium fees the household pays
- ○ Don't know

Next Previous

(e) “上一步”和“下一步”都在左侧（上一步在前），水平排列

(e) *Previous* and *Next* both on left (*Previous* first), horizontal arrangement

Who in your household is responsible for paying your household's energy utility bills?

Select one.

- I am responsible for doing so
- Another member of my household is responsible for doing so
- Not applicable - someone who does not live in my household is responsible for doing so
- Not applicable - energy utility bills are included in rent or condominium fees the household pays
- Don't know

图 4.3 Couper、Baker 和 Mechling(2011)研究中的导航按钮位置

注:不同的实验条件会改变“上一个”按钮的位置和视觉突出感。经 Couper, M., Baker, R. 和 Mechling, J. 许可转载,《调查实践》(*Survey Practice*), 2011。

4.6 应答选项格式的选择

到目前为止,我们讨论的设计决策只涉及影响调查工具所有页面或访题的一般性问题;相比之下,应答或输入格式的选择则是针对特定访题的独特性问题。与我们所讨论的其他设计决策一样,网络调查中获取应答有很多可选择的方案。在纸质调查中,应答选项对受访者没有任何限制(他们总是可以选择多个选项或写一个答案),而网络调查中,输入工具可以作为视觉指南指导受访者如何回答问题,也可以对答案设置附加条件(Couper,2008b)。例如,单选按钮只允许选择一个答案;下拉框或选择列表一样会限制选择选项中

> **译者思考**
>
> 25. 如何选择网络调查中应答选项的格式?

的任意一个。输入工具这一特性的优点是将受访者限制在设计者所期望的行为上,但是它给调查设计者带来了更大的负担,要确保所有可能的选项都可供受访者使用,确保不会因为设计不当限制受访者的选择。

可供调查设计人员使用的输入格式可能仅限于HTML格式以及可以使用活动脚本(如JavaScript、Java或Flash)创建的输入格式。在HTML中,有单选按钮(通常用于单选问题)和复选框(用于多选题或勾选所有符合选项)形式;有下拉菜单形式,允许受访者从长滚动列表中进行单个或多个选择;还有文字输入区域形式,可让受访者输入非格式化的应答。许多网络调查设计系统都有自己的输入格式工具菜单。使用活动脚本,输入格式几乎没有限制,包括视觉类比量表或滑动条(例如Couper,Tourangeau,Conrad and Singer,2006;Funke, Reips and Thomas, 2011)、拖放(例如,Delavande and Rohwedder, 2008)、卡片分类方法、基于地图的输入方法等等。这些互动功能,为研究者提供了更好的测量工具,也为受访者提供了更有乐趣、更为顺畅的调查体验,但究竟在调查中起了多大的作用,仍是一个有争论的问题。其产品包括这些特性的软件供应商和为提高其竞争优势的市场调研公司都大肆宣扬这些工具的好处,但将这些输入工具与更标准的HTML方法进行比较的严谨研究仍然非常缺乏。我们将在第6章中讨论一种输入工具——滑动条的相关研究(请参阅第6.2.3节)。

在选择输入格式时,调查设计人员面临两个关键问题。第一个是针对特定问题选择适当的输入工具;第二个是如何最好地设计该工具,以促使受访者提供应答。这两个问题都涉及功能可供性(affordances),即一种物品的形态以某种方式表明该物体能够如何被使用。Gibson(1979)首先介绍了功能可供性的概念,认为视觉感知会影响对功能可供性的认识。Norman(1988)的经典著作《日常事物的设计》(*The Design of Everyday Things*)中推广了这一概念,并将其应用于界面设计。单选按钮和复选框都“提供”点击,但前者只允许从选项集中进行单个选择,而后者充当选项集合中每个选项的“开关”。当然,对于没有经验的用户来说,格式之间的差异可能并不明显。我们经常会看到在很多网络调查中,输入工具与预期任务不匹配。然而,很少有研究考察输入工具的类型对应答的数量、质量和完整性的影响。

在一项研究中,Couper、Traugott 和 Lamias(2001)使用单选按钮与文本输入框格式来收集一系列关于受访者朋友、同学等的种族/民族等五个访题的答案,五个访题都是都输入一个从 1 到 10 的数字。文本输入框允许应答者给出无效(超出范围)答案,而单选按钮版本则阻止应答者给出此类答案,因此,两种应答格式在无效应答的比例和缺失数据的比率(包括 DK/NA[①]应答)方面产生显著差异。此外,文本框的大小也会影响应答,较长文本框比较短文本框产生更多无效应答。不过,文本框使受访者更容易将五个数字相加为 10(按照填答要求五个数字相加为 10)。因此,尽管文本输入框更容易使应答者不回答问题,也未能防止超出范围或其他无效的回答,但单选按钮格式使应答者更难按要求的格式应答访题(五个数字相加为 10)。在某种程度上,文本框显得填答任务很困难,而单选按钮版本中的困难呈现得并不那么明显。

Heerwegh 和 Loosveldt(2002)比较了单选按钮与下拉框两种形式下对一系列访题的回答。他们发现格式对完成率、非实质性应答或缺失数据没有影响。他们没有检查实质性应答的分布(substantive distribution)。然而,他们确实发现单选按钮需要更多的时间来加载,

①DK 表示不知道或不确定(Don't know/not sure);NA 表示宁愿不回答(Would rather not answer)。

这影响了网速较慢的受访者填答问卷。考虑到当今高速互联网连接的普及,这可能不那么令人担忧。Healey(2007)同样对单选按钮与下拉框进行了比较,并报告了与 Heerwegh 和 Loosveldt 相似的结果;输入格式对调查的完成、非实质性回答的数量或总体完成时间没有显著影响。同样,Healey 没有考察版本之间的实质性应答的分布。然而,Healey 的研究中下拉框导致访题无应答稍高,每个访题的应答时间更长。此外,那些使用滚轮鼠标完成调查的人(约 76% 的受访者这样做了)容易在下拉框条件下意外地更改答案,这种现象可能是与在 2009 年加拿大人口普查中出现不一致结果的原因(Lebrasseur, Morin,Rodrigue and Taylor,2010)。

Couper、Tourangeau、Conrad 和 Crawford(2004a)研究了三种不同格式的应答次序效应(response order effect):单选按钮、一个下拉框和一个滚动框(可以看到应答选项的部分列表)。他们发现,应答次序效应的大小取决于应答选项的呈现,滚动框版本的次序效应要大得多。他们的研究结果表明,在视觉呈现的测量中阅读顺序会产生首呈效应,当受访者需要额外的操作才能查看列表中的最后几个选项时,这种效应会加剧。受访者更有可能选择从一开始就可见的选项之一,而不是滚动查看并选择其余的一个选项。我们将在第 5.3 节进一步讨论这项研究。

除了这些研究之外,很少有其他实证研究检验不同输入格式的差异。更多的研究集中在这种输入工具的设计上;我们在第 5 章回顾了这些工作。

4.7 网格或矩阵问题

无论调查是使用滚动设计还是分页设计，许多调查都涉及一个设计问题：是否将共享一组应答选项的访题分组到网格或矩阵中。无论是在市场调查、学术还是政府研究中，使用网格问题是网络调查中的常见做法。然而，对网格问题的研究表明，尽管网格可以减少完成时间，但这种格式也可能增加中止填答、缺失数据和测量误差。其原因是网格本身就存在固有问题，还是网格设计得很差，这是当前研究的重点。

对网格的研究可以分为两类，第一类是将网格格式访题与其他格式访题进行比较，第二类是探讨不同网格设计对受访者应答的影响。我们首先考察了网格访题格式与其他格式呈现访题的对比研究。这些研究的总结见表4.1。

Couper、Traugott和Lamias（2001）研究了包含5个知识性访题（访题在1个页面的网格中或5个访题在5个单独的页面上）和包含11个态度性访题（访题在3个页面的网格中或11个访题在11个单独的页面上）。在完成填答时间上网格版本比逐项版本（194秒）花费的时间更少（16个访题平均168秒）。访题间相关性（由Cronbach's系数测量）在网格版本的量表稍高，但不显著。研究人员还发现网格版本中的缺失数据（DK或NA应答）率显著更低。

译者思考

26. 网络调查中的矩阵访题（网格访题），与其他方式的访题设计在应答上有何区别？

表 4.1　网格格式与替代设计比较研究

研究	样本与设计	主要发现
Couper ,Traugott ,& Lamias (2001)	美国大学生;1个网格中的5个访题VS 5个单独的页面;3个网格中的11访题(每页4个、4个和3个)VS 11个单独的页面;n=665	•网格用时显著更少(p<0.05) •网格中缺失数据显著更少(p<0.01) •访题间相关不显著
Bell,Mangione , & Kahn (2001)	美国网站招募的一般人群志愿者;SF-36各量表的网格格式与扩展格式(在同一页上逐项列出);n=1464	•应答时间无显著差异 •访题间相关不显著
Tourangeau, Couper ,& Conrad (2004)	在美国选择加入追踪小组的成员;8个"同意—不同意"访题,七点量表;单网格格式VS 2个网格格式(每个网格四题)VS 8个单独的页面;n=2568	•访题间相关性显著(p<0.01):一个网格>两个网格>单独访题 •区分度趋势显著(p<0.01):一个网格<两个网格<单独访题 •完成时间差异显著(p<0.001):一个网格<两个网格<单独访题
Yan (2005)	美国选择加入追踪小组的成员;6个访题在一个网格中VS 6个访题在一个页面上,逐项排列VS 6个单独页面;对访题的相关性给予不同说明;n=2587	•访题间相关不显著 •感知关联性不显著

续表

研究	样本与设计	主要发现
Toepoel,Das, & van Soest (2009b)	荷兰的概率追踪样本;40个“同意—不同意”访题,五点量表;所有访题在1个网格中VS 4个网格(每个网格十题)VS 10网格(每个网格四题)VS 40个单独的页面;*n*=2565	•格式对平均得分或方差没有影响 •访题间相关性没有显著差异 •随着页面上访题数量的增加,缺失数据显著增加($p<0.01$) •随着页面上访题数量的增加,填答时间显著减少($p=0.006$) •随着网格访题数目增加主观评估显著降低($p<0.001$)
Callegaro, ShandLubbers, & Dennis (2009)	美国基于概率追踪样本;10个访题,五级量表;屏幕显示网格VS单个访题显示在屏幕(在其他情况下隐藏);*n*=1419	•网格版本完成时间(中位数=45秒)比单个访题版本(中位数=70秒)快 •访题间相关性没有显著差异 •反词访题与其他量表之间的相关性没有显著差异 •主观兴趣程度没有显著差异

在另一个早期实验中,Bell、Mangione和Kahn(2001)将SF−36健康问卷的网格版本与逐项版本(所有访题都在同一页上,但不共享应答选项)进行了对比。逐项版本的完成时间略长于网格版本(5.22对5.07分钟),但差异无统计学意义。他们没有发现访题间相关性存在差异(也是使用Cronbach's alpha)。

Tourangeau、Couper和Conrad(2004)比较了以三种格式呈现的8个"同意—不同意"访题:1)所有访题在一个页面的一个网格中;2)每4个访题组成一个网格呈现在单独的页面;3)每个访题呈现在单独的页面上。受访者回答网格格式访题的时间(平均60秒)明显少于回答每个访题在单独页面上访题的时间(99秒)。他们还发现,α系数有显著的线性趋势,随着访题分组的增加,访题间相关性增加。然而,他们发现,网格格式受访者答案的区分度较小,也就是说,他们更有可能每个访题都选择相同的选项。此外,在网格版本中,两个反词访题的"部分—整体相关性[①](part-whole correlation)"较弱,这表明当访题在网格中时,受访者不太可能注意到反词。Peytchev(2005)利用结构方程模型对这些数据进行的再分析表明,访题间相关性的增加表明测量误差更高,而不是测量的信度更高。这些结果表明,更快的完成时间可能以非最优的应答为代价。

Yan(2005)检验了将访题放在一个网格中是否会促使受访者将他们视为高度相关。她将6个松散相关访题设计成三个版本,分派受访者填答不同版本:1)每个页面一个访题;2)6个访题在一个页面,但逐项排列;3)6个访题在一个网格中。她还操纵了这六个访题目的相关说明,一个介绍说所有访题都来自同一来源,另一个介绍说他们来自不同来源。布局对访题间相关性(Cronbach's alpha)的影响没有统计学意义。她还询问受访者认为这些访题之间的关系如何,她再次发现布局没有显著影响。

Toepoel、Das和van Soest(2009b)比较了包含40个访题唤醒量表(arousal scale)的四个版本,每页分别有1个、4个、10个或40个访题。他们发现,格式对唤醒指数得分没有影响,对访题间相关性影响不大。然而,访题数据缺失随着页面上访题数量的增加而单调递增。使用网格格式减少了完成填答的时间,但也降低了受访者对问卷的

①指反词访题的得分与所在网格总得分的相关系数。——译者注

主观评价分数。

最后，Callegaro、Shand Lubbers 和 Dennis（2009）比较了两个版本 SF-36 健康问卷两个子量表的差异，一个版本是网格版本，一个版本是每页一个问题（single-item-per-page）、同时改变行的阴影。他们报告称，网格组应答时间的中位数为 45 秒，每页一个问题组应答中位数为 70 秒。访题间相关性（Cronbach's alpha）在不同版本上没有显著差异，在网格版本中反词访题也没有表现出较弱的相关性。此外，他们发现不同版本的受访者在感知困难或自我报告的兴趣程度方面没有显著差异。

也许这些研究中最明确的发现是网格减少了受访者完成问卷所需的时间。6 项研究中有 4 项研究发现，使用网格可以显著缩短应答时间。Tourangeau 和他的同事也发现网格版本的访题间相关性显著更高，但是其他研究都没有重现这一发现。网格格式对访题无应答的影响也没有取得一致的研究结论。一项研究报告称，网格格式中访题无应答显著降低（Couper, Traugott and Lamias, 2001），但另一项研究发现，网格越长访题无应答越高（Toepoel, Das and van Soest, 2009b）。这些研究之间的不一致可以由许多因素解释，例如研究中的主题或样本、访题是询问行为还是态度、是否有访题的措辞是相反的、网格中的访题（行）数、应答选项（列）数等等。

尽管有研究表明网格可能会影响应答状况，但网格仍然很受欢迎。研究人员正在探索如何改进网格的设计，在利用其优势的同时减轻其负面影响；我们将在第 6.2.5 节中讨论这项工作。综上所述，这些研究表明，网格的复杂性可能是调查中止填答、访题数据缺失和受访者满意（respondent satisfaction）等问题产生的重要因素。如果需要使用网格，使网格尽量简单，这会减少一些负面影响；可以通过减少网格中的访题（行）数、拆分问题（减少列数）或使用可视化反馈指导受访者回答问题，来简化网格。

4.8 小结

对调查问题措词的研究由来已久。最近,人们的注意力转向了问卷设计的其他方面,特别是在网络调查中,有许多设计要素可供选择,而且受访者不是与训练有素的访问员交流,而是直接与调查工具直接互动。鉴于在网络调查中存在大量可供选择的设计要素,并不奇怪还有很多的工作要做,来理解不同的设计要素何时、如何以及为什么会影响受访者应答。到目前为止,许多研究都考察了访题缺失数据率、完成时间或应答分布的差异。需要更深入地研究哪些设计会产生更准确的数据或提高效度。此外,对不同的设计方案下测量信度的研究相对较少。

本章以及以下三章中描述的许多实验都是基于对大学生或非概率追踪样本的研究。前者很可能非常擅长使用互联网,并能很好地应对意想不到的调查设计。后者一般会收到大量的调查请求,通常来自使用不同布局和设计的调查公司。这些经验丰富的受访者可能已经习惯于网络调查设计的变化,因为他们接触了大量好的和坏的网络调查设计。因此,使用概率追踪样本重现这些结论非常重要。我们使用知识网络(Knowledge Networks)和FFRISP追踪样本进行了这项工作;同样,Toepoel和她的同事(2009a,2009b)也使用CentER追踪样本完成了这项工作。这些重复性研究给了我们更大的信心,我们在这里总结的结论可以推广到具有不同网络调查经验或不同动机的其他群体(另见Toepoel,Das and van Soest,2008,2009c)。但我们仍需警惕样本对研究结论(我们研究中发现的存在的或不存在的各种效应)的影响,不可能将测量误差与代表性和总体推断完全分离。

尽管证据中存在不足,但很明显,关注设计细节会提高应答的质量,并可能减少网络调查中的中止填答和数据缺失。对于有效的网络调查设计,并没有简单的方法;研究人员在设计网络调查时在一定限度内仍然有很大的灵活性。尽管如此,本章提出的证据表明,调查工具的设计应与调查内容一样受到应有的重视。

5.

作为视觉媒介的网络

尽管其他数据收集方式,包括传统的纸质自填问卷,也依靠视觉渠道与调查对象交流,但网络调查通常比纸质调查包含更多的视觉材料(例如颜色或照片),而且他们有时也会包含纸质调查无法囊括的视觉材料类型(例如视频)。与纸质问卷相比,网络调查需要鼠标在屏幕上移动,这可能会使访题在屏幕的位置或两个访题之间的距离更为突出。由于这些差异,网络调查的视觉特征可能比传统纸质问卷的视觉特征对受访者及其答案的影响更大,尽管视觉设计问题对纸质问卷来说同样重要(Christian and Dillman,2004;Jenkins and Dillman,1997;Redline,Dillman,Dajani and Scaggs,2003)。本章探讨了网络视觉特征对受访者提供答案的格式和内容的影响。视觉信息的影响可能不是"全有或全无的",因此,我们研究一个我们称之为"可见性"的重要变量,即屏幕上信息在视觉上的突出程度。

5.1 对网络问卷视觉特征的解读

尽管网络追踪样本成员可能是非常有经验的调查对象，但即使是有经验的受访者也常常不清楚他们应该如何回答特定的问题。Schober 和 Conrad 的研究（例如，Conrad and Schober,2000;Schober and Conrad,1997;Suessbrick,Schober and Conrad,2000）表明，受访者对调查问题中词语的理解往往存在很大的差异。Schober 和 Conrad 重点研究了对问题中词语的解读。还有大量证据表明，受访者往往不清楚应答选项的含义，他们可能依赖次要的线索来确定这些选项的含义（相关综述，请参见 Schwarz,1996）。

对应答量表的解读。举一个例子说明这种不确定性，Schwarz 和他的同事已经证明，应答量表上的数字（例如，−5 到+5、0 到 10）可以通过影响受访者对量表的解读来影响他们的应答（Schwarz,Grayson and Knäuper,1998,实验 1;Schwarz，Knäuper,Hippler,Noelle Neumann and Clark,1991;另见 O'Muircheartaigh,Gaskell and Wright,1995;Tourangeau,Couper and Conrad,2007）。其他研究表明，应答选项的视觉呈现可能会影响他们的相对受欢迎程度。阶梯形的量表意味选项的受欢迎程度大致相等；相比之下，金字塔形的量表意味着顶部选项比底部选项更少的被选择（Smith, 1995;另见 Schwarz,Grayson and Knäuper,1998,实验 2）。

由于网络调查有如此强大的视觉特征，受访者特别有可能使用问题或应答选项的视觉特征作为补充信息，以帮助他们确定问题或潜在答案的含义[①]。许多调查项目的态度访题使用部分标记的应答量表，受访者可能难以给量表“点”赋予准确的含义，特别是对于那

①正如 Tourangeau、Rips 和 Rasinski（2000；见第 2 章）所论证的那样，问题的含义与应答选项的含义密不可分，除非应答者正确辨别所有可能的答案，否则他（她）不会完全理解问题（Tourangeau、Rips 和 Rasinski 称之为问题的“不确定性空间”）。

些没有文字标签的调查更是如此。受访者在决定如何选择量表中的答案时，一般是从对应答量表的预期开始的。例如，在没有相互冲突信息的情况下，他们可能会假定量表选项代表基本判断维度上等距的点。我们把这一预期称为等间距假定(presumption of equal spacing)。类似地，量表标记为双极(例如，一个端点标记为"非常强烈同意"，另一个端点标记为"非常强烈不同意")时，受访者可能会假设应答选项代表在连续体中围绕中点对称排列的点。我们称之为对称性假定(presumption of symmetry)(仅适用于双极量表)。

当然，量表点上的文字标签可能确认或否定这些预期。同样，量表点的间距可能会影响受访者对每个选项应该代表的概念范围的理解。图5.1中量表点的间距(具有完整标记的量表)显示量表点代表的概念范围并不相等。受访者可能认为中立选项相对于"强烈同意"和"强烈不同意"选项与"有点同意"和"有点不同意"在概念上相距更远。然而，正如我们将要看到的那样，文字标签往往比视觉提示(如间隔)更具解释性。

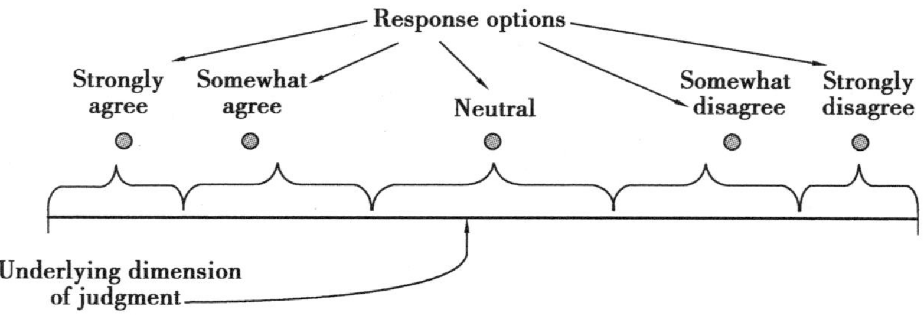

图5.1　应答选项不等间距量表

注：这里展示的量表改变了应答选项的间距；中间选项所占的间距比其他四个选项所占的间距更宽，这暗示它比其他四个选项在基本判断维度上所占的比例更大。底部展示了这个例子的基本判断维度，从同意到不同意。大括号表示各个选项在基本判断维度上的映射。

网络调查中量表的解读方式。我们(Tourangeau, Couper and Conrad,2004,2007)认为,受访者应用五种解读方式,帮助他们解读网络和其他视觉调查中的应答量表。每种解读方式都为应答量表或访题本身的某些视觉特征赋予了含义。五种解读方式如下:

- 中间意味典型或中心;
- 左和上意味第一;
- 接近意味相关;
- 相似(外观上)意味接近(含义上);
- 向上意味良好。

根据第一种解读方式,量表的视觉中点在确定其他量表点的意义方面有着特殊的作用。正如对称性假定所暗示的,双极量表的中点将被视为表示基本判断维度的概念中点,即中立点或数值中点。当基本维度是单极性时,受访者可能认为它代表了另一种意义上的中点,即总体中位数或众数(例如,参见 Schwarz and Hippler 的研究,1987)。我们的研究表明,当视觉中点与量表的概念中点不一致(因为量表选项的间距不均匀)时,答案的分布会发生变化(Tourangeau et al.,2004,实验3)。图5.2展示了我们在这项研究中使用的一个访题。对应于可能性概念中点(Even chance)的选项被替换到量表视觉中点的左侧。接受此量表的受访者比接受等间距选择量表且在视觉中点表示“可能性相同”的受访者更有可能从量表的低概率端选择其中一个选项。受访者显然会认为,当选项(如图5.2所示)未均匀分布时,“有可能性(Possible)”和“不太可能(Unlikely)”等选项代表的概率比实际的含义更接近50%。

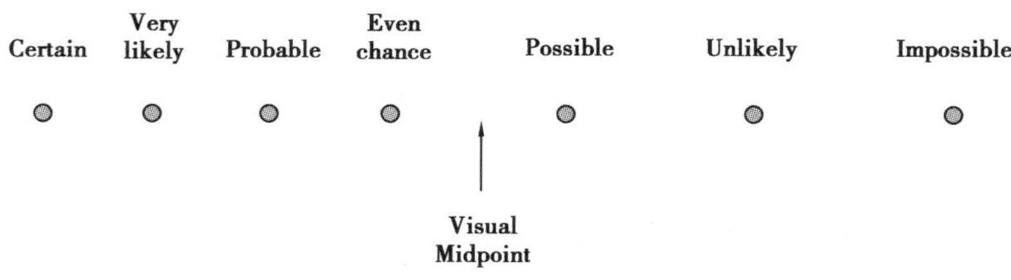

图 5.2　应答选项不等间距量表

注：假定的概念中点（可能性相同）位于量表视觉中点的左侧。经 Tourangeau、Couper 和 Conrad（2004）许可引用。

第二个解读方式（“左和上意味第一”）是指应答选项会遵循某种逻辑顺序排列，通常按某一维度的一端向另一端演进。当选项水平排列时，按某种逻辑从左向右排列；当选项垂直排列时，按某种逻辑从顶部向底部排列。我们（Tourangeau et al.,2004，实验 4；另见 Toepoel and Dillman,2008）证明，当应答选项的顺序与该解读方式不一致时，应答时间比选项顺序与解读方式一致时慢得多。此外，另一项实验表明，对于不熟悉的访题，受访者会依据相邻的应答选项做出判断（Tourangeau et al.，2004，实验 5；见图 5.3）。例如，受访者被要求判断连锁酒店清单中哪些酒店价格昂贵。克拉里昂酒店（Clarion Inn）排列紧随两家昂贵的连锁酒店之后，比将其排列紧随两家便宜的连锁酒店之后，受访者更倾向于将其归类为昂贵酒店之列。显然，受访者推断这些酒店是按某种逻辑顺序排列的（例如，从最贵到最便宜），并对不熟悉的克拉里昂酒店给出了与此推论一致的评级。事实上，克拉里昂酒店是一家经济型连锁酒店。进一步地，列表中不熟悉应答选项的位置对受访者判断该应答选项的影响取决于其他应答选项实际上遵循的逻辑顺序，也就是说，其他应答选项看上去排列得越有逻辑顺序，对受访者判断不熟悉应答选项的影响就越大。

Do you consider the cost of these hotels or hotel chains to be EXPENSIVE OR INEXPENSIVE?

(Please select an answer for each item)

	Expensive	Inexpensive
Ritz-Carlton	○	○
Hyatt Hotel	○	○
Clarion Inn	○	○
Courtyard	○	○
Holiday Inn	○	○
Days Inn	○	○
Motel 6	○	○

截图(Alt + A)

Next Screen ==>　　<== Previous Screen

Do you consider the cost of these hotels or hotel chains to be EXPENSIVE OR INEXPENSIVE?

(Please select an answer for each item)

	Expensive	Inexpensive
Ritz-Carlton	○	○
Hyatt Hotel	○	○
Courtyard	○	○
Holiday Inn	○	○
Days Inn	○	○
Motel 6	○	○
Clarion Inn	○	○

Next Screen ==>　　<== Previous Screen

图5.3　在列表中访题位置的影响

注：在上半部分的排行榜中，克拉里昂酒店排名第三，位列价格较高的酒店之列；在下半部分的排行榜中，克拉里昂酒店排名最后，位列价格较低的连锁酒店之列。当受访者收到最上面的网格时，他们更倾向于认为克拉里昂酒店很昂贵。

“接近意味相关”解读方式是指受访者倾向于根据他们的物理邻近性来推断两个访题之间的概念关系。在验证受访者使用这种解读方式实验中，我们（Tourangeau et al.,2004，实验6）比较了呈现访题的三种方法。八个关于饮食的“同意—不同意”访题以三种方法呈现：1)在一个屏幕上的网格中；2)在两个屏幕上的两个网格中；3)每个访题呈现在一个屏幕上。八个访题之间的相关性在八个访题在一个网格呈现的版本中最高，在八个访题在八个单独的屏幕上呈现的版本中最低（类似的发现见 Couper,Traugott and Lamias,2001）。显然，当这些访题出现在一个网格中时，受访者预期它们彼此更加相似。此外，他们更可能忽略这样一个事实：八个访题在一个网格的格式中，其中两个访题与其他六个不同，是反向问题。当这些访题放在一个网格，受访者似乎预期这些访题非常相似，不需要非常仔细地阅读它们。另一种可能性是网格形式更容易引发“调查满意”。网格在网络和纸质问卷中都很常见，这里的研究结果表明它们可能会对答案产生意想不到的后果。然而，一些研究（总结在表 4.1 中）表明，与其他格式相比，网格通常不会增加访题间的相关性，网格格式对数据质量的总体影响还没有定论。

第四种解读方式（“外表相似意味着意义相近”）是指受访者倾向于根据外表相似性推断两个访题或应答选项之间的概念也相近。例如，相对于量表的两端是不同色调的阴影，当应答量表的两端是同一色调的阴影时，受访者会推断这两个极端在概念上更接近。结果，他们的答案可能会发生“移动”，反映了当量表两种色调时概念距离更大（Tourangeau et al.,2007）。图 5.4 展示了我们在实验中比较的两个量表（Tourangeau et al.,2007）。如果使用两种颜色强调极端量表值之间的差异，则持肯定意见的受访者可以选择接近量表正向极端值的答案（图中为“强烈赞成”），以表明与量表负向极端值（同样被强调）的主观距离更大。我们发现，使用上半部分的量表（具有两种色调）与下半部分的量表（具有单一色调）相比，更多的应答“移动”到量表的“强烈支持”端。当量表点的数字标签从 −3 到 +3 而不是从 1 到 7（见图 5.5）时，我们观察到的类似“移动”更为明显。显然，颜色与问题的其他特征类似,都会影响受访者对量表基本维度的理解。颜色的使用会带来另一个问题,并不是每个人都以同样的方式看待颜色,不同类型色盲可能与受访者其他特征(例如性别)有关。

How much do you favor or oppose avoiding "fast food?"

Strongly oppose　　Strongly favor

Strongly oppose　　Strongly favor

–3　–2　–1　0　1　2　3

图 5.4　两种格式的应答量表

注:在上半部分的量表中,选项在色调和亮度上都不同。量表左侧的选项为红色阴影,右侧的选项为蓝色阴影。在下半部分的量表中,选项都是蓝色的阴影,并且仅在亮度上发生变化。经 Tourangeau、Couper 和 Conrad(2007)许可引用。

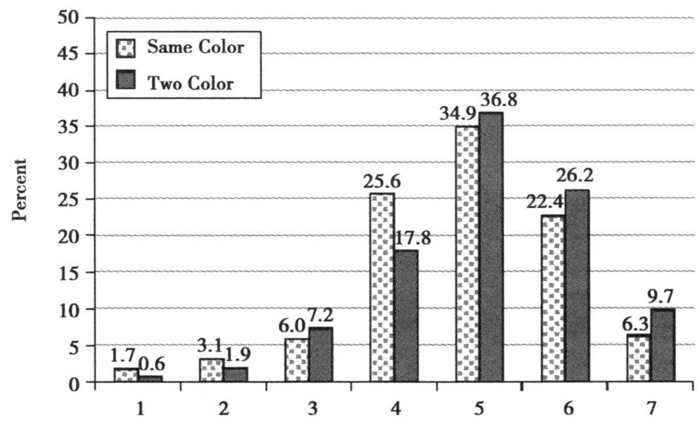

(a) Distribution of Responses to Q3 (Success in Life), by Color

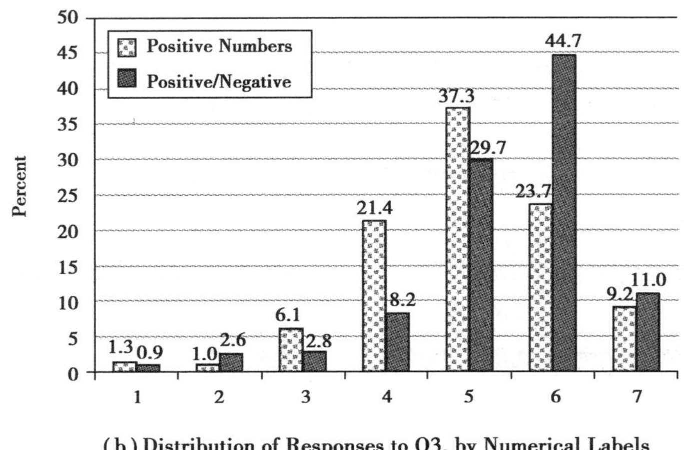

(b) Distribution of Responses to Q3, by Numerical Labels

图 5.5　图(a)显示了在仅文字标注量表终点(如图 5.4 所示)且未使用数字标签的情况下,按颜色(相同颜色或两种颜色)分类的应答百分比分布;图(b)显示了取消颜色组合、使用数字标签情况下,应答百分比分布。第 3 题询问受访者评价自己人生成功状况;数字越高,表明越成功。经 Tourangeau 等人许可转载,2007。

我们描述的最后一个解读方式("向上意味良好")是以访题在屏幕上的位置推断出它的价值。我们认为,垂直位置和期望通常是隐喻性地联系在一起的。例如,天堂在上面,地狱在下面;上升是好的,下降是坏的;向上的情绪(upbeat mood)是积极的,向下的情绪(downbeat mood)是消极的;等等(见 Carbonell,1983)。这种联系可能缘于一种期望,即好的东西会被置于坏的东西之上。在 Meier 和 Robinson(2004)进行的一项实验室实验中,当褒义词(勇敢、忠诚、英雄)出现在电脑屏幕顶部,比出现在底部时,参与者更快地将其归类为褒义词。贬义词(苦涩、笨拙、犯罪)的情况正好相反——当它们出现在屏幕底部时,参与者将其归类为贬义词的速度比出现在屏幕顶部时要快。显然,受访者预期褒义词出现在屏幕上方(而贬义词出现在屏幕下方),当这些预期没有得到满足时,他们反应较慢。根据Meier和Robinson的说法:

> 我们的研究结果为情感和垂直位置之间的天然关联提供了证据。这些发现表明,在人们进行判断时,人们会自动假设视觉空间上高的东西是好的,而视觉空间上低的东西是坏的。这些研究的结果扩展了先前的工作……表明情感是建立在感觉运动知觉(sensorimotor perception)上的。(Meier and Robinson,2004,p.247)

在一系列的实验中,我们(Tourangeau,Couper and Conrad)在网络调查中发现的结果与Meier和Robinson的结果相似。当垂直排列的评分量表中表示好的一端在上方时,受访者对各种与健康相关的机构(如健康保健组织)进行评价所花费的时间要快于表示好的一端在下方的版本;相反,当水平排列选项时,应答选项的顺序不影响应答时间。其他的实验表明,当把食物(如核黄素和玉米淀粉)放在屏幕顶端比放在屏幕中间时,受访者对食物的评分更高。表5.1总结了这些研究的主要特征。表5.1中的研究4是基于一个国家区域概率样本;如果样本成员不能以别的方式参加调查,则向他们提供计算机和互联网接入。

表 5.1　关于屏幕上访题位置的研究

研究	主题	位置操纵/其他因素
研究 1	医生、健康保健组织管理者、议会、科学界	• 访题在屏幕上呈现的位置:第一 VS 第二 • 应答选项的次序和方向
研究 2	六种营养物质(核黄素、烟酸、抗氧化剂、面粉、多香辛料、玉米淀粉)	• 访题在等级量表的顶部或底部 • 应答选项的次序
研究 3	六种营养物质(与研究 2 相同)	• 访题在等级量表的顶部或底部 • 应答选项的次序
研究 4 连续两个月重复性研究	六种营养物质(与研究 2 相同)	• 第二个访题呈现在屏幕上方或在屏幕中间 • 应答选项的次序和方向
研究 5	六种营养物质(与研究 2 相同) 六个专科医生(儿科医生、妇科医生、内科医生、内分泌医生、肾科医生、泌尿科医生)	• 屏幕上的第一访题或第二访题 • 第二个访题呈现在屏幕中间或展示在屏幕底部

荟萃分析显示,总体上,屏幕上的位置越高对某个访题的评级就越有利。图 5.6 显示了六个实验的效应值(effects sizes)。效应值是某一访题(例如核黄素)在屏幕上出现较高与较低时的平均评分的差除以评分的合并标准差(pooled standard deviation);正效应表示对位置较高的访题具有更高的评分。我们(Tourangeau 等)发现访题位置的总效应显著,平均效应值约为 0.08。从图中可以看出,项目在屏幕上的垂直位置对其评分产生了很小但一致的效应。

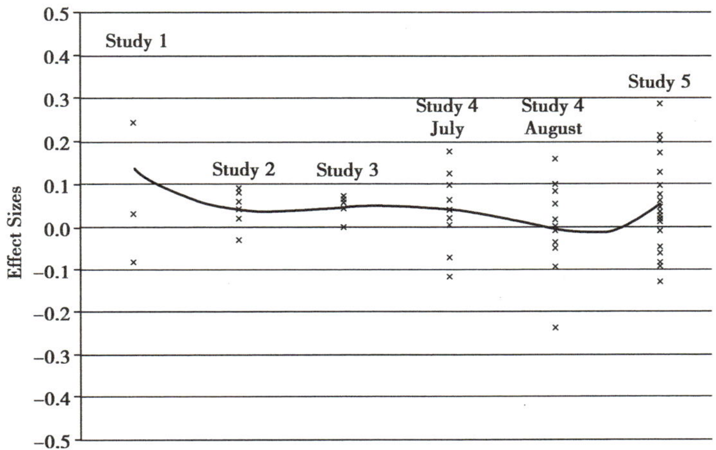

图 5.6　每个实验的效应值

注：这些实验检验了屏幕上访题位置的影响。效应值是访题显示在屏幕顶部时与访题显示在屏幕底部时评分平均差之值除以评分的合并标准差。

标签的等级性。这一研究支持这样一种观点：受访者通常不清楚如何使用评分量表时（尤其是完全在没有标注标签的情况下），受访者利用标签来帮助他们确定每个量表点的含义，这些标签具有等级性。文字标签似乎优先于其他类型的标签；数字标签获得次高优先级；而间隔和颜色等仅在这些高优先级标签不存在或较弱时使用。例如，当每个量表点是文字标签时，量表点的颜色对评分的影响很小（Tourangeau et al.,2004）；同样，图 5.5 中显示的结果表明，数字标签对评分的影响比颜色强。

Toepoel 和 Dillman（2008）进行的五项实验进一步证明，文字标

译者思考

27. 应答选项的标签会影响受访者填答问卷吗？

签，尤其是每个量表点上都进行标记，能够减少其他视觉标签的影响。例如，他们的第五个实验重现了我们报告的结果（Tourangeau et al.,2007），即当每个选项都被文字标记时，颜色对评分量表应答的影响被消除。与只在端点有文字标签的量表相比，完全标记量表受应答选项间距和访题分组（即访题在单个屏幕上或跨多个屏幕）的影响较小

开放性答案的填答。我们后来的研究表明受访者可能也不确定如何填写答案高度受限的开放性问题，例如估计的数字、美元金额或日期（Couper,Kennedy,Conrad and Tourangeau,2011）。对于这些问题，回答者面临一个问题是使用何种格式填答答案。在许多网络应用中也会出现类似的问题，其中信用卡号码、地址、电话号码或其他信息必须以符合要求的格式填答。

一些实验研究了帮助受访者按要求的格式填写日期的方法。表5.2总结了Christian、Dillman和Smyth（2007）的三个实验和我们（2008）的另外两个实验的结果，这些实验比较了收集日期信息访题的各种格式。这些实验得出了几个结论。首先，即使没有任何关于答案格式的说明，应答者通常以MM/YYYY格式填写日期。在Christian、Dillman和Smyth（2007）的研究中，当问题是“你什么时候开始在华盛顿州立大学学习”并且没有提供格式说明时，几乎90%的受访者以这种格式给出了答案（Christian et al.,2007，调查2）。当访题为“你是何年何月开始学业的？”时，这个比例没有太大变化。显然，日期的填答格式存在着很强的惯例。其次，为文本框提供文字或图形标签会影响答案的格式。当填答框标记为“月”而不是“MM”时，受访者更可能拼出月份的文字，而不太可能以数字形式填答。受访者

译者思考

28. 如何让受访者按照规定格式填写数字信息，如日期、电话号码等？

的回答似乎会模仿标签的格式。第三，将"月"填答框长度设为"年"填答框长度的一半，增加了以预期数字格式填答答案的比例（见表5.2的前两行；差异为55%对63%，具有统计学意义）。

最好的解决方案可能是根本不用受访者填写答案，下拉框似乎比任何开放式填答格式都更适合收集日期信息（Couper et al.,2011）。下拉框产生的正确格式答案的百分比最高，而且它们比任何开放填答格式产生更快的答案。（所有格式都会产生一些数据缺失，这解释了为什么下拉框格式没有产生100%的正确答案。）下拉框之外的所有设计都要求应答者先解读标签，再填写符合要求格式的答案；而下拉框将任务减少到识别、选择列表中的数值。有一点还要注意，除了下拉框之外的其他所有设计都可以在纸面上实现。下拉框需要像网络这样的互动式媒体才能实现（见第6章），因此它的优势代表了网络调查优于纸质调查的优势。

我们还研究了要求填答货币（美元）金额（整数）的开放性访题（Couper et al.,2011；实验2）。当被问及货币金额时，在文本框的左侧有美元符号并且右侧小数点后面是两个零的情况下，受访者更有可能以所要求的格式填写答案。这些图形化的提示清楚地表明，这些问题所要求的货币金额格式是整数。Fuchs（2009）报告了类似的发现。当问题包含"单位"时，纸质问卷的受访者更有可能提供准确答案，而不是大致的估计值（" ______学生"VS" ______"）。答案框似乎也促使准确的答案产生（与空行相比）。

表 5.2 按要求格式填答的百分比，按实验和操纵条件分类

Paper/Study	Conditions	Percent Correctly Formatted (n)
Christian, Dillman, and Smyth (2007)—Survey 1	[ ] [ ] Month Year	55% (367)
	[ ] [ ] Month Year	63% (351)
	[ ] [ ] MM YYYY	91% (438)
	[ ] [ ] MM YYYY	88% (435)
Christian et al. (2007)—Survey 2	[ ] [ ] Month Year	45% (423)
	[ ] [ ] MM YYYY	87% (426)
	Verbal only ("When . . . ?")	89% (393)
	Verbal only ("In what month and year . . . ?")	87% (426)
Christian et al. (2007)—Survey 3	MM YYYY [ ] [ ]	94% (351)
	[ ] MM [ ] YYYY	96% (379)
	MM [ ] YYYY [ ]	93% (352)

续表

Couper, Kennedy, Conrad, and Tourangeau (2011)—Experiment 3	**In what month and year did you last see a medical doctor?** [ ]	74% (2,182)
	In what month and year did you last see a medical doctor? Month: [ ] Year: [ ]	95% (2,160) (42% give numeric response; 53% spell out the month)
	Drop Box	98% (2,220)

Paper/Study	Conditions	Percent Correctly Formatted (n)
Couper et al. (2011)—Experiment 4	**What is your date of birth?** *(Please enter the date in MM/DD/YYYY format)* [ ]	83% (585)
	What is your date of birth? *(Please enter the date in MM/DD/YYYY format)* [ ]	91% (616)
	What is your date of birth? MM DD YYYY [ ] / [ ] / [ ]	96% (616)
	Drop box	98% (583)

总的来说，填答框的大小为获得所要求格式的答案提供了线索，但提示作用相对较弱；其主要对叙述性答案的书写长度有影响（Couper et al.,2011;另见 Smyth,Dillman,Christian and McBride,2009，他们发现填答框的大小对叙述性回答有影响，但仅限于相对较晚才寄回问卷的受访者）。

5.2 图像的影响

如前所述,网络调查比其他数据收集方式更容易向受访者展示照片、图片和其他视觉材料,但很少有研究考察此类材料对最终收集的数据可能产生的影响。尽管许多网络调查大多将图像作为一种装饰,为受访者提供更具吸引力的界面,但有时也将图像作为问题的一个组成部分,帮助受访者确认他们被问及的特定对象(参见 Couper,Tourangeau,and Kenyon,2004)。即使图像仅仅是为了修饰,但它们仍然可以影响访题的应答过程;塑造或者影响应答者对问题的理解,或者改变应答者在作答时考虑的具体因素。一般来说,图像可能形成情景刺激,对应答产生类似于先前问题对当前填答的影响(参见 Tourangeau and Rasinski,1988;Tourangeau,Rips,and Rasinski,2000,第 7 章,关于问题情景效应的文献综述)。在问题次序(question order)实验中通常会发现两种效应:同化效应(后一个问题的答案朝着前一个答案的方向移动)和对比效应(后一个问题的答案朝着与前一个答案相反的方向移动)。

Couper、Tourangeau 和 Kenyon(2004)进行了一项实验,操控了六个调查访题中每个访题的图像内容。每个访题都会询问受访者做某事的频率,例如在过去一年中参加体育活动或在这段时间内进行夜间旅行。这些照片(参见图 5.7 的例子)描述了所调查活动的一些示例。选择这些图片用来代表所调查活动的“低频次行为”或“高频次行为”。一组受访者只接受“高频次行为”示例,另一组只接受“低频次行为”示例。此外,在另外两个实验组中,受访者或者没有收到图

> 译者思考
> 29. 调查问卷中的图像会影响应答者的判断吗?

像,或者同时收到“高频次行为”和“低频次行为”示例。在所有六个调查访题中,受访者收到的图像对他们的答案均具有统计学上的显著影响。总体趋势是,收到“高频次行为”示例的受访者报告的频率高于收到“低频次行为”示例的受访者;在6个访题中,有4个访题的高频示例组和低频示例组之间的差异显著。

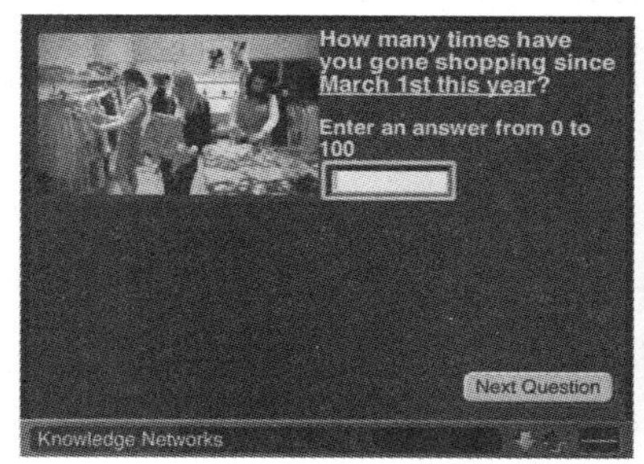

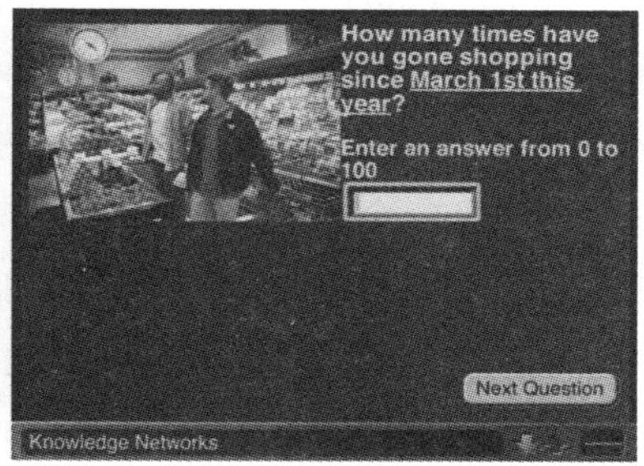

图5.7 Couper、Tourangeau 和 Kenyon(2004)使用的两个图像

注:左侧显示在服装店购物,这是购物活动中“低频次行为”的示例;右侧显示在杂货店购物,属于购物活动中“高频次行为”的示例。一些受访者收到左侧图像,一些人收到右侧图像。实验中的其他受试者或者收到了这两张图像,或者没收到任何一张图像。经 Couper、Tourangeau 和 Kenyon 许可转载,2004。

开放式的回答表明图片中的示例影响了他们对调查类别的理解。例如,两位受访者解释了他们对购物频率问题的应答:

> 你要调查哪种类型的购物我不确定,因为对于不同类型的购物我的购物次数是不一样的。我把它当成闲暇的次数。
>
> 从图片上看,购物意味着购买衣服。如果你包括购买食物——去了大约十次。

第一个受访者没有收到任何照片，第二个被调查者收到一张购买衣服的照片。

Couper、Tourangeau 和 Kenyon 的研究发现，答案朝着照片所展示的图像“移动”，也就是产生了同化效应。这种同化效应反映了图像对受访者如何理解所调查活动以及在回答问题时搜寻具体记忆有影响。我们（Tourangeau,Conrad,Couper and Ye,2011）做的两项研究，结果正如 Couper、Tourangeau 和 Kenyon（2004）报告的一样，也发现了同化效应。在这些研究中，受访者收到了描述不同类别食物的图片。奶酪和黄油、冷冻酸奶和酸奶同属乳制品，前者经常食用，后者不经常食用；收到奶酪和黄油图片会回答本周内多次食用乳制品，收到冷冻酸奶和酸奶图片的受访者会回答本周较少食用乳制品。我们认为，受访者对食物食用频率的估计是建立在他们脑海中的一部分食物消费的基础上，而且当他们进行估算时，图片会改变受访者所联想到的例子。当图片显示经常食用的食物时，对食用频率的估计值会上升；当图片显示不经常食用的食物时，对食用频率的估计值会下降。

Tourangeau 等的研究（2011）也表明，一般来说，图片可能会缩小受访者对调查类别的解读范围。我们的一项研究比较了视觉示例（图片）和文字示例。图片示例一定是具体的。描述“一个苹果”比描述“一个水果”要容易得多。相比之下，文字描述的普遍性更强。我们发现，尽管我们试图选择具有同等普遍性水平的文字和图片示例（见 Tourangeau et al.,2011），但受访者在获得文字示例时倾向于报告他们平均食用了较多调查分类中的食物。

Tourangeau、Couper 和 Steiger（2003）证实了在调查问题之前附加图片会产生情景效应。在他们的研究中，受访者在以自己的方式填答问题的过程中，网络问卷有周期地显示一名调查员的照片和文本信息。例如，在一个实验中，大约三分之一的样本收到来自女性调查员的照片和信息(“嗨!我叫 Darby Miller Steiger。我是这个调查项目的调查员之一。谢谢你参加我的研究”)。另外三分之一的人收到来自一名男性调查员的照片和信息;其余的人只看到带有研究标志(logo)的屏幕。随后的一项重复性研究比较了研究标志(图像)与具有女性调查员特征的照片对调查结果的影响。在这两个实验中,受访者回答了一系列关于女性角色的问题。与收到男性照片或研究标志(图像)的受访者相比,得到女性照片的被访者给出了更多具有女性主义的应答。一张具有魅力、专业形象的女性照片可能触发“亲女性”(pro-women)的反应,使关于女性角色问题的答案朝着女性主义的方向“移动”。

总之,所有的研究(Couper et al.,2004a; Tourangeau et al.,2011; Tourangeau,2003)都呈现出图像会产生同化效应,图片似乎会影响受访者如何解读问题(Couper et al.,2004),或者会影响他们在作答时头脑中的检索内容(Tourangeau et al.,2011;Tourangeau et al.,2003)。

视觉对比效应。另一项工作表明,图像可以作为参照标准,影响受访者的判断。在这些研究中,判断的对象(受访者的自身健康)与照片中描绘的人形成对比。这些实验(Couper,Conrad,and Tourangeau,2007)将照片展示在网络调查中:或是一位躺在病床上的妇女照片,或是一位正在慢跑的年轻妇女的照片(我们使用的照片见图5.8)。此外,实验还改变了图片的位置(图片与调查问题不在一个页面,将其放在调查问题之前的一个页面上;图片与调查问题在一个页面,将其放在调查问题左上方;图片与调查问题在一个页面,将其放在页面顶端的标题中)。我们研究了图片内容和位置对受访者对自身健康评价的影响。我们假设存在判断对比效应(a judgmental contrast effect),也就是说,我们认为当受访者看到慢跑者的照片时,他们会认为自己的健康状况较差;看到患病妇女的照片时,他们会认为健康状况较好。表5.3显示了三个实验的主要结果。在这三种情况下,都发现了预期的对比效应,而且在这三种情况下,图片内容的影响都具有统计学意义。虽然在第一个实验中,当图片出现在标题中时出现了明显相反的结果,但是在第二个和第三个实验中,这种相反的结果并没有重复出现。不过,图片在标题中的对比效应似乎较弱,这可能是由于"横幅盲区"(Benway,1998;Benway and Lane,1998),或者是由于用户具有忽略网页标题内容的倾向。

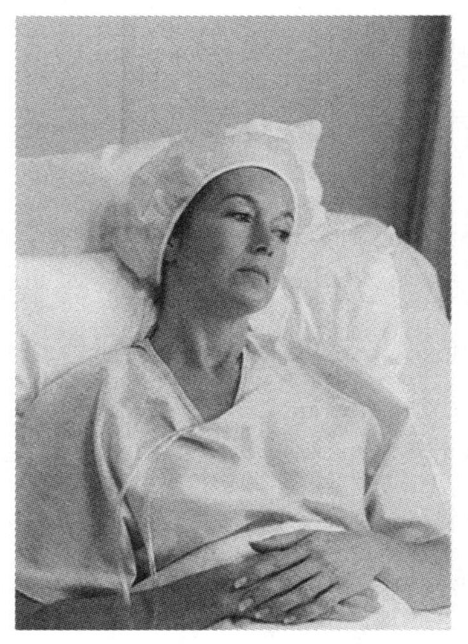

图5.8 Couper、Conrad和Tourangeau(2007)使用的照片

注:受访者在网络调查中收到其中一张图片。这些图片与自我评定健康水平的访题同在一个屏幕上,或者位于屏幕的标题之中,或者位于健康访题之前。

表 5.3　受访者自我评定的健康水平平均得分，按研究和实验条件分类

图片的位置	研究 1		研究 2		研究 3	
	健康女性	生病女性	健康女性	生病女性	健康女性	生病女性
前一个页面中	3.29	2.93	–	–	–	–
标题	3.14	3.29	3.37	3.23	3.66	3.60
问题区域	3.30	3.05	3.41	3.25		
小图片					3.73	3.66
大图片					3.61	3.55

注:数字越低表明自我评定的健康水平越高。

Tourangeau、Couper 和 Galešic(2005)的一项后续研究使用眼球追踪技术来研究图片的位置如何影响受访者观看图片的时间。当图片出现在标题中时,受访者往往会忽略它。图 5.9 显示了两个受访者的眼球停留的轨迹,当照片出现在标题中时受访者没有注视照片,当照片出现在问题旁边时第二个受访者目光停留在图片上。总的来说,当图片呈现在标题中时,受访者眼球停留在图片的频率和总时间都要少于图片呈现在问题之前。这项研究还发现了一些证据,表明图片产生的对比效应仅限于眼球停留在图片的受访者;在从不关注图片的受访者中,有证据表明存在同化效应。

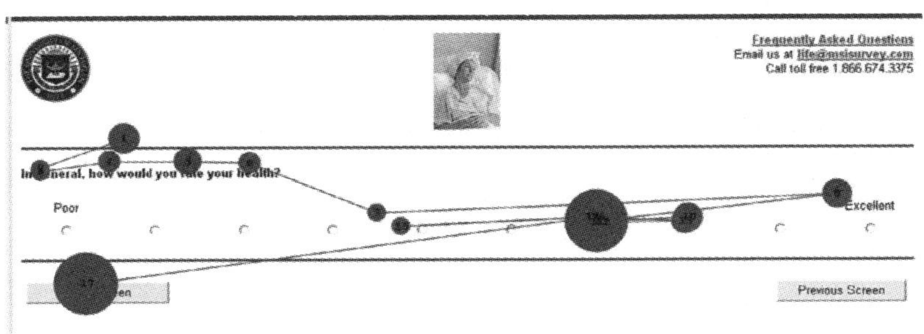

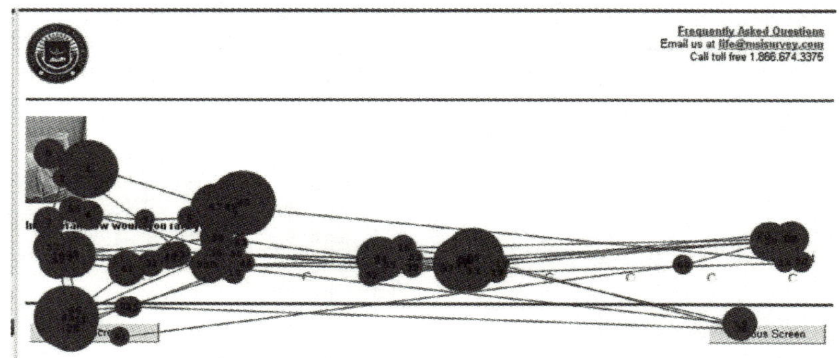

图5.9　使用眼球追踪技术研究中两个受访者的眼球停留的轨迹

注：在上半部分，图片呈现在网页的标题上，受访者目光没有在图片上停留；在下半部分，图片在呈现在访题上方，受访者确实查看了图片。

5.3　可见性的概念

关于图片放置的研究结果支持了一个重要的观点：并非网页上的所有信息都具有同样的可见性（具体指所有信息都被受访者或其他用户同样的察觉和关注）。如果横幅盲区假设（banner blindness hypothesis）成立，那么网页标题部分的信息比其他位置的信息更不具可见性。从屏幕的左上角（标题下面）到右下角，也存在一个大体的可见性梯度。这个梯度反映了用户如何浏览网页上的信息。尼尔森（Nielsen,2006）跟踪记录了200多名用户浏览不同网页时的眼球运动轨迹。总体而言，他们的眼球运动遵循F形图案。用户通常从页面

译者思考

30. 网页中哪些区域容易获得受访者的关注？

顶部开始，水平扫描到右侧，向下移动到页面左侧，再向右扫描，向下移动页面，以此类推。它们向右侧的水平浏览逐渐变短，从而呈现F型。这意味着左上角是网页上最具可见性的区域，右下角是最不具可见性的区域。

应答格式。在线调查使用多种应答格式，包括文本填答框、勾选所有符合项格式（check-all-that-apply items）、网格等，但最常见的两种是单选按钮和下拉框（见第4章）。使用下拉框和单选按钮，不同应答选项的可见性可能会有系统性的不同。

首先讨论下拉框。当应答选项有一长串时，下拉框通常只显示其中的一部分，应答者必须向上或向下滚动才能看到剩余的选项。显然，最初显示的应答选项比隐藏的选项更有可见性，因此，更有可能被选中。即使使用其他一些问题设计格式（如图5.10），应答选项也可能并非全部具有同样的可见性。应答选项需要单击才能显示，受访者似乎更关注较早出现的选项，而较少关注较晚出现的选项（例如，参见下面的图5.10，摘自Galešic，Tourangeau，Couper，and Conrad，2009）。

受访者对答案选择的关注程度不同可能导致应答次序效应（response order effects）。应答次序效应在调查中很常见（参见Holbrook，Krosnick，Moore，and Tourangeau，2007，最近对电话调查中应答次序效应的分析）。应答次序效应是指由于答案选择在答案列表中的位置而引起的应答选项受欢迎程度的变化。应答次序效应主要有两种形式：有时在列表开头的应答选项更受欢迎，这是首呈效应；有时在列表结束的应答选项更受欢迎，这是近呈效应。首呈效应在依赖视

译者思考

31. 受访者会对所有的应答选项给予同等的关注吗？应答选项的显示格式会影响受访者填答问卷吗？

觉渠道的调查中经常出现,包括网络调查。对应答次序效应解释基于两个主要假设:第一,受访者对他们首先看到的应答选项比后来看到的应答选项考虑得更深入;第二,他们更可能选择他们深入考虑过的应答选项,而不是那些他们较少考虑的应答选项①。对靠后应答选项关注逐渐减少,这部分地解释了为何受访者首先看到的应答选项更受欢迎。在视觉调查中,受访者可能会按照应答选项呈现的顺序考虑答案,而在听觉调查中,他们可能会首先考虑他们听到的最后一个应答选项(Krosnick,1999)。

我们的一项研究探讨了应答选项的相对可见性如何影响网络调查中的首呈效应的大小(Couper, Tourangeau, Conrad, and Crawford, 2004)。这项研究比较了三种应答选项呈现格式:单选按钮(在屏幕上显示所有应答选项),最初不显示任何应答选项但要求应答者单击以查看应答选项的下拉框格式(不显示应答选项下拉框格式)和最初显示五个应答选项、另外五个隐藏的下拉框格式(显示五个选项下拉框格式)(见图5.10)。我们研究了两个调查访题的应答,一个是询问关于早餐的问题(该访题如图5.10所示),另一个是购买汽车的类似调查。除了控制了应答选项的呈现格式外,实验还控制了应答选项的顺序。为大约一半的受访者呈现的应答选项顺序如图所示,以"蛋白质"开头,以"维生素E"结尾;对其余的人呈现的答案顺序则相反。无论应答选项的顺序如何,"以上都不是"总是排在最

①受访者可能倾向于选择他们更深入思考的选项,这有两个原因。首先,受访者对自我做出选择的要求较低(或者说,做出选择的阈值较低)。例如,他们可能选择他们认为似乎是可接受的答案中(而不是最佳答案)的第一个选项,并在他们找到这个答案后不再考虑其他答案。或者,他们可能倾向于认真考虑选择一个选项的原因,表现出"确认性偏差"(confirmatory bias),而不是考虑拒绝它的原因;根据这一说法,最先被考虑的选项有优势,因为受访者的记忆能力有限,当他们的脑子里装满了要选择答案选项的选择理由时,不会产生选择后面答案选项的理由。Krosnick(1999),Sudman、Bradburn和Schwarz(1996),以及Tourangeau、Rips和Rasinski(2000,第8章)都对应答次序效应进行了更为广泛的理论讨论。

后。购车调查访题的实验遵循类似的设计。

为了评估次序效应,我们考察了选择“蛋白质”到“纤维”应答选项受访者的百分比。表5.4显示了实验的主要结果。所有三种应答选项呈现格式都存在首呈效应;也就是说,在这三种应答选项呈现方式中,受访者都更有可能在前五个应答选项中选择其中一项(而不是后五个应答选项中的一项)。但次序效应在“显示五个选项下拉框格式”这一组中表现得最大。从一开始就可见的选项比那些最初不可见的选项被选择的比例高出27.4%。购车调查的实验结果与此相似,尽管差异没有这么大(详见Couper et al,,2004b)。对于这两个调查实验,应答选项设计格式与答案顺序变量有显著的交互作用。

(a) Drop Box Version of the Item with Five Options Visible

Which of the following nutrients is most important to you when selecting breakfast cereal? *(Please select one)*

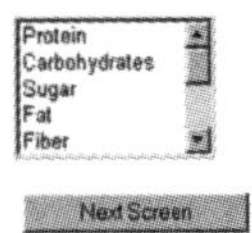

Next Screen

Previous Screen

(b) Drop Box Version of the Item with No Options Visible, Before Clicking

Which of the following nutrients is most important to you when selecting breakfast cereal? *(Please select one)*

Please select one

Next Screen

Previous Screen

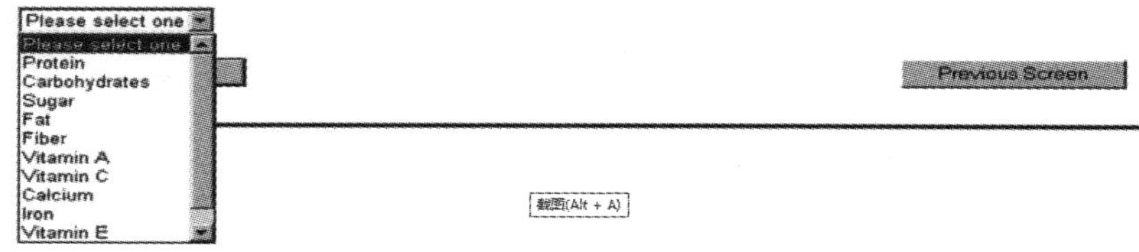

图5.10　关于早餐调查的两个版本

注：图中(a)部分显示最初显示五个应答选项、另外五个隐藏的下拉框格式；(b)部分显示传统的下拉框格式，受访者点击显示所有选项前的格式；(c)部分显示受访者点击后的下拉框格式。受访者还可以选择"以上都不是"选项(在两个下拉框中都隐藏)。经Galešic等人许可转载，2009年。

表5.4　应答选项的百分比（样本量），按应答选项顺序与格式交叉列表

应答选项顺序	在屏幕上显示所有应答选项	不显示应答选项下拉框格式	显示五个应答选项下拉框格式
蛋白质到维生素E	61.4(395)	60.0(422)	67.6(433)
维生素E到蛋白质	50.4(433)	54.9(437)	40.2(440)
差异	11.0	5.1	27.4

注：百分比是指从"蛋白质"到"纤维"选择其中一个选项的受访者比例。第一行显示在一种应答选项顺序情况下的选择前五个选项的百分比；第二行显示在另一种应答选项顺序情况下的选择后五个选项的百分比。

应答选项顺序与可见性。Nielsen的眼球追踪研究结果表明，当人们从屏幕的顶部到底部，从左到右进行时，可见性可能普遍呈现下降趋势。(当然，纸质页面的可见性也可能出现类似的衰减趋势。)

连续型应答选项是否也显示出可见性下降的趋势？Galešic、Tourangeau、Couper和Conrad（2009）的一项研究表明，垂直显示的应答选项存在梯度可见性。他们追踪记录了受访者在完成网络调查时的眼球运动轨迹。受访者停留在后面选项和花在后面选项的总计时间比前面的要少。图5.11显示两个典型受访者的眼睛跟踪结果。两位受访者更频繁地停留在列表顶部附近的选项（图中红色区域表示更频繁的停留，绿色区域表示更少的停留）而不是底部的选项，即使是第二个受访者（他眼球停留的轨迹在图5.11的下半部分展示）从列表的后半部分中选择了一个选项。总体而言，受访者在选项列表前半部分的应答选项平均停留的次数和时间均显著高于下半部分。

（a）从上半部分选项中选择答案受访者的停留轨迹

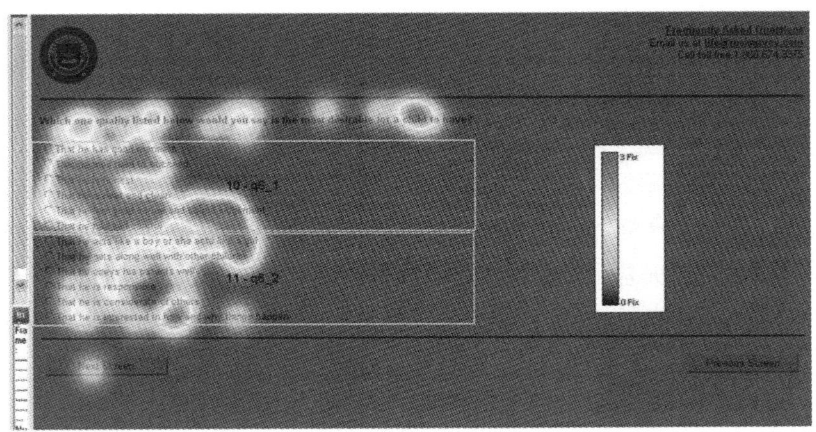

(b)从下半部分选项中选择答案受访者的停留轨迹

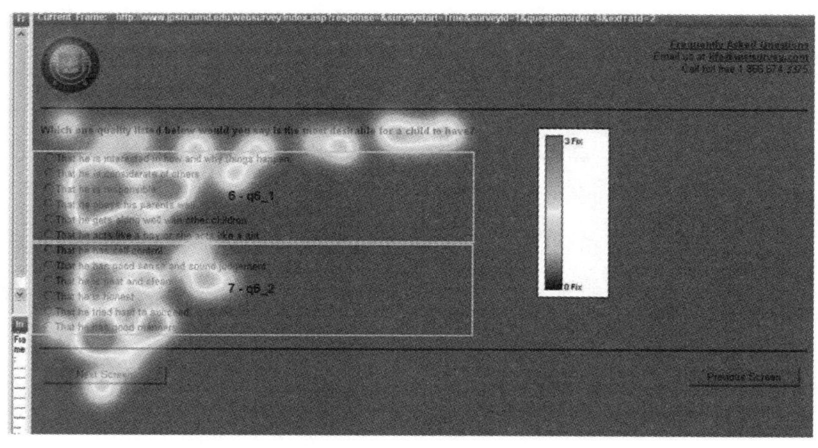

图 5. 11 “热点”轨迹图

注:“热点”显示从前六个选项中选择一个选项的受访者的停留轨迹(上部分)和从后六个选项中选择一个选项的受访者的停留轨迹(下部分)

这些关于应答选项格式和应答选项次序的结果表明,影响应答选项可见性的两个决定因素是受访者是否必须采取措施才能使应答选项显示在屏幕上(如下拉框一样)以及应答选项呈现在选项列表中的位置。查看一个应答选项所需的工作量越大,它就越不可见;应答选项在列表中越向下,它的可见性就越低。

定义的可见性。对网络调查中受访者使用定义的研究也说明了屏幕上信息可见性的重要作用。调查访题中通常包含受访者不熟悉的或不使用的专业术语。大量证据表明,受访者经常误解调查问题(例如,Belson,1981;Suessbrick,Schober,and Conrad,2000)。一种可能的解决办法是为问题中的关键术语提供定义。这一措施的关键是让受访者注意并阅读所提供的定义。受访者可能认为他们不需要这些定义,特别是当问题看似熟悉时。Tourangeau、Conrad、Arens、Fricker、

Lee 和 Smith（2006）表明，相当多的受访者忽略了调查中对“残疾”一词相对技术性的定义，而是依赖于他们对该词的日常认识。这些研究发现清楚地表明，不仅要向受访者提供帮助性定义，更要让他们阅读并使用这些定义。

Conrad、Couper、Tourangeau 和 Peytchev（2006；另见 Peytchev,Conrad,Couper,and Tourangeau,2010）采用实验研究比较了让受访者访问定义的几种方法。在这些研究中，很少有受访者费心地去访问这些定义，但如果访问容易的话，他们更有可能访问这些定义。定义呈现方式的可见性按以下顺序排列：1）定义始终在屏幕上（只需要受访者的眼睛移动）；2）翻转①（只需要移动鼠标）；3）单击一次（同时移动鼠标和单击访题）；4）单击两次（需要移动鼠标和两次单击）；5）单击并滚动（需要移动鼠标和至少两次单击）。结论一点不意外，当定义更具可见性时，更容易受到受访者的关注。我们将在第 6 章中对定义的显示问题进行更详细的讨论。

结论。网络调查的受访者（或者更普遍地说，网络用户）更倾向于使用他们能轻易看到的信息，而不是隐藏的信息或在完全可见之前需要采取某些行动的信息。对受访者使用（和不使用）定义的研究支持这样一个普遍结论：调查信息可见性越小，被受访者查看的可能性越小。并且，正如 Gray 和 Fu（2004）的研究所表明的那样，用户甚至拒绝移动眼球去查看这些帮助信息，从而使这些信息基本上不具可见性。

信息的可见性可能受到大量其他变量的影响（例如，参见 Ware,2004），至少包括：

信息在页面上的位置，如“横幅盲区”现象（见 Benway,1998；另见 Nielsen,2006）；

---

①指鼠标移到某个词语或区域后自动显示定义。——译者注

信息在选项列表中的位置（例如，应答选项列表；Couper, Tourangeau,Conrad,and Crawford,2004）；

访题的固有特征，例如尺寸、亮度、与背景的对比度，以及是否移动或变化（Ware,2004）。

5.4 小结

网络拓展了调查的视觉可能性,远远超出了传统纸质调查问卷的范围。本章回顾了关于受访者如何受到网络问卷视觉特征影响的证据。受访者使用视觉标签,如间距和颜色,来帮助他们区分量表点的含义。此外,应答选项在列表中的位置或其在屏幕上的位置可能会影响问题被评价的等级。受访者在作答量表时会自带各种假设,如假设量表选项按照某种逻辑顺序排列、间距相等,以及在双极量表中选项围绕中点对称排列。受访者还使用视觉和图形标签(例如,填答框和相关标签的数量)帮助他们决定如何使用哪种格式填答开放性问题,例如日期或金额。两种类型的标签似乎都有助于让受访者以预期的格式给出答案。很清楚,量表的设计应该与相关的视觉标签相一致,并且与受访者解读量表的方式相一致。例如,如果研究人员希望应答选项间距相等且对称,则应确保选项以这种方式显示在屏幕上。

网络调查使调查更容易地合并照片、图形和其他图像,这些可能形成强大的情境效应,影响受访者如何理解问题、他们在构想答案时考虑什么以及他们在作出判断时遵循的标准。没有理由认为图像在受访者形成答案时比调查问题的影响力更小,因此,如果不明确图像的作用,需要非常小心地选择或完全避免将其放入调查问卷中。

屏幕上信息的位置是影响其可见性或受访者注意到并关注它的可能性的几个变量之一。屏幕的某些区域(如横幅)不太可能被注意到,并且从屏幕左上角到右下角可能存在可见性梯度。如果受访者必须执行某些操作才能使信息可见,则他们更不可能看到和使用信息。

尽管如此,信息高度可见并不能保证受访者会以研究人员的意图使用信息。事实上,正如对颜色研究表明的那样,可见性信息可能造成适得其反的结果,误导受访者对研究人员的意图的理解(参见Redline,Tourangeau,Couper,and Conrad,2009)。更一般地,受访者持有解读假设(presumption of interpretability)(Clark and Schober,1991)——也就是说,他们预期视觉材料是有意义和相关的。他们试图解读视觉标签,他们的理解可能与研究人员的意图一致,也可能不一致。对调查目标不重要的图片、颜色和其他对视觉材料应该仔细测试,确保它们不会误导受访者;或者,应该完全避免使用他们。

6.

互动功能与测量误差

网络调查是一种异常多样化和具有丰富功能的调查模式。事实上,它根本不是单一模式,而是一种具有多模式的沟通媒介。这给调查设计人员提供了多种选择。他们可以像纸质问卷一样以文本的方式呈现问题;他们可以添加视觉图像(纸质问卷可以,但在线问卷更容易、更便宜);他们可以通过录音提出问题;或者他们可以设计使用录像作为访问员提出问题,给调查带来面对面访问的感觉。当网络问卷对受访者的行为做出反馈时,网络调查和面对面调查的相似性增加。例如,如果受访者在给定的时间内处于非活动状态,网络调查能够进一步提供"说明"澄清问题。这可以为问卷带来生命度和意向性的感觉,使受访者的体验与填写静态的纸质或网络问卷有质的不同。

本章探讨了利用网络的互动功能来收集调查数据。在网络问卷中添加互动功能有几个可能的原因。首先,与许多不断发展的技术

译者思考

32. 何为网络调查的互动功能?它能消除测量误差吗?

一样，网络调查设计人员有时会仅仅因为网络问卷能实现互动，而在问卷中内置互动功能。如动画形式的文本问题，问题可以一个字符一个字符地呈现或以三维旋转形式呈现。设计人员可能会使用这些技术来增加问卷的视觉吸引力，或使受访者感觉填答任务更有趣。其次，有时静态模式中使用的技术应用到网络中本身就具有互动功能。例如，视觉类比量表在纸质问卷中（例如，百分等级量表）已经使用很长时间。在网络环境中的视觉类比量表，应答者通常操作一个滑动条来填答他们的答案；视觉类比量表自带一个动态指示器（有时是数字值），与应答者鼠标轨迹同步移动。第三，有些技术，由于其具有互动功能，实际上只能在在线问卷中实现。例如，在网络调查中允许受访者选择具有特定特征（例如年龄、种族或性别）的虚拟访问员。而传统的面对面调查，这种选择几乎没有先例（例外情况见 Catania,Binson,Canchola,Pollack,Hauck,and Coates,1996）。使用互动式问卷的最后一个原因是为了检验当网络调查使用互动功能创建与其他调查模式相似的条件时，在网络调查中是否也能观察到在其他模式中发现的现象。例如，Fuchs（2009）研究了使用录像采访是否像面对面访问一样——访问员的性别会影响与性别相关问题的应答。

网络调查设计者有时试图利用网络的互动功能来降低测量误差、减少“中止填答”或产生一些其他期望的结果。例如，可以相对容易地通过单击或移动鼠标将关键术语的定义提供给应答者。按需定义（definitions-on-demand）可以帮助受访者理解容易混淆的问题，从而提高回答的准确性（Conrad,Schober,and Coiner,2007）。此外，网络问卷可以通过编程为应答者在出现困惑时提供帮助；这提高了受访者的理解和应答的准确性（Conrad et al.,2007）。互动功能也可以用来阻止与低质量数据相关的应答行为。例如，网络调查问卷可以向应答速度很快的受访者（“超速者”）发送信息，请求他们花更多的时间。这些干预措施已经被证明可以使受访者放慢速度（Conrad、

Tourangeau、Couper 和 Zhang,正在准备中)。

问题在于互动功能不一定会发挥预期的效果。有时,就像定义一样,受访者并不经常使用这一功能。有些时候,结果适得其反。正如我们将在6.2节中看到的那样,这通常与进度标识一起发生。本章回顾了我们所知道的在网络调查中尝试的各种互动功能的有效性,评估它们对完成率、测量误差以及其他与调查误差相关结果的影响。

6.1 互动的维度

首先,有必要先探讨一下我们所说的"互动"。互动功能包括动态功能,也就是说,向应答者呈现的某种移动和变化的功能。它们还包括响应用户操作的功能。这种响应功能的最完整形式是逐项交流,如电话语音对话系统(telephone speech dialogue systems)(用户讲话、系统讲话、用户再次讲话……的互动对话)。然而,在网络调查的互动中,通常只有一个或两个回合的互动(例如,受访者单击一个单选按钮,然后单击"下一步"按钮);互动,正如我们所使用的术语,并不需要扩展交流的回合。网络调查中的一些响应功能可能会被间断性的应答行为调用;例如,当用户的行为表明他(或她)有困难时,帮助功能可能就会被触发。这些功能是响应性的,由特定的应答行为引发的。一般来说,自动式问卷的许多功能(不仅仅网络问卷独有)都是响应性的[①](responsive),如跳转、填充、编辑检查、条件分支(conditional branching)等,这些功能通常都可以在网络问卷中实现。无响应的动态功能不管用户如何操作,都会按前期设定改变显示的

①在本章中,responsive 翻译成具有响应性的,responsiveness 翻译成响应性,具体指网络问卷会根据受访者的行为做出相应的反应。——译者注

内容。响应性功能根据用户的特定操作采取行动;它们也是动态的,因用户的行动引起变化。

我们还区分了模拟人类属性或行为的功能和非类人型功能。例如,人类访问员可以甄别出受访者在理解上存在哪些困难,网络问卷模拟了这种能力,使其具有类人型功能。与人类相比,计算机能够很容易地持续记录答案,而且它们比人类的访问员记录得更精确;因此,我们认为这个功能属于机械型。我们将类人型功能(human-like feature)与机械型功能(machine-like feature)区分开来,因为类人型互动可能会改变填答网络调查的体验,使其更像是面对面访问的经历。

两个维度——响应性(responsiveness)与人性化(humanness),定义了互动功能空间。一种功能对测量的作用可能受其所在情境的影响。例如,响应性和类人型功能在提高受访者的表现方面可能特别有效。让我们来考虑一个让速度放慢并增加思考时间的"提示"。回答者可能会注意到这样的提示,因为这种提示显然是由他们的填答行为触发的,也因为这一提示反映了他人对受访者的行为进行了评估。

使用录像充当访问员提问不具响应性;播放录像时,无论被采访者做了什么,都不会根据访问员的行为而变化。但录像的内容肯定是被识别为一个人类访问员,所以这个功能是动态的和类人型的。其他功能与刚才提到的"录像"访问员非常相似,但显示的内容看起来或听起来不像人类访问员。我们将它们分为动态性和机器性(dynamic and machine-like)。一个例子是使用视频向受访者提供信息。一项研究(Heinberg,Hung,Kapteyn,Lusardi,and Yoong,2010)向受访者展示了两段视频(video vignette),一个是一对夫妇讨论了财务决策,另一个是夫妇中的一人向另一人解释了金融概念。随后,调查人员测试了受访者对金融概念的理解。使用视频方法向受访者传达概念是有效的,但似乎没有提高他们的任务表现。但是,具有响应性、机械性的功能，例如自动计数，很可能提高受访者的表现。

6.2 响应性、机器性功能

我们首先从具有响应性和机械性的一些功能来探究网络调查的互动功能。我们关注五个这样的功能：进度标识（progress indicator）、计数器（running tally）、视觉类比量表（visual analog scale）、互动网格（interactive grid）和按需定义（on-demand definition）。

6.2.1 进度标识

许多网络调查问卷每页呈现一到两个问题，受访者会在提交他们的答案后进入下一页。使用分页设计的潜在缺点是，它无法让受访者了解问卷已经完成了多少，还剩下多少（Peytchev，Couper，McCabe，and Crawford，2006；另见第 4 章）。为了弥补这些信息的缺失，设计人员有时会添加进度标识，如使用图形条为受访者显示他们完成了多少问题，或使用文本（例如，"13% 完成"）提供反馈信息。进度标识具有响应性，因为它们随着受访者从一页到另一页的进程而变化；它们也具有机器性，因为它们传达了访问员通常不会传达的信息（除了偶尔的未准备的解释，比如"我们差不多完成了"）。设置进度标识的假定似乎是受访者希望知道他们在调查问卷中的位置，并且提供这些信息将增加他们完成调查的可能性。

早期的研究。早期对进度标识影响的实证研究结论并不一致。

译者思考

33. 在什么情况下进度标识才能提高网络调查的完成率？

Couper、Traugott 和 Lamias(2001)发现,使用进度标识与不使用进度标识在完成率上没有差异;但他们指出,考虑到那时互联网连接速度缓慢,进度标识的潜在优势可能被下载反馈图形所需的额外时间抵消了。Crawford、Couper 和 Lamias(2001)的一项相关研究表明,在控制下载时间的情况下,使用进度标识时的完成率低于未使用进度标识时的完成率。他们观察到,许多"中止填答"都发生在开放性问题上,显然是因为输入答案比从一组已有选项中选择一个答案要更为麻烦。在后续实验中,他们放弃了开放性问题,并观察到使用进度标识,完成率有了不大但可靠的提高。因此,这些早期关于进度标识对完成填答影响的研究结论不同,有的可以提高完成率,有的降低完成率,有的没有影响。

随后的研究表明,进度标识对完成率的影响取决于其他几个变量,包括问卷的实际与预期长度、进度显示的速度、反馈频率和问题的难度。取决于这些变量的组合,进度标识可以增加"中止填答",也可以减少"中止填答"。这项研究的一个关键发现是,进度标识在提供令人鼓舞的反馈时会提高完成率,但在提供令人沮丧的反馈时会降低完成率。

预期与实际长度。让我们考虑一下问卷的长度。填答问卷过程中,"快速"的进度比"缓慢"的进度更具鼓励性。对于相对较短的问卷,进度标识通常会传递给受访者,他们在完成任务过程中取得了良好的进展,这应该比没有进度标识产生更少的"中止填答"。然而,对于较长的问卷,进度标识可能传达的信息仅仅是任务还要持续多长时间,这可能比没有进度标识产生更多的"中止填答"。Yan、Conrad、Tourangeau 和 Couper(2011)通过比较包含 101 个访题问卷的"中止填答"率和包含 155 个访题问卷的"中止填答"率,证明了使用进度标识与问卷长度之间存在交互作用;较长问卷包括 101 个访题(较短问卷由这 101 个访题组成)和 54 个附加访题。在较短的调查问卷中，使用进度标识的问卷“中止填答”率为9.8%，但未使用进度标识的问卷“中止填答”率为12.2%。在较长的问卷调查中，情况正好相反：在未使用进度标识的情况下，15.8%的受访者“中止填答”；而在使用进度标识的情况下，17.3%的受访者“中止填答”。

对进度的感觉是快还是慢，可能取决于受访者对填答时间的预期。众所周知，这种期望会影响任务似乎要花多长时间（例如，Boltz，1993）。在Crawford、Couper和Lamias（2001）的早期研究中，受访者被告知调查任务将持续8~10分钟或者20分钟。在这项研究中，总体上进度标识的存在降低了完成率，但当受访者被告知任务将持续20分钟时，这种影响更为严重。据推测，即使受访者预期调查会持续20分钟，但在进度反馈表明调查可能花费更长的时间时，他们也会感到被欺骗。承诺时间与实际时间的不匹配主要出现在调查问卷中的前几个问题，这些问题属于开放性问题；这些访题约占所有访题的20%，但受访者最终花费的时间占总时间的50%。因此，如果应答者从前面的访题中推断完成调查的时间超过邀请时告知的时间，就会增加“中止填答”。

Yan和她的合著者（2011）的实验也证实了类似的现象。在这项研究中，研究人员通过在邀请邮件中“低估”或“夸大”完成问卷的时间来控制受访者对完成问卷时间的预期。具体地说，他们邀请网络追踪样本成员填答前文所述问卷的“短”版本（101题）或“长”版本（155题）。对于“短”问卷，“低估”的完成时间为5分钟，“夸大”的完成时间为25分钟；对于“长”问卷，“低估”的完成时间为10分钟，“夸大”的完成时间为40分钟。一半的受访者收到的调查问卷带有进度标识，另一半的受访者收到的调查问卷没有进度标识。创建了一个2×2×2（问卷长度×预期完成时间×进度标识）的实验设计。“中止填答”率如图6.1所示[①]。当邀请函告知完成时间很“短”，而问卷实际

①原书引用的图6.1有错误，根据其引用的论文进行了修改。——译者注

上也很短时(图6.1中最右边的一对条形图),相对于没有进度标识(12.1%),使用进度标识减少了“中止填答”(8.2%),这表明当受访者预期为低付出(low-effort),并且反馈与预期一致时,与没有得到任何反馈的受访者相比,不太可能“中止填答”。因此,在这种情况下,进度标识起了作用。相反,当受访者预期任务很长,并且进度反馈证实了这一预期时(最左边的两个条形图),进度指标没有帮助,进度标识都没有显示出优势;并且,事实上,使用进度标识的情况下,“中止填答”率比没有使用进度标识的情况下高(16.3%对12.1%),但不显著。与没有得到进度反馈的受访者相比,得到进度反馈的受访者“中止填答”发生的时间要更早,这进一步表明,当进度反馈证实了“负面预期”时,进度反馈可能成为影响问卷完成的抑制因素。

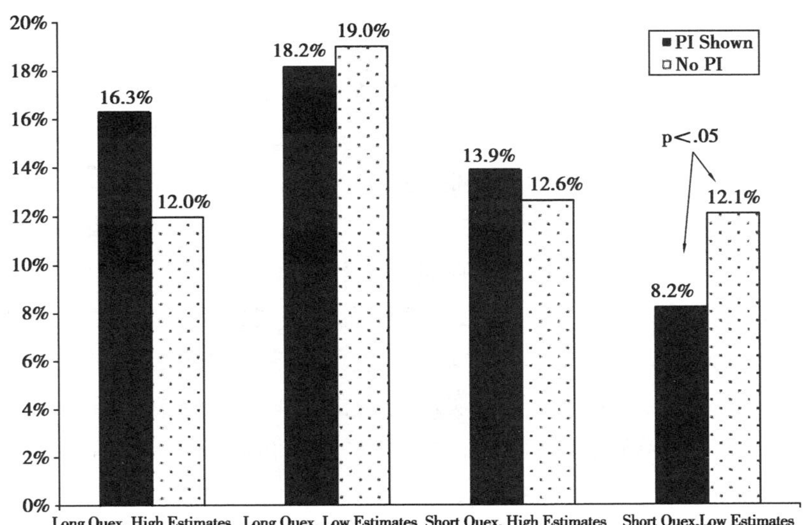

图6.1 Yan等八种实验条件下的“中止填答”率

注:这项研究控制了问卷的实际长度和预期长度;此外,它还控制了是否显示进度标识(实心条形图代表显示进度标识,点状条形图代表未显示进度标识)。经Yan等人许可转载,2011。

进度标识不一定会加剧“违反预期填答时间”所带来的影响。Heerwegh和Loosveldt(2006)邀请受访者参加“大约20到25分钟”或“尽可能短”的调查。实际持续时间在36到40分钟之间。声称的完成调查时间、进度标识以及他们的组合都不会影响问卷的完成情况。我们不知道如果实验者夸大了完成时间,进度标识是否有帮助,但显然,当完成调查时间被低估时,进度反馈没有帮助。

进度显示的速度。在填答问卷过程中,调查前期的填答速度可能要比后期重要,因为正如我们在第3章中所说,受访者根据他们早期的填答经历来决定是否完成任务。为了验证这一观点,我们(Conrad,Couper,Tourangeau,and Peytchev,2005,2010)控制了两个不同的进度标识,以便在调查前期向受访者传达进度的“快”或“慢”。当调查前期进度快,则后期进度慢;当调查前期进度慢,则后期进度快。我们称第一个为“从快到慢”进度标识,第二个为“从慢到快”进度标识。第三个进度标识在整个填答问卷的过程中显示恒定速度。当前期反馈显示进度“快”时,与前期反馈显示进度“慢”时(21.8%)相比,“中止填答”的受访者减少了(11.3%)。研究还表明,调查前期的鼓励性信息①产生了其他的积极影响。当进度标识显示早期进度“快”时,与进度标识显示早期进度“慢”相比,受访者对调查问卷评价更有兴趣,并且,他们认为调查所需的时间更少。这个发现反映了前期反馈对受访者主观体验有重要的影响。实际上,前期反馈显示“快”的受访者填答问卷实际花费的时间更长。在Heerwegh和Loosveldt(2006)的研究中,“从快到慢”的进度标识使数据的缺失率更低(与没有进度标识相比)。

Matzat、Snijders和van der Horst(2009)一项生存分析中证实了前期进度反馈的“持续性”影响,他们的证据表明问卷中25个“检验点”(check points)中出“中止填答”的可能性并不相同。他们使用了与

①指进度标识显示进度比较快。——译者注

Conrad及其同事相似的进度标识(Conrad et al.,2005,2010),但没有发现任何证据表明前期反馈的影响在随后减弱;“从慢到快”的进度标识在整个调查问卷中持续地增加了“中止填答”。前期鼓励性的反馈能够减少受访者在遇到困难问题时“中止填答”的比例。在我们的研究中,受访者回答了关于汽车所有权的封闭式或开放式问题;封闭式问题比开放式问题更容易回答。在封闭式问题版本中,不论进度标识的类型如何,“中止填答”都非常少见。而在开放式问题版本中,不论进度标识的类型如何,“中止填答”都是相对常见的,除非受访者一开始填答的就很快。前期鼓励性进度反馈的好处似乎不仅包括减少“中止填答”和改善受访者主观体验,而且还包括应减小困难填答任务的影响。

鉴于有些问题比其他问题更难回答,最好从总体工作量的角度来计算进度,而不是从问题的数量角度来计算进度。在Crawford和他的同事(2001)的研究中,受访者花在前期问题上的时间远远多于后期问题,因为前期问题为开放式问题,而后期问题则是封闭式问题。结果,进度反馈(基于完成的问题数量)产生了一个非必要的令人沮丧的结果。这表明,如果进度反馈使用相对单位[①]来描述任务进程,而不是使用完成多少问题或页码,则进度反馈可能更准确,并且可能会更具鼓励性。完成时间是总体工作量的一个合理替代物,可以从前测数据中得出。

进度信息的呈现频率。调查设计者可能并不知道进度反馈会被认为是令人鼓舞的还是令人沮丧的(这取决于我们以前讨论过的诸多因素),最大限度地发挥鼓励性信息的正向反馈、最低程度地减少非鼓励性信息的负向反馈是理想的状态。可以通过间歇性地显示进度标识来实现此目标。如果信息不具有鼓励性,那么在每一个页面上显示它将会产生负向的反馈,强化受访者进度缓慢的感觉。因

①如完成任务时间的百分比。——译者注

此,不那么频繁地显示进度标识可能会减少其对完成率的负面影响。此外,即使进度很慢,当进度标识间歇性显示时,填答进度要比在每页都显示进度标识时显得更快。因此,与间歇性地显示非鼓励性反馈相比,频繁地显示非鼓励性反馈可能会增加中止填答。

间歇性地显示鼓励性的反馈信息也可能提高完成率。如果每页显示的进度反馈都是令人鼓舞的,那么间歇性显示进度标识,进度的变化程度会更大,这至少与每页都显示反馈一样具有激励作用。

Conrad和他的同事(2010)测试了在调查早期不同速度的调查反馈情况下,三种频率的进度反馈的"效应"。更具体地说,三种频率的进度反馈为:在每页上始终显示反馈信息("始终显示"),在12个分节的每一节显示反馈信息("间歇显示"),或者很少显示反馈信息("按需显示",需要受访者访问获得,但受访者几乎从未访问过)。他们还控制了调查早期进度反馈的速度,分别为反馈令人鼓舞的("从快到慢")、令人沮丧的("从慢到快")或中立的("恒定速度")。结果如图6.2所示。当始终显示令人沮丧的反馈(图的左侧)时,中止填答率处于最高水平;当间歇(间歇显示)或很少(按需显示)显示反馈时,中止填答率明显减少。这表明,非鼓励性信息反馈的负向作用可以通过减少进度反馈的显示频率来消解。相比之下,反馈信息为鼓励性的(图的右侧)情况下,中止填答率较低,无论进度反馈是始终显示、间歇显示,还是按需显示。这表明鼓励性的反馈在任何频率的反馈下都具有高度激励性。因此,从这项研究(Conrad et al.,2010)来看,间歇性反馈信息减少了非鼓励性反馈对完成率的不利影响,而又不影响鼓励性反馈的作用。

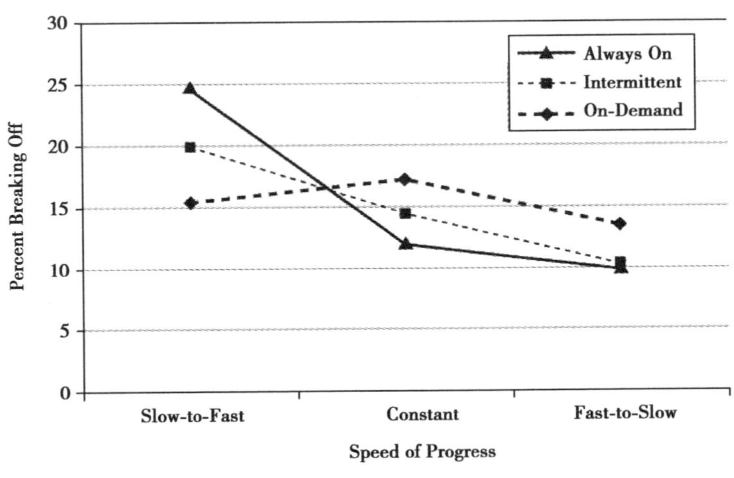

图 6.2　关于中止填答的函数

注:中止填答是进度反馈频率和进度速度的函数。经 Conrad、Couper、Tourangeau 和 Peytchev 许可转载,2010,实验 2。

动态进度标识。到目前为止,我们所讨论的进度标识的响应性很小,因为它对所有的应答者都使用从一页到下一页或从一个问题到下一个问题完全相同的递进方式。这种递进方式之所以可能,是因为这些研究中的问卷没有跳转设置,也就是说,每个人都回答了问卷中的所有问题。这简化了进度的计算,因为所有受访者的回答访题总数都是相同的。但是跳转设置在实践中十分常见,如果仍然使用问题总数作为计算进度百分比的分母,它们可能会导致访题之间的进度出现较大的"跳跃"。相对于之前较小、均匀的递进方式,进度标识似乎突然向前"跳跃"。Heerwegh 和 Loosveldt(2006,p.200)研究了这种不连续的进度标识。糟糕的是,如果受访者要跳转很多问题,那么带有很多跳转设置的问卷可能会在填写早期产生一种进度缓慢的错觉。

Kaczmirek(2009)提出了“平滑”这一不连续变化的方法,即将不连续变化分散到问卷的剩余页面上。当被调查者“跳过”几个问题时,问卷实际上更短了,Kaczmirek使用“动态”方法重新计算总页数和当前页数。假设包含30个访题的问卷跳转设置使受访者从问题4“跳到”问题8。按照通常的方法,受访者的完成进度将从13%提高到27%,这是一个很大的飞跃。但使用动态方法,传送给受访者的问题被重新定义为问题5(而不是问题8),问题总数将减少到26个。基于Kaczmirek的方法,进度反馈将从13%的完成率变为17%,跳转后进度大约增加4%。Kaczmirek检验了动态计算方法,发现它比静态方法减少了近6%的“中止填答”。虽然这一差别不显著,但它表明,动态计算进度可能有好处。在Kaczmirek的研究中,只有一个跳转设置,但是在一个复杂的产品调查中,问卷中可能有许多跳转设置,产生多种可能的路径。除非进度是动态计算的,否则反馈看上去突然发生“跳跃”,并且没有任何显而易见的原因来解释“跳跃”的产生。

关于进度标识研究的小结。表6.1总结了已发表的关于进度标识与“中止填答”的研究发现。Callegaro、Villar和Yang(2011)对表6.1中的研究和一些未发表的研究进行了荟萃分析。他们的结论在很大程度上符合我们对这一研究的归纳总结。首先,恒速进度标识不会减少“中止填答”,甚至可能会增加“中止填答”,尽管不显著。其次,他们还发现,在所有的研究中,相对于没有进度标识,前期进度“快速”会减少“中止填答”,而前期进度“缓慢”会增加“中止填答”。调查问卷中前期反馈的重要性与第3章中提出的“初步决定—重新考虑”中止填答模型(sample-decide-reconsider model of breakoffs)相符,该模型假设受访者根据其前期的调查经历做出填写调查问卷的暂时性决定。前期进度“快速”可能是一个重要的信号,表明调查将很容易完成。Callegaro和他的同事得出的结论也与表6.1中的研究结果一

表6.1　中止填答率与进度标识，按研究和实验条件分类

研究	实验条件	中止填答率(人数)
Couper,Traugott, and Lamias (2001)	有进度标识	10.1 (378)
	无进度标识	13.6 (376)
Crawford,Couper, and Lamias (2001)	8~10分钟	
	有进度标识	32.2 (486)
	无进度标识	27.8 (487)
	20分钟	
	有进度标识	30.6 (437)
	无进度标识	23.1 (425)
Healey,Macpherson,and Kuijten (2005)	有进度标识	14.3 (490)
	无进度标识	13.3 (481)
Kaczmirek (2009)	连续的进度标识	22.9 (205)
	动态的进度标识	16.8 (190)
	加速的进度标识	17.0 (194)
	无进度标识	14.1 (170)
Matzat,Snijders,and van der Horst (2009)	“从慢到快”的进度标识	
	长问卷	11.0 (342)
	短问卷	15.6 (278)
	恒定速度的进度标识	
	长问卷	13.1 (297)
	短问卷	10.4 (299)
	“从快到慢”的进度标识	
	长问卷	9.0 (367)
	短问卷	11.1 (243)
	无进度标识	
	长问卷	10.5 (279)
	短问卷	6.4 (355)

续表

研究	实验条件	中止填答率(人数)
Conrad,Couper,Tourangeau,and Peytchev (2010)实验1	“从慢到快”的进度标识	21.8 (530)
	恒定速度的进度标识	14.4 (562)
	“从快到慢”的进度标识	11.3 (532)
实验2	无进度标识	12.7 (1563)
	“从慢到快”的进度标识	
	按需显示	15.4 (324)
	间歇显示	19.9 (276)
	始终显示	24.8 (295)
	恒定速度的进度标识	
	按需显示	17.2 (290)
	间歇显示	14.4 (340)
	始终显示	12.0 (359)
	“从快到慢”的进度标识	
	按需显示	13.5 (326)
	间歇显示	10.4 (327)
	始终显示	9.9 (323)
Yan,Conrad,Tourangeau,and Couper (2011)	无进度标识	14.3 (335)
	有进度标识	
	长问卷/高估填答时间	16.3 (447)
	长问卷/低估填答时间	18.2 (461)
	短问卷/高估填答时间	13.9 (267)
	短问卷/低估填答时间	8.2 (669)
	无进度标识	
	长问卷/高估填答时间	12.0 (207)
	长问卷/低估填答时间	19.0 (237)
	短问卷/高估填答时间	12.6 (135)
	短问卷/低估填答时间	12.1 (339)

致——进度标识本身似乎并没有降低“中止填答”率；当他们提供令人沮丧的信息时，他们可能会增加“中止填答”；只有当他们提供鼓励性的反馈时，他们才会明显地减少“中止填答”(如“由快到慢”进度标识或很短的问卷)。

因此，总体而言，鼓励性反馈可以降低“中止填答”率，并产生其他理想的结果。不过，有两个重要的注意事项。首先，文献中有许多“无效应”的发现，即在研究中进度标识对完成问卷或其他测量没有影响；这些“无效应”的结论没有列入表格。我们没有把他们包括在内是因为很难确切地知道为什么在大多数研究中都没有“效应”；通常不清楚反馈是否是鼓励性的。许多其他变量似乎决定了进度标识是否产生影响，并且，这些变量也决定了进度标识帮助、“伤害”或对受访者没有影响。第二个注意事项是，在产品调查中，给受访者的反馈应该是准确的。使用“变速”进度标识的研究利用这些标识来弄明白受访者决定继续填答问卷或“中止填答”的过程，而不是将其作为一种实操做法应用于实际调查。据我们所知，在非方法学(non-methodological)研究中，没有人主张给受访者提供“操控性”的反馈(misleading feedback)。此外，问卷中的跳转设置可能会使一些受访者认为进度反馈产生具有误导性。

进度标识可以设计得比当前使用的更好。通常假设问题或页面是适当的进度单位，但问卷的分节或其他较大级别的单位可能才是适当的。Yan和她的同事(Yan et al.,2011)将“分节级别”进度反馈(例如，“完成十二节中第二节的25%”)与全局反馈(“完成18%”)进行了比较；他们发现两者之间没有差异。尽管如此，简单的条形图(显示完成多少问题或完成率)并不是唯一可能的设计，其他设计方式可能会改变受访者对进度反馈的体验。

6.2.2 计数器

计算机比人做得更好的一件事是算术，可以利用这一优势自动计算某些数字应答。在自填调查中，通常会询问受访者与整体活动的每个组成部分相关的数量，其中组成部分的数量加起来必须等于一个常数，即“恒定总和”。例如，受访者可能会被问到食物支出分配到乳制品、家禽、鱼、其他肉类、新鲜农产品、面包和烤制甜点以及所有其他食品的百分比；各个百分比的总和必须为100%。调查研究人员提出恒定总和访题的一个原因是探究总量是如何分布在各个部分的。也有人认为，相对于对各部分进行独立估算，这种方式提高了对各个部分估算的质量，因为他为其他部分的估算提供了背景信息（如 Szoc,Thomas,and Barlas,2010）。“恒定总和”访题一个可能出现的问题是，受访者各部分的应答相加不等于“恒定总和”。很容易编写一个网络调查程序来显示实时计数，这样受访者就可以快速地检查各部分之和是否与“恒定总和”相符。计数器具有响应性，因为计数是随着应答者输入每个新数值而更新的；它们也是机械性的，计算机可以很容易地计算和显示总数，但人很难做到这一点。

计数器似乎有助于提高答案合计为“恒定总和”的访题的应答，但这并不意味着各部分的填答数值比没有此类反馈的情况下更加准确。符合格式要求(well-formed)的答案(合计为必需的总数)显然比不合规范的答案(ill-formed)更可取，后者肯定是不完整或不正确的；但是，如果受访者只是调整答案以达到“恒定总和”而不试图更准确地回答问题，那么促使受访者填答符合格式要求的答案并没有什么好处。

> 译者思考
>
> 34. 如何利用计数器减少网络问卷中的测量误差？

为了研究计数反馈显示形式如何影响受访者以要求的格式填答恒定总和问题，Conrad、Couper、Tourangeau、Galešic和Yan(2009)要求受访者报告一般花在9种“互联网”活动的时间百分比。他们比较了三种反馈形式下的结果——计数器、应答者提交答案加总不等于恒定总和服务器才反馈信息以及没有任何形式的反馈(见图6.3)。运行计数器反馈形式下，产生96.5%的符合格式答案；服务器反馈形式(server-side feedback)下，产生93.1%符合格式要求的答案；没有反馈形式下，产生84.8%符合格式要求的答案。与服务器反馈形式(98.8秒)相比，计数器反馈形式在更短的时间(88.8秒)内产生更高水平的符合要求的应答；这很可能是受访者在收到服务器反馈后花费了更多的时间去修改他们的答案。

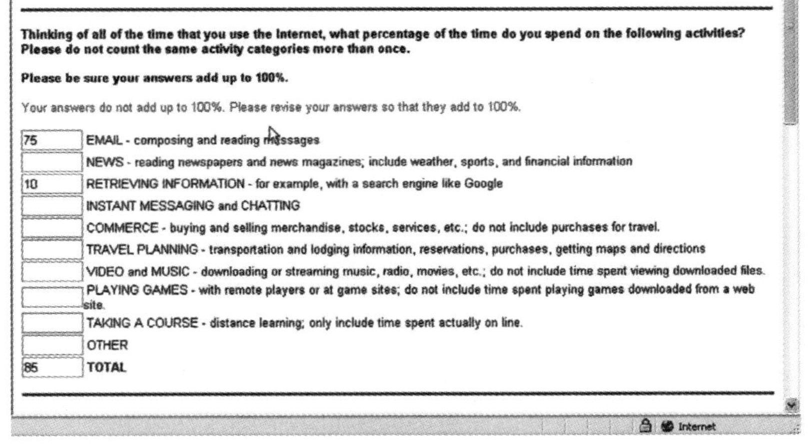

Thinking of all of the time that you use the Internet, what percentage of the time do you spend on the following activities? Please do not count the same activity categories more than once.

Please be sure your answers add up to 100%.

Your answers do not add up to 100%. Please revise your answers so that they add to 100%.

75 EMAIL - composing and reading messages
NEWS - reading newspapers and news magazines; include weather, sports, and financial information
10 RETRIEVING INFORMATION - for example, with a search engine like Google
INSTANT MESSAGING and CHATTING
COMMERCE - buying and selling merchandise, stocks, services, etc.; do not include purchases for travel.
TRAVEL PLANNING - transportation and lodging information, reservations, purchases, getting maps and directions
VIDEO and MUSIC - downloading or streaming music, radio, movies, etc.; do not include time spent viewing downloaded files.
PLAYING GAMES - with remote players or at game sites; do not include time spent playing games downloaded from a web site.
TAKING A COURSE - distance learning; only include time spent actually on line.
OTHER
85 **TOTAL**

Internet

图6.3 计数器和服务器反馈的恒定总和访题

注：Conrad、Couper、Tourangeau、Galešic和Yan(2009)研究中的访题显示了三种反馈形式中的某一种。

在一项后续研究中,Conrad 和他的同事(2009)设计了一个关于日常时间使用的恒定总和访题,其中各部分(照顾家庭成员、吃饭和购物)的应答加起来应该是 24 小时。同样,计数器反馈和服务器反馈都产生了比没有反馈更高比例的符合格式要求的答案;此外,这些反馈形式下的估计值更接近美国时间使用调查(American Time Use Survey)推断结果。Conrad 和他的合著者将此作为计数器反馈提高应答有效性的证据。他们还发现,将计数器放在问卷的末端也有类似的好处。访题询问受访者在问卷的每一“分节”花费的时间;每一“分节”的估计值加起来应该等于在问卷上花费的总时间。计数器(在这个实验中没有服务器反馈)产生了更完整和更准确的应答。因此,这类互动反馈似乎增加符合格式的答案(答案加总等于恒定总和),并提高了答案的准确性。

6.2.3 视觉类比量表

在社会学和心理研究的早期,评分量表就被用来收集主观判断信息。在视觉呈现上,量表可以设计为一系列离散点,例如七点量表或从 0 到 100 的数值量表;量表也可以被设计为一个连续体,应答者在非数值连续体上选择一个位置。我们把第一种称为离散应答量表(discrete response scale),第二种称为视觉类比量表(visual analog scale,VAS)。在调查研究中,离散应答量表的使用频率远远高于视觉类比量表;然而,VAS 广泛应用于健康和医学研究以及市场调查中(Couper,Tourangeau,Conrad,and Singer,2006)。它们之所以对调查有一定的吸引力,是因为,大体上,它们可以让受访者比在离散量表上

译者思考

35. 在网络问卷中使用视觉类比量表有优势吗?

更精确地表达自己的立场;此外,离散量表上的数字标签会影响受访者对量表点的解读(例如,Schwarz,Knäuper,Hippler,Noelle-Neumann,and Clark,1991)。网络调查可以使用VAS,让受访者操纵图形滑块在连续体上定位应答的位置。

在一项网络调查实验中,Couper和他的同事(2006)将两个版本的VAS与六个版本的离散量表(其中四个量表是以单选按钮形式填答,两个量表是以输入数值形式填答)进行了比较。其中一个VAS在受访者选择时显示数值,即当受访者将滑块在连续体上移动时,数值随之变化;另一个VAS在受访者移动滑块时没有显示任何数值。离散的不同在于是否有中点、数字标签。受访者得到八个与人相关的特定属性(例如运动能力、饮酒问题)的描述,并被要求指出这种属性在多大程度上是由遗传或环境决定的。在所有的量表中,极端值("100%基因""100%环境")和中点("50%基因、50%环境")都被标记出来。

他们没有发现VAS有很多测量优势。VAS版本的八个访题的中止填答率和访题无应答率均高于其他格式,且应答时间较长。VAS中的性能可能与滑块的小程序(Java applet)下载有关(或者与安装并启用了兼容Java程序有关),虽然下载问题应该只影响第一个访题,但会对整个填答过程产生持续性的影响。在八个问题的答案分布上,VAS与其他量表没有差异。VAS可能的优势是:VAS版本中受访者选择中间选项的比例低于其他格式量表。

尽管如此,VAS仍有可能提高数据的预测效度。Thomas(2010)探究了这种可能性,让受访者从"好—坏""喜欢—不喜欢""对我重要—对我不重要"等九个维度对如"吃墨西哥菜"等行为进行评分,然后用这些数据建立模型拟合过去30天这些行为的频率并预测未来30天这些行为发生的可能性。受访者在三个VAS(连续型、5个分段、100个分段)或两个离散评分量表(完全标记或仅标记终点)中的一个上进行评分。Thomas 发现,连续型、100 分段 VAS 和完全标记的离散量表比 5 个分段 VAS 和仅标记端点的离散量表有更好的预测效度。他将这些结果解释为:用 VAS 收集的答案与用离散量表收集的答案之间具有普遍的可比性;也就是说,他没有对使用 VAS 提供有力的支持。

Funke、Reips 和 Thomas(2011)报告了更多的证据,表明在网络调查中 VAS 的数据质量并不比离散量表的数据质量好。他们给受访者提供了垂直或水平显示的离散量表(单选按钮)或 VAS。受访者在量表上对两个抽象的概念进行了评分,其终点被标记为"非常消极"和"非常积极"。与离散量表相比,VAS 具有更高的"中止填答"率和更慢的应答时间,对于受教育程度较低的受访者尤为如此。选项的方向对答案没有明显的影响。因此,总的来说,除了因为只有网络调查才能设计 VAS 外,目前的文献没有提供任何其他令人信服的理由支持在网络调查中使用 VAS。

6.2.4 互动网格

网格或矩阵式访题允许设计人员将具有相同应答选项的多个访题呈现在一个页面上。网格通常在"行"上呈现访题或陈述,在"列"上呈现应答选项;网格中的单元格表示问题的答案,参见图 6.4 的(a)。将多个问题放在一个页面上可以节省屏幕空间,并在视觉上加强访题之间的关系(见第 5 章)。网格格式的一个缺点是,它可能会导致无差异化或直线化(non-differentiation or straightlining),即受访者对每个(或几乎每个)访题选择相同的应答选项。如果受访者无

译者思考

36. 在矩阵量表(网格量表)中使用视觉反馈,会减少中止填答吗?

意中“迷失”在表格中，跳过了一行，网格格式也可能会增加访题无应答。当每个访题都显示单独页面时，选择相同的选项或访题无应答的可能性较小。

让受访者更清楚地知道自己完成了哪些访题的一种方法是，在受访者填答访题时更改访题所在行的外观。Galešic、Tourangeau、Couper和Conrad（2007）的实验研究中在受访者选择答案时进行了两种视觉改变：（1）访题字体变灰，图6.4（b），（2）访题所在行变灰，图6.4（c）。与传统的静态网格格式（图6.4（a））相比，这两种互动方式都显著减少了访题无应答。带有互动设计方式的网格量表在应答时间上有小幅增加，作者将其归因为网格第一次出现改变时给受访者带来的“惊奇”，但是视觉改变对直线化没有影响。

(a) Conventional grid with no visual feedback

During the last week, how much of the following ingredients did you consume?

	Much less than I should	Somewhat less than I should	As much as I should	Somewhat more than I should	Much more than I should
Calcium					
Iron					
Sugar					
Vitamin C					
Cholesterol					
Protein					
Carbohydrates					
Fiber					

Next Back

(b) Conventional grid with grayed out font

During the last week, how much of the following ingredients did you consume?

	Much less than I should	Somewhat less than I should	As much as I should	Somewhat more than I should	Much more than I should
Calcium					
Iron					
Sugar					
Vitamin C					
Cholesterol					
Protein					
Carbohydrates					
Fiber					

Next Back

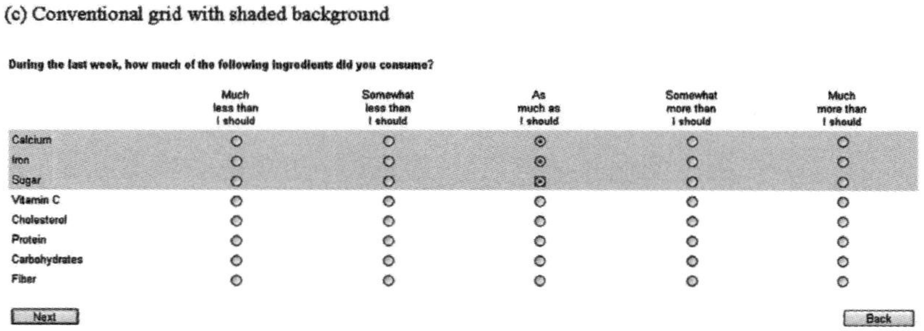

(c) Conventional grid with shaded background

During the last week, how much of the following ingredients did you consume?

	Much less than I should	Somewhat less than I should	As much as I should	Somewhat more than I should	Much more than I should
Calcium					
Iron					
Sugar					
Vitamin C					
Cholesterol					
Protein					
Carbohydrates					
Fiber					

Next　　Back

图6.4　Galešic、Tourangeau、Couper和Conrad(2007)使用的网格

注:(a)显示没有视觉反馈的网格;(b)显示在访题完成时访题字体变灰的网格;(c)显示在访题完成时行出现阴影的网格。

有一种可能性:在受访者选择应答选项前突出鼠标悬停的单元格比突出显示所选行更有帮助。Kaczmirek(2011)比较了在受访者选择应答选项之前或之后,显示两种不同的反馈方式("行"反馈,突出访题;"单元格"反馈,突出特定的选项)下访题无应答的情况。与没有突出显示的网格相比,在选择前,"单元格"反馈实验条件下完成率低2.6%,但在选择后,"行"反馈实验条件下更有助于提高完成率,完成率高3.9个百分点。Kaczmirek认为,在选择前、使用"单元格"反馈在视觉上分散了注意力,导致更高水平的访题无应答。对于更复杂的网格,水平和垂直反馈都有助于减少访题无应答。Couper、Tourangeau和Conrad(2009)发现,在一个网格调查一系列食物食用的频率与另一个网格调查一系列食物食用数量的调查中,"行"和"列"反馈都产生较高的完成率。

虽然简单网格的传统格式几乎总是将访题放在行中,将应答类别放在列中,但是也可以将访题置于列,应答类别置于行。在这种情况下,互动的视觉反馈是如何工作的? Galešic和她的同事(Galešic, Tourangeau,Couper,and Conrad,2007)研究了这一主题,在受访者回答相应问题时改变了列的字体和背景。结果与传统方向下的结果一致,无应答总体上增加,这可能反映了非常规格式的影响。

总的来说,证据表明,提供给受访者完成哪些项目的视觉反馈降低了访题无应答率,但对“直线化”的影响很小。在Kaczmirek的研究中,“单元格”反馈形式增加了访题无应答(使用简单的网格);但在Couper和他的同事(使用更复杂的网格)的研究中,垂直反馈减少了访题无应答;在Galešic和她的合作者的研究中,网格反向设计会使完成率有所下降。从行和列本身考虑反馈可能是错误的;网络调查设计人员更应该考虑互动反馈会影响受访者填答的哪个方面。如果反馈清晰地显示哪些问题已经得到了回答、哪些问题没有回答,那么反馈似乎会有所帮助。否则,反馈可能会分散或混淆受访者的注意力。

6.2.5 按需定义

访问员调查模式下,访问员能够根据需要为受访者提供调查中涉及的定义(当受访者要求澄清概念或访问员认为有帮助时),使受访者正确理解问题,从而获得更准确的答案(Schober and Conrad, 1997;Conrad and Schober,2000;Schober,Conrad and Fricker, 2004)。这种方式,被称为对话式访问(conversational interviewing),可能导致受访者对问题理解不统一,因为有些受访者得到了访问员提供的定义,而一些人没有;但它提高了回答的准确性,节约了受访者可能用来厘清问题的时间。这种方法非常适合网页设计,网页中的超链接设置可以将相关的内容链接在一起,这样用户可以通过点击超链接获得对问题更多的解释。

多项研究考察了在线调查中提供定义的益处(Conrad,Couper, Tourangeau,and Peytchev,2006;Conrad,Schober,and Coiner,2007;Peytchev, Conrad, Couper, and Tourangeau, 2010; Tourangeau, Conrad, Arens, Fricker,

Lee,and Smith,2006)。表6.2总结了网络调查中关于“定义”的研究。从这些研究中得到的一个重要教训是，受访者并不总是按他们填答问卷的实际需要来使用定义。定义使用频率如此低的一个原因是，受访者可能没有意识到他们需要使用定义来澄清问题；他们可能会假设他们已经理解问题的意图(即使他们并不理解)。另一种可能是获取定义的相关操作虽然比询问访问员要容易，但仍比许多网络受访者预期投入的努力要多。一般来说，网络用户——不仅仅是网络调查的受访者——都是出了名的“没耐心”。例如，他们不是“阅读”，而是倾向于浏览网页上的文字，他们不太可能滚动查看不可见的内容(Nielsen,and Loranger,2006)。更普遍地说，计算机用户倾向于避免轻微的操作，甚至是眼睛的动作，来获得提高他们表现的信息(Gray and Fu,2004)。网络调查的受访者可能会表现出类似的“不情愿”，不愿在一项任务的非必要部分上花费精力，他们往往基于对概念的事先理解，蒙混过关。此外，受访者可能不愿意通过点击链接获得帮助，因为这可能导致无法预测的点击后的后果。有些链接会打开一个新的选项卡，有些链接会将当前页面替换为完全不同的新页面，很难返回到原始页面，还有一些链接会在当前页面上打开较小窗口。所有这些都会使人们在执行任务时不愿意单击链接。

表 6.2　网络调查中使用定义的研究

研究	变量	主要发现	环境、样本类型
Conrad 等(2006),实验 1 和实验 2	获取定义的操作(获取定义需要几次动作投入)	相对而言,很少有受访者使用定义,但在使用定义的受访者中,鼠标单击一次获得定义比鼠标单击两次获得定义的受访者使用更多的定义,而"鼠标悬停"获取定义比单击一次获得定义的受访者使用更多的定义	网络环境,志愿者追踪样本(复制概率追踪样本)
Conrad 等(2006),实验 1	定义的信息性(定义改变受访者理解关键概念的程度)	如果定义具有信息性,受访者会更多地使用定义,但前提是定义可以很容易地被获取(例如,单击一次)	网络环境,志愿者追踪样本
Peytchev 等(2010),实验 1	访题中的技术类术语	受访者更可能使用技术类术语的定义	网络环境,志愿者追踪样本
Tourangeau 等(2006),实验 2	访题中的技术类术语	当术语是技术类时,受访者更有可能重新访问定义	网络环境,志愿者追踪样本,通过插件(vignette)填答问卷

续表

研究	变量	主要发现	环境、样本类型
Peytchev 等（2010）	定义包含在问题文本中（“始终显示”）	相比于“鼠标悬停”获得定义组，“定义包含在问题文本”组的受访者会更多地参考定义；相比于定义包含在问题文本中，“鼠标悬停”获得定义的情况下定义的长度对应答时间的影响更大	网络环境，志愿者追踪样本
Galešic 等（2009），实验 3	定义包含在问题文本中（“始终显示”）	与“鼠标悬停”获得定义组相比，定义始终显示组的受访者更多地参考定义；但是当受访者确实通过“鼠标悬停”获取定义时，他们阅读的内容更多；他们查看定义的时间越长，对其答案的影响就越大	实验室环境（使用眼球追踪器），方便抽样样本
Tourangeau 等，（2006），实验 2	在第二次使用定义后默认呈现定义	在定义的默认呈现之后，要求受访者根据定义做出判断；第二次使用定义（通过单击）的受访者的回答时间比没有第二次使用定义的受访者的回答时间更长，而且更准确	网络环境，志愿者追踪样本，通过插件填答问卷

为了测试获取定义的操作对定义使用的影响，Conrad、Couper、Tourangeau 和 Peytchev（2006）进行了两个实验。在这两个实验中，作者均要求“选择加入”网络追踪样本成员评估他们食用不同食物多寡以及营养成分如何，不同的受访者需要不同的操作来获得相关术

语的定义。实验还控制了定义的“可用性”。一些受访者得到的定义包含不可信或违反直觉的信息，例如炸薯条应被算作蔬菜的信息；其他人得到的定义包含了受访者可能已经知道的信息，例如啤酒是“大麦芽的发酵提取物，有或没有其他淀粉来源，用啤酒花调味，且酒精含量超过0.5%”。受访者收到两种定义中的一种。

在第一个实验中，一组受访者通过“点击一或两次”鼠标获取定义，另一组受访者通过“点击并滚动”(click-and-scroll)(点击通常超过两次)来获得定义。总体而言，只有13.8%的受访者使用定义，这表明他们总体上不愿意投入必要的努力来获取定义。但获取定义的受访者给出的答案与没有获取定义的受访者的应答不同，这表明获取定义的受访者在对食物访题作出判断时阅读并应用这些定义。在使用定义(使用至少一个)的受访者中，使用定义的数量随获得定义所需的点击次数而变化；“点击一次”组受访者平均使用4个定义中的2.5个；对于“点击两次”组和“点击并滚动界面”组的受访者，这一数字降至1.5。定义的“可用性”很重要，但只限定在“只需点击一次即可获取定义”的情况下。“点击一次”组中，得到“可用性”定义的受访者平均使用4个定义中的3.7个，而得到非“可用性”定义的受访者平均使用1.7个定义。即使受访者可以看到定义的信息价值，使用定义所需的小幅度操作(移动鼠标、单击鼠标)似乎也是受访者是否使用定义的关键因素。当需要多次点击时，受访者不管定义是否具有“可用性”，使用定义的次数很少会超过一次。

在第二个实验中，Conrad和他的同事(2006)研究了“鼠标翻转①”方式获取定义，他比“一次点击”方式对受访者的操作要求更低。受访者使用定义的频率大大提高，而且与“一次或两次点击”获取定义相比，更多的受访者使用了定义(至少一个)。总的来看，“鼠标翻

①当光标悬停在某一术语时，定义会以悬停文本的形式自动显示。根据实际意义，将mouse rollover翻译为“鼠标翻转”。——译者注

转”组有36.5%的受访者使用定义（至少一个），而“一次点击”组和“两次点击”组的比例只有8.9%和6.5%。“鼠标翻转”组中一些定义的使用可能是无意的；受访者可能将鼠标移到了相关术语附近，从而无意中触发了该定义的显示。尽管如此，受访者在回答问题时似乎还是会考虑所显示的定义。在“鼠标翻转”组中，获取到“可用性”定义与非“可用性”定义的受访者之间在答案的分布上存在显著差异，但仅限于当受访者阅读这些定义时才会出现这种情况。从这两个实验中得到的关键结论是：当使用的互动功能不是完成问卷所必需的，但可以提高答案的质量时，受访者可能会因为相对较小的操作而望而却步；他们还对各种获取定义的操作之间的微小差异表现出敏感性。

“易用性”并不是影响受访者是否使用定义的唯一变量。当受访者意识到他们需要帮助时，他们更可能使用定义；因此，他们在遇到不熟悉的或技术类的术语时更可能使用定义。在Conrad和他的同事报告的第一个实验（Conrad et al.,2006，实验1）中，受访者使用“多聚不饱和脂肪酸”等技术类术语的定义的频率高于“乳制品”等非技术类术语的定义的频率。很容易相信，人们以它们的本意来理解乳制品等日常用语的意义，即使他们知道在调查中可能会以特殊方式使用它们。Tourangeau、Conrad、Arens、Fricker、Lee和Smith（2006，实验2）要求受访者阅读一个定义，然后应用该定义来判断他们在短篇小说中读到的人物是否应被归类为残疾人，以及他们是否应被算作他们所住地方的居民。受访者可以在阅读每个描述时再次单击查看定义。他们中的大多数懒得这样做。总体而言，只有20%的受访者使用定义，但当问题中使用了“普查单位”（enumeration unit）这样的技术类术语而非相应的日常用语“住所”（residence）时，他们更可能使用定义。尽管如此，“易用性”似乎战胜了受访者的意识（在问题中遇到不熟悉的术语时需要澄清概念）。在Conrad和他的同事

（2006）的研究中，随着操作所需点击次数的增加，对技术术语定义的使用数量显著减少了。

“鼠标翻转”获取定义要比单击鼠标获取定义的操作更少，但是如果受访者可以只移动眼睛，则付出更少的操作。将定义作为问题文本的一部分，受访者在需要时可以阅读定义，而在不需要澄清概念时可以忽略定义。这种方式是否增加了定义的使用呢？Peytchev、Conrad、Couper和Tourangeau（2010）将问题文本中提供定义与通过“鼠标翻转”访问定义两种方式进行了比较。主要的发现是，受访者报告在问题文本中提供定义的版本中使用定义的频率（60.7%）高于“鼠标翻转”访问定义的版本（35.6%）。当受访者确实通过“鼠标翻转”获取定义（付出了更多的操作）时，他们至少与在问题文本中提供定义一样仔细地阅读了定义——与在问题文本中提供定义时相比，“鼠标翻转”版本中定义的长度对应答时间的影响更大[①]。Galešic、Tourangeau、Couper和Conrad（2007）在一项眼球跟踪的研究中提供了更多的证据，表明受访者更仔细地阅读了他们主动获取的定义。在他们的研究中，虽然受访者更可能查看问题文本中的定义，但他们花了更多的时间查看通过“鼠标悬停”获取的定义。不管定义是如何显示的（问题文本自带还是受访者获取），受访者花在查看定义上的时间越多，对答案的影响就越大。例如，草药补品（herbal supplements）的定义提到它们可以“保护细胞免于衰老，改善性能力和减轻压力”，但在定义的末尾才提到了这一点。受访者花在阅读该定义上的时间越多，他们所报告的“应该”消费该产品的数量就越少（与他们实际消费该产品的数量相比）。在Tourangeau及其同事（2006）的研究中，所有的受访者在一开始就得到了一个定义，在做出判断时回看定义的受访者花费了更多的时间，给出的答案也更准确。

①说明受访者认真地阅读了定义，从而导致应答时间变长。——译者注

综上所述,这些研究表明,减少获取定义所需的操作将增加受访者使用定义;因此,在屏幕上显示定义可能是传达定义的最佳方法。尽管如此,在长时间的调查中或是在空间不足的情况下,为每个访题在屏幕上提供定义可能并不实际。此外,目前尚不清楚获取定义所需的操作是否会影响受访者对定义的关注程度。这里至少有两种可能性:a)有足够动力点击或移动鼠标获取定义的受访者已经有足够动力仔细阅读定义并将其应用到回答中;b)为获取定义已经付出了一些努力,因此,受访者可能更倾向于仔细处理定义。当然,这两种解释都可能是真的。提供定义的另一种方法是对问卷进行编程,在受访者似乎需要定义时问卷能够自动提供定义,就像人类访问员做的那样;我们将在下一节中讨论类人型的互动功能。

6.3 类人型互动功能

本章讨论具有类人型特征的第二类互动功能。有些只是动态的,例如,使用人类访问员录像来提问是类人型的,但通常不会对受访者的行为做出回应。有些是响应性的,例如,虚拟的动画访问员,在受访者看起来很困惑时,会进一步给出解释说明。这些功能中的许多方面都是为了使访问更接近于人类访问员的行为,例如,问其他答案,或者在受访者需要帮助时提供帮助。我们讨论了三个这样的功能:对快速回答者进行干预以减慢其应答速度、追问开放式问题的其他答案以及向似乎对理解问题存在困难的受访者给予说明。然后,我们考察人性化的调查界面的使用,例如动画人脸来提出问题,在这些界面中访问员或访问代理人会被视觉呈现出来。

减少“超速”的互动干预。“超速”是一种可能会对应答质量产生不良影响的行为。这里指的是回答得太快——由于回答速度太快而没有读过访题,更不要说对答案进行充分的思考了。可以使用网络互动功能来减少这种行为。网络问卷可以设计出提示功能,提示以不合理速度填答问题的受访者,促使他们重新阅读访题,并在深思熟虑后再次回答。Conrad、Tourangeau、Couper 和 Kennedy(2009)和 Conrad、Tourangeau、Couper 和 Zhang(2011)已经测试了这种方法。这些研究问了受访者7个与频率相关的问题(例如,"在过去的两年里,你有多少次夜间旅行?)或7个与计算相关的问题(例如,"如果得病的概率是10%,那么100个人中有多少人会得病:1、10或20?")。如果受访者的回答时间比预期的阅读问题的时间短,他们会得到一个提示:"您的回答速度似乎过快。请确保您已经对问题进行了足够的思考,以提供准确的答案。"这一提示具有类人型的特征,它模仿了智能体,即使干预是通过自动检查应答时间自动产生的。

这种干预是否会使填答速度慢下来或得到更准确的应答?在几项研究中,与无提示相比,无论何时被发现超速,提示受访者都能减少随后的"超速"行为,并减缓总体应答速度。在与计算相关的问题上,"提示"减缓受访者的应答速度,同时提高回答的准确性,但只有中等教育水平的受访者才能明显提高准确性。这种干预对应答时间的影响似乎也仅限于某些特定受访者;有些"硬核超速者"(hard-core speeders)即使被提示4次或更多次,也从未减速。超速提示对除超速外的其他行为也有积极影响。被提示的受访者与没有接受提示的同等状况受访者相比,在随后的网格访题上较少出现直线化,即他们为所有访题选择相同的应答选项的可能性较小。

这种干预似乎在没有把人们"赶走"的情况下发挥作用。在7个

译者思考

37. 对填答过快的应答者进行干预能够提高应答质量吗?

测试访题中几乎没有"中止填答",并且在给予提示的情况下,"中止填答"率未超过1个百分点。

追问开放式问题的其他答案。与其他模式一样,网络调查中的开放式问题相对于封闭式问题可以增加应答的丰富性,并得到研究人员没有预料到的应答。有一种类型的开放式问题是要求受访者列出某种概念的一个或多个实例(例如,"当今国家面临的最重要问题是什么?")。人类访问员问这种问题时,他们通常会追问其他答案("还有别的吗?")。包含此类问题的网络调查通常会提供一个文本输入框,供受访者键入答案(见第5章),并且通常在不进行评估的情况下接受受访者的填答内容。网络问卷也可以在受访者提交初始答案时模拟人类访问员,追问更多的答案内容。追问能够增加应答中的想法或主题的数量,产生更完整的答案。

Holland和Christian(2009)测试了这种追问的效应。他们问学生两个关于他们兴趣的开放式问题(例如,"你对拉丁美洲和/或加勒比地区的哪些国家和主题感兴趣?")。一半的学生被追问了其他答案("你对拉丁美洲和/或加勒比地区的哪些其他国家和主题感兴趣?")。一半没有被追问。平均来说,被追问的受访者给出的答案比没有被追问的受访者给出的答案有小幅度但可靠的增长(12.1对10.0个单词)。在随后的一项研究中,Oudejans和Christian(2010)询问了来自荷兰概率追踪样本(Dutch probability panel)的受访者关于荷兰生活的四个问题。当受访者被追问时,他们的回答包含了更多的主题和更多的词汇。当题干强调了问题的重要性时,追问的效应更大。

因此,互动追问在两个非常不同的样本的研究中产生了预期的

译者思考

38. 对网络问卷中的开放式问题设置"追问"功能,能够获得更多的回答吗?

效应。尽管如此,效应很小,而且并不是在所有的访题中都发现了这一效应。更重要的是,随着更多的问题被追问,这种效应会减弱;在这两项研究中,在最后一道问题上被追问与未被追问之间的应答差异不显著。受访者可能会发觉后期的追问很具有侵入性或讨人厌,因此,干脆忽略它们。

鼓励受访者给出实质性的答案。"不知道"和其他非实质性的应答通常是受访者应答过程中的"捷径",也被作为数据质量下降的证据(例如,Krosnick,1991)。正如访问员在受访者拒绝回答时试图获得实质性答案一样,网络问卷也可以提供这样的陈述:"我们非常希望得到你对这个问题的回答。如果你想从提出的答案中选择一个,请选择'上一步'。"DeRouvray 和 Couper(2002)尝试了这种干预措施,并减少了受访者选择"拒绝回答"的频率。

自动提供相关解释和说明(clarification)。通过点击突出显示的词语来使用定义就像向访问员寻求帮助一样,在网络调查中可能更容易实现。然而,即使使用了诸如"鼠标翻转"(见 6.2.5)这种低动作投入的操作,受访者也可能不会在每次需要时都使用定义。幸运的是,网络调查问卷可以在受访者的行为显示他出现困惑时,自动提供一个定义,就像对话式调查中访问员在他们认为可能有必要时提供定义帮助一样。感知困难的一个可能的迹象是受访者缺乏活动性;当受访者在相当长的一段时间内没有任何输入(点击、键入等)时,网络问卷的内置程序就可以自动提供帮助。

Conrad、Schober 和 Coiner(2007)进行了一项实验室实验,比较了"受访者触发(respondent-initiated)说明"和"混合启动(mixed-initiative)说明"两种方式。在"受访者触发说明"方式中,受访者通过点

> 译者思考
> 39. 在网络问卷中自动推送相关说明,会提高应答的准确性吗?

击获取说明;在“混合启动说明”方式中,受访者可以通过点击获取说明,或者当受访者在固定时间内不活动时问卷自动提供说明。在两个实验中,受访者根据虚构的情景回答了一组问题;这些情景描述了复杂或简单的场景。例如,“房子里有多少人?”这个问题在复杂的场景中可能是模棱两可的问题。复杂的场景描述了一个四口之家,一个孩子大部分时间都住在大学宿舍里。简单的场景描述了一个家庭,其成员都睡在家里。定义告知受访者“不要将通常认为他们(合法)的住址在此,但因公务、参军或上学(如寄宿学校或大学)而居住在外的人计算在内”,解决了复杂场景的模糊性。

在第一个实验中,实验组受访者可以通过点击访题中突出显示的词语来获取定义;而对照组则不能获得定义。在受访者根据复杂情景回答问题时,无法获得定义的受访者回答的准确率平均为40.9%;能够获取定义的受访者的回答准确率在“受访者触发说明”方式下提高到67.5%,在“混合启动说明”方式下提高到66.4%(“混合启动说明”方式下很多说明实际上也是由应答者主动启动的,因为不活动的时间阈值很长,以至于在定义自动触发之前受访者主动使用说明)。当受访者被警告如果不查阅定义,他们可能会得到错误的答案时,他们会更多地使用定义(73%到87%的时间使用,取决于情况);仅被提醒能够获得定义的受访者使用定义的频率要低得多(15%到32%的时间使用)。在一项类似的电话采访研究(Schober and Conrad,1997)中,受访者使用定义的频率远低于网络环境的研究。一个简单的操作,如点击一个术语,可能比构思和提出口头咨询更容易。然而,除非他们意识到使用说明的好处,否则网络受访者很少使用说明。

在他们的第二个实验中(Conrad et al.,2007),Conrad和他的同事根据受访者的年龄调整了“混合启动说明”方式提供说明的速度。一组受访者在固定的不活动时间后会获得说明;另一组基于“认知衰老通常会延长老年受访者的应答时间”的假设,对老年人设置的不活动时间的阈值比年轻人要长。相对于“受访者触发说明”方式,“混合启动说明”方式提高了答案的准确性,而且当根据受访者的年龄设置提供说明的阈值时,它的帮助更大。对于复杂的场景,“无法获得说明”组,平均24%的问题是准确的;“受访者触发说明”组,平均35%的问题是准确的;在“混合启动说明”组中,每个人都有相同(通用)阈值,48%的问题是准确的;在“混合启动说明”中,阈值根据受访者的年龄(基于群体)定制,58%的问题是准确的。当定义始终显示时,复杂场景的准确性最高(参见图6.5),尽管这产生了最低的满意度。

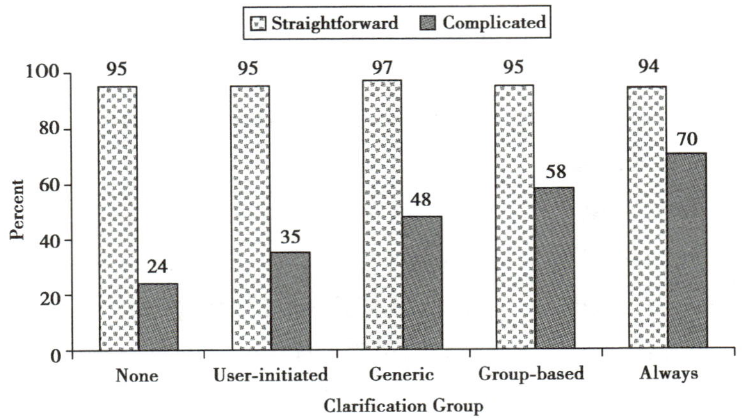

图6.5　Conrad等人的实验结果图示

注:Conrad等人的实验2中五种条件下的应答准确性(2007)。暗条显示了简单场景的结果,虚条显示了复杂场景的结果。

译者思考

40. 在网络问卷中使用虚拟访问员提问,会影响应答者的应答吗?

调查界面中的动画面孔。网络功能能够实现在调查界面中显示类似于人的动画形式。这些形式可以是人类访问员的录像或动画代理人(animated interviewing agent)(我们称为"虚拟访问员")。尽管"录像"访问员是动态的,但很难让他们做出响应。要创建具有响应性的"录像"访问员,需要录制所有可能的访谈行为,并开发软件以识别在特定情况下需要呈现哪个视频文件。虚拟访问员可以是动态的(使用预先制作的视频提出问题,但并不考虑被受访者的行为),也可以是具有响应性的(能够实时对受访者的言行做出反应)。无论是"录像"还是虚拟访问员,理论上,这些"访问员"都可以口头提出问题。当这些"访问员"是录制的,他们无法识别受访者的答案,因此通常要求受访者通过点击或键入来填答他们的答案,就像在一个典型的浏览器界面中一样。相比而言,理论上,具有响应性的采访代理人可以识别受访者的文字答案(无论是口头输入还是文本输入),并对输入做出反应。此类虚拟访问员的基础软件涉及自然语言处理,它们实际上只是被模拟出来的。

目前尚不清楚"录像"或虚拟访问员是否增加了网络调查价值。他们可能会引起社会期望偏差和访问员效应(social desirability biases and interviewer effects),潜在地削弱了网络相对于访问员调查的一些优势。在第7章中,我们将讨论调查界面中动态的、谈话的面孔的潜在缺点。但是,有几个原因可以解释研究人员设计在线问卷时会使用动态的、类人型的面孔来提问。其中包括:

1) 增加参与度:一张动态的、谈话的面孔可能会吸引并保持受访者的注意力,增加他们完成调查问卷的可能性并促使他们认真填答。

2) 增强问题理解:当受访者能够看到提出问题的面孔时,他们可能会发现更容易理解口头问题;此外,与仅在一种渠道中的提问相比，“录像”访问员提问并附带文本，受访者的理解程度可能会提高（Fuchs and Funke,2007,p.66）。

3）扩大选择：理论上，受访者可以选择“访问员”。使用虚拟访问员，选择的范围很大。受访者可以自行选择一个虚拟访问员，使其符合自己的要求。与他们选择的“访问员”互动，可能会激励受访者更认真地回答问题，披露更敏感的信息。

有一些证据表明，在界面中包含类人型的面孔具有一些潜在的优势。首先谈到参与度假设。与看上去不“真实”的虚拟访问员相比，更“真实”的虚拟访问员被证明能提高受访者的参与度；然而，这并不表明，如果没有虚拟访问员提出问题，受访者的参与度会更低。Conrad、Schober、Jans、Orlowski、Nielsen 和 Levenstein（2008）操纵了具有响应性虚拟访问员的“真实性”，将面部表情“真实”的虚拟访问员与面部表情不太“真实”的虚拟访问员进行了比较。前者忠实地复制了人类演员的面部动作。与“真实”的虚拟访问员互动的受访者表现出更多的言语和动作反馈（例如，虚拟访问员说话时说“嗯哼”并点头）；此外，当虚拟访问员说话时，他们笑得更频繁，笑的时间更长。这种“反馈”通常被解释为听众关注说话者并作为理解他（她）所说的话的证据（例如，Clark and Schaefer,1989；Duncan and Fiske,1977;Goodwin,1981;Schegloff,1982）。受访者的微笑也有类似的作用（例如，Brunner,1979）。尽管如此，这些发现并没有直接证实虚拟访问员能够提高完成率的假设；Conrad 和他的同事的这项研究是一项实验室研究，在这项研究中很少有“中止填答”，并且它没有与缺少虚拟访问员的界面进行比较。

虚拟访问员是否提高了受访者对调查问题的理解？Conrad 和他的同事（Conrad et al.,2008）报告说，能够识别受访者的困惑并提供相应说明的虚拟访问员，与只重复问题和使用其他中性方式追问的虚拟访问员相比，增加了受访者回答的准确性。由于这些自动化技术涉及具有挑战性的语音识别和对话设计问题，作者使用“绿野仙踪”(Wizard of Oz)方法(例如，Oviatt and Adams,2000)模拟了这些能力，其中人类实验人员监测了受访者的语音，并提供了虚拟访问员的相关视频，把人类智能(而不是人工智能)引入到互动中。然而，受访者认为他们正在与一个自主软件进行互动。与没有可见访问员的语音调查和仅仅是文本的、基于浏览器的设计(如Conrad,Schober,and Coiner,2007)相比，虚拟访问员是否具有“理解优势”，还有待于观察。

让受访者选择访问员可能带来什么好处呢？Conrad、Schober和Nielsen(2011)向受访者提供了八个虚拟访问员供选择(见图6.6)。受访者点击了其中一个虚拟访问员，看到和听到他介绍了一个虚构的将要进行的调查；在此之前，每个受访者已经完成由虚拟访问员提问的调查，调查中他(或她)被分配到一个虚拟访问员。调查结果显示，不同受访者对电脑动画访问员有明显的偏好差异。在他们选择了一个虚拟访问员之后，受访者被要求解释他们的选择。常见的解释提到虚拟访问员的声音或外表。尽管虚拟访问员的种族很少被明确提及，但这似乎是一个因素；80%的黑人受访者选择了黑人虚拟访问员；白人受访者在他们选择虚拟访问员的种族方面存在更大的分歧。

尽管在问卷中引入动态的、交谈形式的面孔可能具有一些优点，但也有潜在的不足。首先，界面中的“活动性”可能会分散受访者的注意力，减少他们对答案的思考。其次，引入如此多人类的迹象，设计师可能会营造出有人在调查现场的感觉，即“社会临场感”(social presence)(Short,Williams,and Christie,1976；Tourangeau,Couper,and Steiger,2003)。后者尤其令人担忧，因为它可能会削弱自填模式在敏感性问题上的优势(Kreuter,Presser,and Tourangeau,2008;Tourangeau and Yan,2007)。如果感觉有访问员在场，受访者会不愿透露可能令人尴尬的信息，正如人类访问员提问时的状况一样。

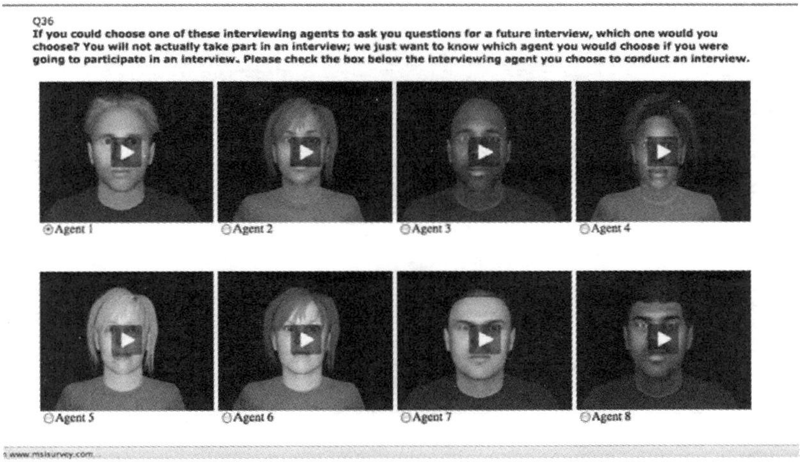

Q36
If you could choose one of these interviewing agents to ask you questions for a future interview, which one would you choose? You will not actually take part in an interview; we just want to know which agent you would choose if you were going to participate in an interview. Please check the box below the interviewing agent you choose to conduct an interview.

Agent 1　Agent 2　Agent 3　Agent 4

Agent 5　Agent 6　Agent 7　Agent 8

图6.6　虚拟访问员的选择

注：要求受访者点击其中一个虚拟访问员来观看和听取他们对调查的介绍（Conrad, Schober, and Nielsen, 2011）。经Conrad、Schober和Nielsen许可转载。

迄今为止，有关"录像"和虚拟访问员的证据表明，受访者对他们的反应方式让人联想到他们对面对面的人类访问员的反应。例如，Fuchs（2009）发现了"录像"访问员的性别效应。与男性"录像"访问员相比，女性受访者更有可能向女性"录像"访问员报告患有性传播疾病（26%对17%）；男性受访者向女性报告性传播疾病的次数相比于向男性报告的次数更少（2%对7%）。同样，Krysan和Couper（2003）比较了现场采访和"录像"采访对种族相关问题的应答。"录像"呈现在笔记本电脑上，而不是在网上。研究人员报告，无论是现场采访还是"录像"采访，黑人受访者对白人"录像"访问员给出更拘谨的答案；白人受访者对白人"录像"访问员给出更保守的答案（另见Conrad, Schober, and Nielsen, 2011）。最后，Lind、Schober、Conrad和Reichert（2013）指出，相对于只能听到问题，虚拟访问员在敏感性问题中会引起更多的社会期望偏差。

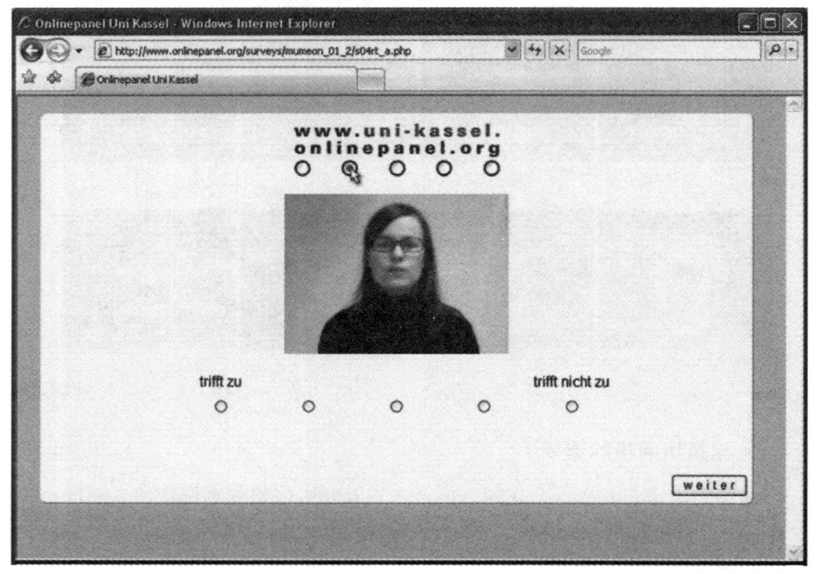

图 6.7　Fuchs 和 Funke 研究中的"录像"访问员

注：经 Fuchs 和 Funke（2007）许可转载。

尽管如此，人们并不总是对"录像"和虚拟访问员产生强烈的社会反应（social reaction）：Fuchs 和 Funke（2007）通过询问受访者一些关于填答先前调查经历的问题来测量受访者的社会临场感。与"视频增强"（video-enhanced）版网络问卷（"录像"访问员提问，受访者用鼠标和键盘输入答案）相比，受访者在仅有文本（text-only）的问卷中产生了更多的社会临场感。

6.4 小结

我们回顾的许多研究表明，使用网络会让受访者减少工作量。对网络受访者使用定义的研究说明了这一点。在网络调查中获取定义所需的动作投入可以非常低——只需单击或悬停鼠标。与向人类访问员寻求帮助或说明相比，在网上获得帮助要容易得多。但网络受访者比电话调查中的受访者更不愿意寻求帮助。Conrad和他的同事(2007)进行一项实验室实验，模仿了Schober和Conrad(1997)进行的电话采访。除非网络受访者明确地意识到获取定义的好处，否则他们在复杂场景[①]的情况下只有23%的时间通过一次点击使用定义。在电话访问中相应的数据是83%。网络调查设计人员面临的一个主要挑战是，尽管受访者不愿投入努力，仍要激励他们使用可以提高数据质量的互动功能。

对于设计人员来说，好消息是有一些技术可以减少受访者与交互功能相关的工作量，提高互动功能的效率。对于定义使用，"鼠标翻转"和"混合启动说明"方式减少了受访者的操作，增加了定义的使用(例如，Conrad et al.,2006;Conrad et al.,2007)。与要求受访者自己做数学计算相比，恒定总和或计数问题中自动计算的功能增加了按要求格式应答的比例，也提高了答案准确性(Conrad et al.,2005, 2009)。互动网格(根据应答者的填答情况改变阴影)有助于受访者阅读问题，并减少缺失数据(Galešic et al.,2007;Couper,Tourangeau,and Conrad,2009)。

并非所有互动功能都能提高数据质量。进度标识在传达鼓励性消息时可以提高完成率，但在传达非鼓励性消息时，"中止填答"率

①这一实验在前文中有详细的描述，见"自动提供相关解释和说明"部分。——译者注

要比没有进度标识时高（Conrad et al.,2010;Yan et al.,2011）。当不清楚进度反馈如何被受访者解读时，间歇呈现进度反馈可以保持潜在的效益，同时降低潜在的成本（Conrad et al.,2010）。视觉类比量表在大多数情况下似乎无法改善测量，甚至可能损害数据质量；它们会增加"中止填答"、访题无应答和应答时间（Couper et al.,2006;Funke, Reips,and Thomas,2011）。

旨在通过防止应答者使用"捷径"提高数据质量的互动功能似乎很有效。DeRouvray和Couper（2002）证明，网络问卷通过自动提示受访者提供实质性应答，可以减少"不知道"选项。Christian和她的同事（Holland and Christian,2009;Oudejans and Christian,2010）通过问卷自动"追问"受访者其他答案，增加了开放式问题答案的长度。Conrad和他的同事（Conrad et al.,2009;Conrad et al.,2011）的研究在受访者"超速"时给予相应的提示，降低了填答速度以及随后的"直线化"填答。尽管这种方法使我们感到鼓舞，但未来的工作需要确定重复性提示是否会惹恼受访者，并引发"社会临场感"。

当调查设计是让所有受访者都在网上填答问卷时，设计互动功能以最大限度地提高数据质量，这显然很有吸引力。然而，当网络调查模式只是研究中的一部分[①]时，这种方法的意义就不那么清晰了。如果设计理念是让不同模式下的调查问卷尽可能相似，最大程度减少模式效应（"单模式方式"）时，网络问卷不应该使用其他模式下无法实现的互动功能。另一方面，如果目标是在每种模式下创建尽可能好的问卷，利用各个模式的优势（"最佳实践方式"），那么可以尝试使用网络问卷中提供的所有工具来提高数据质量。我们将在第8.3节中再次讨论这个问题。

①由网络调查模式和其他模式组成的混合模式，见第8章。——译者注

7.

网络调查与其他调查模式在测量误差上的差异

在前面的章节中我们已经谈到了网络调查与传统数据收集模式之间的一些差别。第2章考察了网络调查和其他模式的覆盖差异。第3章重点介绍了网络调查与其他类型的调查特别是邮件调查在应答率方面的差异。在这一章中,我们将研究网络调查和其他类型调查之间的测量差异。本章介绍了分析模式之间测量差异的几个框架,然后回顾了网络调查结果怎样地不同于其他数据收集模式调查结果的一些发现。

7.1 理解模式效应的概念体系

模式效应是指相同调查内容使用不同调查模式在调查结果上的

译者思考

41. 何为模式效应?

差异。尽管有些研究者将模式差异视为测量误差的一种类型，但是我们更倾向于将其概念化，即两种模式之间的差异反映了所有主要测量误差来源——包括抽样误差、覆盖误差、无应答和测量误差——差异产生的“净”效应。在我们看来，邮件调查和网络调查中的并行估计值之间的差异反映了两种方法之间的两个潜在差异：首先，由于应答率、抽样技术或覆盖人群的不同，不同类型的人最终可能在不同模式下完成问题。例如，与邮件调查相比，网络调查的年轻人或受教育程度更高的人比例可能过高，而这些不同的应答样本的构成可能会产生不同的答案分布；其次，即使同样的人完成了网络调查和邮件调查，但因为邮件和网络问卷呈现问题的方式不同，或者因为这两种模式之间的其他测量差异，他们可能还是会对这些问题给出不同的答案。第2章和第3章已经考虑了因抽样、覆盖和无应答而产生的差异。在本章中，我们将重点讨论后一种模式差异，即由于模式间测量差异引起的误差。

多年来，研究人员提出了各种概念体系来解释不同数据收集方法之间的测量差异。Tourangeau 和 Smith（1996）提出了其中的一个方案，根据 Tourangeau 和 Smith 的观点（同见 Tourangeau,Rips,and Rasinski,2000），主要的数据收集方法在四个主要方面有所不同：

- 问题是自填模式还是访问员模式；
- 如何接触受访者（如面对面或通过电话）；
- 问卷是计算机辅助的还是纸质的；
- 问题是通过视觉还是听觉传达给被访者。

在网络调查中，问题是自填模式，通常通过计算机直观地呈现出来；

译者思考

42. 怎样理解网络调查与其他调查模式的不同？

与受访者的接触方式通常是通过电子邮件，但也可能是邮寄的。Tourangeau 和 Smith 认为数据收集模式的这些客观特征会影响到三个关键的中介变量：1)回答问题时受访者的感觉是独自填答还是面对他人；2)回答中的认知负担水平；3)对调查重要性和合法性的认识。例如，Tourangeau 和 Smith 建议当访问员亲自与受访者联系时，展示带照片的身份证或其他合法的工具，受访者可能认为这项调查比他们原本认为的更重要，他们的回答可能因此而不同。三个中介变量反过来影响各种调查结果，例如应答的信度、数据的缺失程度、受访者披露敏感信息的意愿。

其他研究人员提供了理解不同模式测量差异的替代方案。Groves、Fowler、Couper、Lepkowski、Singer 和 Tourangeau（2009）提出区分不同数据收集模式的特征：

1）访问员的参与程度。从不参与的邮件或网络调查到最大限度参与的面对面访谈；也存在访问员参与数据收集模式的中等水平——例如计算机语音辅助自填或互动式语音应答，在这些调查中，访问员首先与受访者联系，然后将他们转移到一个自动化的数据收集系统。

2)与受访者的互动程度。从管理记录中提取数据时很少涉及互动，到电话调查的中级水平互动，再到受访者去家中进行面对面调查的高水平互动。

3)隐私程度。从访问员和其他人在场的低隐私度到受访者单独完成时的高隐私度。

4)沟通渠道。视觉沟通、听觉沟通或者二者的组合。

5）技术的使用。从使用纸笔调查的低水平技术运用，到调查机构使用计算机作为辅助进行个人调查的中等水平技术运用，再到受访者使用计算机、互联网连接、浏览器等进行网络调查的高水平技术运用。

这个框架扩展了Tourangeau和Smith(1996)提供的模型,明确提出了区分不同数据收集模式的一些关键特征是程度问题而不是种类问题。

De Leeuw(1992,2005)区分了三组因素——媒介因素、与信息传递有关的因素以及访问员的影响,这些因素在不同的数据收集模式上有不同的体现。De Leeuw的第一个因素与"调查中使用媒介相关的社会惯例和习惯"有关(De Leeuw,2005,p.244)。例如,在访问员采访调查中,因为由访问员发起互动,所以他们控制问题的顺序和节奏。在纸介自填模式调查中,受访者控制了提问的顺序和节奏。在网络调查中,网络上使用的互动惯例和习惯(例如打开多个窗口并在其中切换)可能会延伸到调查设置中,影响受访者与问卷的互动。De Leeuw的第二个因素——信息传递——包含传递渠道(视觉与听觉)和在不同的渠道下潜在交流信息,如文本、非语言提示和副语言信息(paralinguistic information,如语调或时间)的可用性。视觉调查中的文本特征(例如黑体字的使用)可以起到类似于口头调查中副语言提示的作用(比如强调)(见Redline and Dillman,2002)。最后一个因素,访问员效应。传统上指的是由于访问员处理问题的方式不同或个人特征不同而产生的答案差异,比如他们的种族或性别。在很大的程度上,网络调查能减少或消除这种影响——除非他们使用虚拟访问员(详见第6章)。

在讨论网络调查时,Couper和Bosnjak(2010)重点介绍了这种数据采集模式的五个特点:自填模式、计算机化、具有互动性、分布式(distributed)的和丰富的可视化。Couper和Bosnjak认为其中大部分特点是网络调查相对于传统数据收集方法的优势。比如说,自填模式降低了数据收集成本,减少社会期望偏差,并消除访问员的差异引起的误差。不过,按照Couper和Bosnjak的观点,访问员可能在激励受访者和澄清其他不清楚的问题方面发挥重要作用。正如

Couper 和 Bosnjak 叙述的那样(2010,p.541),网络调查的分布式特点(受访者使用自己联网的计算机完成调查)更是喜忧参半,因为受访者使用的操作系统的许多方面都会影响调查的呈现方式:

> 在互联网调查中,很多方面可以影响到受访者对调查工具的观感。其中包括浏览器类型和版本(例如,Internet Explorer 或 Mozilla Firefox)、操作系统(例如 Windows、Mac 或者 Linux)、屏幕分辨率、浏览器安全设置(例如,无论 JavaScript 是否处于活动状态,都会启用 cookies)、因特网连接方法(拨号或宽带)、浏览器上的字体大小和其他显示设置,如此等等。虽然互联网被设计成在不同的平台和环境上都能运行,但这些差异可能会在不同程度上影响受访者的调查体验,潜在影响无应答误差(中止填答)和测量误差(数据质量)。

传统的计算机辅助数据收集模式使用调查组织的计算机,因此,受访者之间不会产生观感上的差异。

在这一章中,我们关注的是在前面的章节中没有涉及的网络调查的两个主要特点:自填模式(它消除了访问员的参与,提供了高度的隐私)以及低水平的认知负担(因为受访者控制了调查的节奏,可以很容易地在屏幕上重读问题)。当然,对于那些阅读困难或缺乏计算机技能的低学历受访者来说,网络可能会增加认知负担。

7.2 作为自填模式的网络调查

敏感性问题和自我报告误差。调查中测量误差的一个主要来源是受访者为了保留颜面或避免尴尬而故意歪曲答案。调查通常包括询问受访者敏感或潜在尴尬话题的访题,如堕胎、非法药物使用或投票。有充分的证据表明，受访者经常对此类问题提供不准确的答案。Fu、Darroch、Henshaw和Kolb（1998）的一项研究判定全国家庭增长调查（National Survey of Family Growth，NSFG）的受访者只报告了他们堕胎总数的一半左右。他们通过比较NSFG中对堕胎总数的估计数据和全国堕胎人群调查（national survey of abortion providers）的估计数据（另见Tourangeau，Rasinski，Jobe，Smith and Pratt，1997），得出了对漏报程度的估计。

相似地，Belli、Traugott和Beckmann（2001）估计超过20%没有参加投票的选民在全国选举研究（American National Election Studies，ANES）中声称参加了投票，这一估计值是根据调查数据与投票记录的比较得出的。像这样的研究表明，受访者总是少报一系列社会不良行为，多报一些社会期望的行为（见Tourangeau and Yan，2007最近的一项综述）。

调查采用了多种方法来促进受访者报告敏感信息，包括自填问卷、假渠道技术（bogus pipeline）、随机应答技术（randomized response technique）。假渠道技术是指使用受访者认为能够识别其谎言的任何装置或程序。例如，在一项询问吸烟情况的调查中，受访者可能被要求提供呼吸样本或唾液样本（Bauman and Dent，1982）[①]。随机应答技术是指受访者使用随机装置（如旋转器或掷硬币）来确定他（她）回答哪个问题。受访者可能会收到两份敏感陈述（A. 我做过流产手术；B. 我从来没有做过流产手术）中的一份。受访者报告他（她）是否同意旋转器或抛硬币随机选择出的问题，而不需透露是哪

①呼吸和唾液都可以用来确定一个人最近是否吸烟，因此这是一个“真实”的渠道，而不是一个假的渠道。

译者思考

43. 在收集敏感性问题（如酗酒等）时，网络调查与其他调查模式相比表现得更好吗？

一个敏感陈述。有相当多的证据表明，在调查报告中，假渠道技术（Murray,O'Connell,Schmid,and Perry,1987）和随机应答技术（Lensvelt-Mulders,Hox,van der Heijden,and Maas,2005）在减少社会期望偏差方面都是有效的。

自填模式的优势。由于采用假渠道技术和随机应答技术在实践中存在困难，很少有全国性的研究使用这些方法来收集敏感信息，许多全国性的研究使用计算机辅助语音自助调查（ACASI）方式开展自填模式调查，问题显示在屏幕上，而问题的录音则通过耳机播放给受访者。例如，全国家庭增长调查（National Survey of Family Growth，NSFG）和全国药物使用与健康调查（National Survey of Drug Use and Health，NSDUH）都使用ACASI来进行调查。Tourangeau和Yan（2007,pp.863-867）报告的证据有力地支持了自填问卷能够增加敏感应答的论点，包括纸介问卷的自填模式和计算机化的自填模式（如ACASI）。一个关键问题是，网络调查是否也存在其他自填模式中发现的优势。

至少有14篇论文研究了这一问题，将网络调查模式与其他调查模式进行了比较。表7.1列出了这些研究的主要特征。有几项研究比较了网络调查和纸质自填调查（例如Denniston,Brener,Kann，Eaton,McManus,Kyle,Roberts,Flint,and Ross,2010;Denscombe,2006），其中四项研究（Chang and Krosnick,2009;Denniston et al.,2010;Eaton,Brener,Kann,Denniston,McManus,Kyle,Roberts,Flint,and Ross,2010;Link and Mokdad,2005a,b;aMcCabe,2004;McCabe,Couper,Cranford,and Boyd,2006）涉及大样本，是在现实调查条件下进行的，我们在这里对这四项进行了更详细的考察。

表7.1　网络调查与敏感性话题的研究

研究	目标人群	样本量(受访者),按模式\分类	主要发现
Bälter 等(2005)	瑞典一个郡的成年人	邮件:188 网络:295	受访者报告的吸烟状况存在显著差异
Bason(2000)	大学里的学生	电话:161 交互式语音应答(IVR):128 邮件:204 网络:115	受访者对吸毒或酗酒的发生率或频率的报告不存在显著的模式差异;在网络和IVR中,有较高比例(具有显著性)的学生报告没有饮酒
Bates 和 Cox(2008)	大学里的学生	纸质:73 网络:64	报告的饮酒或性行为在模式之间没有差异
Chang 和 Krosnick (2009)	一般人群	**选举前:** 电话:1506 网络:哈里斯互动调查公司样本(HI):2306 网络:知识网络追踪样本(KN):4933 **选举后:** 电话:1206 网络:哈里斯互动调查公司样本(HI):1028 网络:知识网络追踪样本(KN):3416	网络调查中种族态度访题的社会期望偏差较小
Denniston 等(2010);Eaton 等(2010)也进行同样的研究	九、十年级学生	课堂上纸质:1729 课堂上网络(无跳转):1735 课堂上网络(有跳转):1763 课外网络(无跳转):559	课堂上的网络调查被视为比课堂上纸质调查更不具隐私性
Denscombe(2006)	一所学校的15岁学生	课堂上纸质:220 课堂上网络:69	23个访题中只有一个显示出模式之间的显著差异
Eaton 等(2010);见 Denniston 等(2010)	九、十年级学生	课堂上纸质:1729 课堂上网络(无跳转):1735 课堂上网络(有跳转):1763	在74种危险行为中,受访者报告有7种行为的发生率在网络版和纸质版之间存在显著差异;所有7种行为在网络版中报告的发生率更高

续表

研究	目标人群	样本量(受访者),按模式\分类	主要发现
Knapp 和 Kirk (2003)	一所大学的学生	纸质:174 IVR:121 网络:57	58个敏感性问题中的任何一个都没有显著差异
Kreuter、Presser 和 Tourangeau (2008)	一所大学的校友	电话:320 IVR:363 网络:320	网络受访者比CATI受访者更有可能报告学习不良的问题(通过显著性检验);网络受访者在4个学习不良问题上的假阴性率最低。在积极学习表现的报告上的模式差异不显著。
Link 和 Mokdad (2005a);Link 和 Mokdad (2005b)属于同一研究	四个州的成年人	邮件:836 电话:2072 网络:1143	网络调查受访者报告的饮酒天数和酗酒状况显著多于电话受访者(更多详细调查结果见表7.2)
Link 和 Mokdad (2005b)	四个州的成年人	邮件:836 电话:2072 网络:1143	网络调查受访者与电话调查受访者对6种健康状况(共提问了8种健康状况)的报告存在显著差异(报告的糖尿病、高血压、肥胖和酗酒的发生率显著升高,但吸烟和性病防治的发生率较低;见表7.2)。
McCabe 等 (2002)的研究和 McCabe (2004)、McCabe 等(2006)属于同一研究	一所大学的本科生	邮件:1412 网络:2194	报告的饮酒和吸烟习惯不存在模式差异。
McCabe 等 (2002);McCabe 等(2006)属于同一研究	一所大学的本科生	邮件:1412 网络:2194	在32个访题中,受访者对2个访题的报告存在模式差异;男生和女生在网络调查中报告一生中使用了更多的可卡因。
McCabe 等 (2006)	一所大学的本科生	邮件:1412 网络:2194	对吸毒不利后果的报告不存在模式差异。

对选举调查的比较。Chang和Krosnick（2009）将俄亥俄州立大学调查研究中心（Ohio State University's Center for Survey Research，CSR）进行的两次电话调查结果与使用两个网络调查追踪样本——知识网络（KN）和哈里斯互动调查公司（HI）的网络追踪样本，进行类似的网络调查结果进行比较。第一轮调查于2000年6月和7月（即在当年总统选举之前）进行，第二轮调查于11月（选举之后）进行。完成“选前”调查的受访者也被要求完成“选后”调查。选举前调查的应答率：CSR电话调查为43%，KN小组为25%；无法计算HI小组的应答率，因为它是志愿者样本。选后调查中，CSR电话样本的受访者的重新采访率（reinterview rate）为80%，KN样本为82%，HI样本为45%。不同调查之间的比较清楚地反映了覆盖差异、无应答差异以及测量差异；对三项调查的数据都进行加权，以调整其人口构成的差异。

就研究目的而言，关键的结果是白人受访者对一个问题的回答：联邦政府是否应该向非裔美国人提供更多、更少或同等数量的帮助。Chang和Krosnick认为“建议减少帮助”对白人来说是一种不受社会欢迎的应答选项。电话受访者更不愿意选择这一选项，选择这一选项的比例（17.0%）明显低于任何网络追踪样本（KN小组为35.8%，HI小组为42.5%）。当对数据进行加权并使用协变量调整样本间背景特征的差异时，样本间的这些差异持续存在。

青少年危险行为调查（Youth Risk Behavior Survey，YRBS）实验。第二项大规模样本的比较研究由Denniston和她的同事（2010;另见Eaton et al.，2010）完成，他们研究了YRBS问卷的应答。他们比较了四种调查条件下的应答数据：1）在课堂上对学生进行的纸质问卷调查（这是YRBS通常使用的程序）；2）在课堂上进行的网络调查（没有任何跳转设置，以便更接近纸质版）；3）在课堂上进行具有跳转设置的网络调查；4）由受访者在自己选择的地点完成没有跳转设置的网络调查。参与者是来自15个州85所学校的9年级或10年级学生。在每一所学校选择了四个班,随机分派到四个组中(每组被分配到一个班级)。大多数学校的网络调查是在学校的计算机实验室进行的。

调查问卷包括2007年YRBS调查问卷中的77个访题,包括70个敏感问题,涉及"意外伤害和暴力、吸烟、酗酒和其他吸毒、性行为、体重控制行为和体育活动"(Eaton et al.,2010,p.141)。还有12个关于调查本身的附加访题。5000多名学生参加了前三个需要在课堂上完成的调查,另外500多名学生独自完成了第四组调查。作者发现两个课堂上网络调查(第二和第三组)结果之间的差异很小,并将这两组的结果结合起来。最后一个网络调查组似乎被删除,因为该组的应答率很低(最后一个自主选择调查地点的网络调查组应答率是28%,其余三组为90%或更高)。在学校填答网络问卷的受访者在74种危险行为中,有7种危险行为(与一名喝酒的司机同乘、在学校携带武器、被约会伙伴殴打、在学校吸食大麻、在学校吸食无烟烟草、在做爱前喝酒或吸毒、无戒烟打算)的比例更高。此外,Denniston及其同事(2010)报告说,课堂上的网络调查被视为比纸质问卷更不具有隐私性和匿名性;尽管如此,完成网络版问卷的人比完成纸质问卷的人报告的危险行为更多。

行为危险因素监测系统(Behavioral Risk Factor Surveillance System,BRFSS)**实验**。Link和Mokdad(2005a,b)的两篇论文报告了另一项大规模研究,这项研究比较了BRFSS问卷的电话、邮件和网络版本。BRFSS调查传统上是通过电话进行的,但随着电话调查的应答率持续下降(Curtin,Presser,and Singer,2005),研究人员探索使用其他方法收集数据。Link和Mokdad在2003年秋天在四个州进行了两项实验。第一个实验邀请样本成员在线填写问卷;第二个向样本成员邮寄纸质问卷。两项实验的调查结果都与在同一个月内同一个州进

表7.2　发生率估计值，按实验条件分类

	CATI	网络	邮件	网络vs.CATI
健康状况				加权后的比值比
哮喘	11.7	12.0	11.9	1.06
糖尿病	9.5	11.9	10.2	1.30*
高血压	31.1	38.1	33.2	1.30*
体重指数大于30	21.6	26.5	25.6	1.31*
目前吸烟者	22.8	16.9	17.3	0.77*
酗酒	14.4	12.3	21.6	1.87*
性病防治	8.2	4.3	3.3	0.51*
艾滋病毒检测	38.8	30.8	32.1	0.85
饮酒行为		显著性水平		
过去30天喝酒超过1杯天数的平均数	4.5	4.7	5.2	P<0.01
每天饮酒超过1杯天数的平均数	2.1	2.1	2.2	ns
饮酒超过5杯天数的平均数	1.0	1.2	1.9	P<0.001
在过去30天喝过酒的人的比率	55	52	60	ns

注：表下半部分中的显著性水平没有根据各组之间的人口统计学差异进行加权。*表明加权后的比值比（odds ratio）与1.0有显著差异。

行的BRFSS计算机辅助电话访谈(CATI)进行了比较。样本通过随机拨号方法(RRD)抽取;只保留了电话号码与地址匹配的样本。邮件组和网络组中无应答的受访者通过电话进行随访(在本文分析中省略随访电话访谈)。总计6000多人完成了问卷调查。

Link和Mokdad(2005a,b)研究了受访者对健康状况和饮酒行为的报告,作者根据州和人口变量对三个调查报告的调查结果进行了加权调整。表7.2显示了这两篇论文的主要结果。与电话采访相比,网络数据收集模式报告更高的饮酒比率，报告其他几种疾病的发生率更高。大多数情况下，即使使用模型对人口变量进行了控制，这些差异仍然存在。

大学生实验。McCabe和他的同事（McCabe,2004;McCabe,Boyd,Couper et al.,2002;McCabe,Coupe,Cranford,and Boyd,2006）对一所规模较大的大学的本科生进行了一项实验，比较了邮寄和网络收集数据的结果。被分配到邮寄组的学生会收到一封邀请他们参加调查的邀请函和一份纸质问卷。被分配到网络组的学生收到了一封电子邮件，邀请他们在线完成调查。McCabe和他的同事修改了2001学生生活调查的访题（2001 Student Life Survey），其中包括关于吸毒和酗酒的访题。学生们报告了他们平生（有生之年）和去年使用八种非法药物的情况。McCabe（2004）对两个样本的人口统计学差异进行了控制，发现16个比较的问题中只有1个具有统计学意义：在网络问卷中，男性和女性平生（有生之年）使用可卡因比率都显著高于邮寄问卷。一项后续研究（McCabe et al.,2006）发现，问卷中10个敏感性问题的应答没有差异。

马里兰校友研究。Kreuter、Presser和Tourangeau（2008）进行的另一项研究值得详细描述，因为研究人员能够根据大学记录验证某些访题的调查答案。Kreuter和她的同事让访问员通过电话联系马里兰大学的校友；在他们回答了少许筛选样本的问题后，受访者被要求填写一份问卷，其中一些问题关于他们在马里兰大学的本科经历。约三分之一的受访者被随机分配通过电话填写主问卷；另三分之一的受访者被切换到IVR系统填写主问卷；其余的受访者在线填写问卷。调查问卷包括受访者在大学本科期间的学业成功与失败的访题，例如获得学术荣誉或在课程中获得不及格的分数。Kreuter和她的同事将这些访题的调查结果与校友的正式成绩单进行了比较。

表7.3 马里兰校友调查中“受欢迎”与“不受欢迎”特征的报告率和误报率，按调查方式分类

	CATI	IVR	WEB
报告“不受欢迎”特征的百分比			
GPA低于2.5	1.8	3.7	6.2
至少一个D或F	42.2	44.3	50.7
逃课	46.7	45.6	50.6
受到警告或留校察看	10.2	13.4	13.8
报告“受欢迎”特征的百分比			
GPA高于3.5	23.8	23.8	24.2
获得荣誉	16.3	19.9	15.5
曾捐款给校友基金	42.1	40.5	41.3
去年曾捐赠	44.2	41.9	40.5
校友会会员	24.8	21.5	23.6
假阴性率			
GPA低于2.5	83.3	69.2	61.5
至少一个D或F	33.0	28.3	19.9
放弃课程	34.3	34.2	31.6
受到警告或留校察看	33.3	33.3	25.0
假阳性率			
GPA高于3.5	7.4	1.9	6.0
获得荣誉	5.2	5.7	6.4
曾捐款给校友基金	24.3	19.2	20.3
去年曾捐赠	25.6	25.9	23.3
校友会会员	10.7	10.1	8.1

注:数据来自Kreuter、Presser和Tourangeau(2008)论文中表6和表9。

表7.3显示了本研究的主要结果。表格的上部分显示了受访者报告敏感问题(共9个问题)比率,这些问题在学校里有相应的数据记录。表格的下部分显示了“不受欢迎”访题的假阴性率(例如在一个课程中获得D或F)和“受欢迎”访题的假阳性率(例如,具有较高的GPA)①。网络受访者比CATI受访者更可能报告在大学里有“不受欢迎”(至少一个)(通过显著性检验);网络受访者也比CATI受访者更不可能以社会期望的方向谎报答案(具有显著性)。相比于“受欢迎”的访题,这些模式差异在“不受欢迎”的学业成绩中似乎表现得更大,前者可能不如后者敏感。受访者对4个“不受欢迎”访题中的2个访题和4个全部“受欢迎”访题的应答在网络和电话调查之间存在显著的差异。

荟萃分析结果。基于这些把网络作为一种收集敏感信息的方法的研究,我们能得出的一般性结论是什么呢?我们对表7.1中总结的10项模式研究进行了荟萃分析,以确定结果是否有总体趋势。我们发现这些代表性研究均符合三个标准:

第一,他们使用实验研究比较了网络数据收集模式与其他一些数据收集模式(受访者随机分配到数据收集模式),或使用准实验研究进行了比较(例如,Chang and Krosnick,2009);我们排除了受访者选择应答方式的研究。

第二,他们使用的访题很容易引起社会期望偏差;我们排除非调查类访题的研究,如对社会期望偏差的心理测量。

第三,研究报告了定量估计值(如平均值或比例),可以将其转换为标准测量的效应值(effect size)。

这些研究共报告223个模式比较结果,160个涉及网络和纸质问卷。表7.4显示了每项研究的平均效应值,即每项研究中给出的估计

①假阴性率是指具有“不受欢迎”的特征(例如,谁逃课了)但却否认具有该特征的受访者的比例;同样,假阳性率是指没有“受欢迎”特征(平均绩点高于3.5)但却谎报具有该特征的受访者的比例。

表7.4　各研究的平均效应值和标准误，按研究和模式比较分类

研究	样本量	平均效应值	标准误差
网络 VS. 邮件/纸质			
Bälter 等(2005)	邮件:188 网络:295	0.054	0.309
Bason (2000)	邮件:204 网络:115	−0.168	0.129
Bates 和 Cox (2008)	邮件:73 网络:64	−0.014	0.180
Eaton 等(2010)	邮件:1729 网络:3498	0.070	0.012
Denscombe (2006)	邮件:267 网络:69	−0.256	0.120
Knapp 和 Kirk (2003)	邮件:174 网络:57	−0.077	0.119
Link 和 Mokdad (2005a, 2005b)	邮件:836;804−820 网络:1143;948−1139	0.068	0.039
McCabe (2002, 2004; McCabe 等 2006)	邮件:1412 网络:2194	0.006	0.019
网络 VS. 电话			
Bason (2000)	电话:161 网络:115	−0.503	0.132
Chang 和 Krosnick (2009)	选举前电话:1456 选举前网络: 哈里斯互动调查公司(HI)样本:2313 知识网络(KN)样本:4914 选举后电话:1206 选举后网络: 哈里斯互动调查公司(HI)样本:1040 知识网络(KN)样本:3408	0.172	0.035

续表

研究	样本量	平均效应值	标准误差
Knapp 和 Kirk（2003）	电话：121 网络：57	0.193	0.126
Kreuter 等（2008）	电话：320 网络：363	0.157	0.060
Link 和 Mokdad（2005a，2005b）	电话：2072；2066-2070 网络：1143；948-1139	0.026	0.031
网络 VS. 互动式语音应答（IVR）			
Bason（2000）	IVR：128 网络：115	0.108	0.143
Kreuter 等（2008）	IVR：320 网络：363	0.081	0.060

注：由于访题无应答，样本量波动比较大。平均效应值是将网络调查与在其他数据收集模式下应答比较的对数比值比的加权平均值。

值的平均对数比值比（average log odds ratio）以及每项研究层面平均值相应的标准误。正值效应值表明在网络条件下的受访者报告敏感特征或行为的比例高于其他模式下的受访者。例如，Bälter和她的同事的研究得出的平均效应大小为0.054，这表明该研究中的网络受访者平均比邮件调查受访者更容易披露敏感信息。平均数是加权平均数，其中每个效应大小的估计值都是由其平方标准误差的倒数加权的（Lipsey and Wilson,2001）。

我们分析了这10项研究的数据，将效应值进行了分类。荟萃分析结果支持两个主要结论。首先，相对于采访模式的电话调查，网络数据收集似乎获得了更多的敏感信息的报告（Chang and Krosnick, 2009; Kreuter, Presser, and Tourangeau, 2008; Link and Mokdad, 2005a,

2005b；但有一个明显的例外，请参见 Bason,2000）。在 6 项比较这两种模式的研究中，总效应大小为 0.088，但效应与 0 无显著差异（t=1.69，df=7），部分原因是 Bason 的研究结论。如果放弃这项研究，电话与网络比较的平均效应大小将上升到 0.105（标准误差为 0.052）。该组中至少有一项研究（Kreuter et al.,2008）表明，敏感信息报告的增加意味着准确性的提高（见上文表 7.3 的下面两个部分）。这些发现与先前关于自填模式对获取潜在敏感信息的好处的分析一致。

其次，相对于纸质自填模式，在线模式在自我报告上表现出很小的优势。网络与纸质比较的总体平均效应大小为 0.030，标准误差为 0.023。早期的荟萃分析（Tourangeau and Yan,2007）还发现，与纸质问卷相比，计算机化问卷（不一定是在线问卷）在增加敏感信息报告方面不具有显著的优势（参见 Richman, Kiesler, Weisband, and Drasgow, 1999，他们发现计算机管理模式增加或减少社会期望的回答取决于问题类型；像在这里讨论的研究中使用的那些敏感行为访题，计算机化似乎增加了社会期望的应答）。

问卷填答环境的影响。对网络调查而言，大学和其他学校的学生是有吸引力的目标人群，因为高中生和大学生的上网率很高，而这些人对网络调查的应答率也可能相对较高。确实，在 McCabe 对学生样本的实验中，网络调查的应答率明显高于邮件调查的应答率（McCabe, 2004; McCabe et al., 2006），不同于其他的研究结论（Lozar Manfreda, Bosnjak, Berzelak, Haas, and Vehovar, 2008; Shih and Fan, 2008; 见第 3 章）。表 7.1 中总结了其他一些研究也使用学生样本来测试网络收集敏感信息的有效性。

以学生为目标人群，自然产生的一个问题是数据收集是在学校（例如，在教室或计算机实验室）还是在家里或学校以外的其他地方进行。研究人员认为，在收集青少年非法药物使用数据方面，学校可能比家要好（Fendrich and Johnson, 2001; Fowler and Stringfellow,

2001)。有几项实证研究对数据收集环境的影响进行了检验。Brener、Easton、Kann、Grunbaum、Gross、Kyle和Ross(2006)的一项实验比较了学生在课堂和校外(通常是在受访者家中)填答计算机化或纸质自填模式的风险行为问卷。在作者检查的55个访题中,有30个访题存在环境效应;在所有的这些受访者中,在学校报告的风险行为水平都高于在家庭报告的风险行为。这证实了Fendrich和Johnson(2001)以及Fowler和Stringfellow(2001)的推测,学生在学校比在家庭报告的敏感行为更高。其中7个访题的计算机化的问卷比纸质问卷报告有更高水平的风险行为,55个项目中有5个访题存在环境和模式的交互作用。在大多数情况下,学生在学校完成问卷时计算机与纸质的差异似乎比在家完成问卷时的差异要大。Beebe和他的同事(Beebe,Harrison,McCrae,Anderson and Fulkerson,1998)在一项在学校进行的调查中,发现计算机化问卷和纸质问卷之间的总体差别不大,但是当学生们坐得很近并且隐私性可能很低的时候,相对于纸质问卷,电脑报告的风险行为更少。

Brener和Beebe的研究都着眼于计算机化问卷和纸质问卷,而不是通过网络开展算机化问卷调查。Bates和Cox(2008)研究了三种不同填答环境下敏感问题在网络和纸质问卷填答上的差异——在教室集体填答、私人办公室独自填答和受访者选择的任何环境下独自填答。对于其中两个访题,他们发现填答环境有显著的影响(受访者在自己选择的环境中完成问题时报告更多的敏感行为,在其他环境中报告较少),但是填答环境与数据收集方法没有交互作用。Denniston和她的同事(Denniston et al.,2010)报告说,受访者认为教室里的填答网络问卷比填答纸质问卷更不具私密性,但受访者仍然在网络上报告了更多敏感的信息。

那么,总的来说,学校可能比家里更适合收集高中生的敏感信息,但填答环境似乎与自填模式之间没有交互作用。对学生群体来说，计算机化的自填模式，包括网络问卷，似乎比纸质的自填模式调查获得更多的敏感信息。

人性化界面。第6章讨论了在网络调查中使用人性化界面的利弊，例如，让“虚拟”访问员提问。在这里，我们简要回顾一下在网络调查中加入这种人性化的设置是否会抵消自填模式数据收集的一些优势，特别是对减少社会期望偏差和减少访问员效应的影响。

Nass和他的同事以及Kiesler和她的同事的研究提出了一种可能性，即使是最小的人性化特征（如使用的声音）也能引发受访者的反应，正如现场访问员触发的反应一样（如性别刻板印象；参见，例如Nass,Moon,and Green,1997;Kiesler,Walker,and Waters,1996）。Tourangeau、Couper和Steiger（2003）进行了一系列网络实验，他们系统地改变了网络调查界面的特征，以探究添加人性化“提示”如何影响受访者披露有关健康行为、非法药物使用和其他敏感话题的信息的意愿。这些研究考察了将男性或女性研究员的照片纳入网络调查、根据受访者的回答提供量身定制的互动反馈以及使用个性化语言（如称呼受访者姓名）的影响。他们发现，只有微弱证据表明，当调查包含这些人性化特征时，受访者会改变敏感行为访题的报告。他们也确实发现了一些证据，表明研究人员的照片影响了一系列关于性别角色的问题的答案；当网络调查显示女性研究人员的照片时，受访者给出的支持女权主义的应答多于显示男性研究人员的照片的应答。这种效应很小，但在统计学上是显著的。现场男性和女性访问员也产生相似的效应（Kane and Macaulay,1993）。

最近的研究表明，在计算机化的调查中加入虚拟访问员可能比Tourangeau、Couper和Steiger发现的对应答的影响更大。Krysan和

译者思考
44. 填答环境对收集敏感性信息有怎样的影响？

Couper（2003）的一项实验比较了访问员现场访问与使用访问员（同一访问员）阅读问题的录像访问两种情况下受访者应答差异；他们的实验还系统地控制了访问员的种族。实验规模相对较小（共有160名受访者），大多数研究结果在统计学上并不显著。不过，在黑人受访者中，发现了显著的访问员种族效应（例如，黑人对白人访问员的态度更消极，而对黑人访问员更积极）。在现场访问和虚拟访问员访问两种情况下都发现了这一效应，这一结果复制了Schuman和Converse（1971）在面对面采访调查中对黑人受访者的经典发现。Fuchs（2009）做了一项网络调查，控制了虚拟访问员的实验条件：男性访问员阅读问题的录像、女性访问员阅读问题的录像、只有呈现文字。（Krysan和Couper的研究使用的是笔记本电脑上的计算机化问卷，而不是在线调查。）Fuchs在4个访题中的3访题中发现女性受访者向女性虚拟访问员透露敏感的"性"信息（比如他们是否有过性传播疾病）的可能性显著高于男性虚拟访问员；但对于男性来说，这一影响并不清晰，4个访题中只有1个访题显示出显著的访问员性别效应。最后，Conrad、Schober及其同事（Conrad,Schober,and Nielsen,2011; Lind,Schober,Conrad,and Reichert,2011）所做的两项未发表的研究中发现，在种族态度问题中存在虚拟访问员种族效应（race-of-virtual-interviewer effect）（Conrad et al.,2011），以及当虚拟访问员提问时具有丰富的面部表情会增加敏感行为问题的社会期望应答（Lind et al., 2011）。对于某些访题，虚拟访问员的网络调查产生的结果与面对面调查的结果相似；对于其他访题，虚拟访问员产生的结果介于面对面调查和计算机辅助语音自填（audio-CASI）调查之间（Lind et al., 2011）。

综上所述，最近的研究结果表明，随着虚拟访问员变得更加逼真，他们的效果将与现场访问员的效果更为相似，访问员的种族和性别对回答态度问题的影响以及对敏感行为访题的社会期望应答增加。

小结。网络调查模式似乎具有早期自填模式的优点。我们的荟萃分析表明，在获取敏感信息方面，网络调查模式比纸介自填模式要好。Kreuter、Presser和Tourangeau（2008）的一项实验表明，相对于采访模式的电话调查，网络调查模式提高了报告的准确性（至少对社会上不受欢迎的访题如此）。网络调查模式在学生群体中可能特别有用（至少在数据收集环境较为隐私时）。网络调查中人性化界面的实验，特别是虚拟访问员的使用，表明虚拟访问员可能会表现出一些与真实访问员相同的缺点，会减少敏感行为的报告，并可能对与种族或性别相关的态度访题产生种族和性别效应。不过，正如我们在第6章中所指出的，使用虚拟访问员可能会有一些优势，例如增加了受访者的参与度。对于敏感的问题和与种族、性别或其他访问员特征相关的问题，标准界面可能比包含人性化提示的界面更好。

7.3 网络调查与认知负担

与其他主要依赖于视觉呈现的自填调查一样，网络调查可能会比采访模式减少受访者的认知负担，特别是依赖于听觉呈现的模式（如电话访问）。当然，对于低识字率的受访者来说，这种关系可能会逆转——相比于电话调查，网络调查可能会增加认知负担。通过网络填答问卷，受访者可以按照自己的节奏完成问题；此外，他们还

译者思考

45. 在网络调查中设置人性化的界面，会影响调查数据的收集吗？

可以轻松地重读问题。眼球跟踪研究表明，在网络调查中，受访者经常返回重读问题；相比之下，在电话调查中，受访者很少要求访问员重复问题。有两方面的证据表明，与电话调查相比，网络调查可能会减少受访者的认知负担，从而产生更好的数据。

知识类问题。有两项研究比较了网络调查和电话访问在评估受访者知识含量上的差别。第一个由 Fricker、Galešic、Tourangeau 和 Yan（2005）提出，问卷使用了基础科学知识问题，国家科学基金会定期使用这些问题来衡量美国公众的科学素养（Miller，1998）。Fricker 和他的同事使用随机数字拨号（RDD）技术在全国成人中抽取样本。在受访者完成少许筛选问题后，随机分配有网络接入的受访者通过电话或网络完成主要调查（包括科学知识问题）。尽管电话组的受访者比网络组的受访者更有可能完成调查（电话组几乎 98% 的受访者同意参加调查并完成知识问题，而网络组只有 52%），但两组受访者在人口特征或教育背景上没有显著差异。在网络上完成调查的受访者的知识得分高于在电话上完成调查的受访者，平均约 70% 的访题是回答正确的，而电话调查相应的比例为 64%。开放式访题的模式差异大于“真假”问题（true-false question）的模式差异，这表明网络在处理更具认知要求的访题时帮助更大。Fricker 和他的合著者还发现，网络受访者比电话受访者花更多的时间来完成问题；大部分的差异来源于开放式问题的差异，受访者在线回答开放式问题所花费的时间更多。

Strabac 和 Aalberg（2011）的研究发现与 Fricker 等人的研究结果类似。他们向美国和挪威的网络追踪样本成员和电话调查的受访者提出了六个政治知识问题。盖洛普咨询公司（The Gallup Organization）在两国进行了电话调查；在两个国家里使用了不同的网络追踪样本作为网络调查的目标人群。这项研究并不是真正的实验，因为它使用现有的网络调查志愿追踪样本，而不是将样本成员随机分配到两种调查方式中。受访者被要求辨认出三位政治领导人和三个国际组织(如石油输出国组织,OPEC)。在12项访题未加权比较中,有5项的正确答案比例存在显著差异,而且这5项都是网络组正确率更高。当对数据进行加权以调整受访者的年龄、性别和教育分布时,结果更加清晰。在12项比较的访题中,有11项访题网络受访者填答正确答案的比例较高,其中6项差异具有统计学意义。

这两项研究都试图排除网络受访者在完成调查时在线查找答案的可能性。Strabac和Aalberg(2011)只给了网络受访者30秒的时间来提交每个问题的答案。Fricker和他的同事们报告说,与那些很容易在网上查到答案的访题相比,网络调查对在网上很难查到答案的复杂问题(问题如为什么有对照组的研究比没有对照组的研究更好?)的优势更大。

量表类访题。通过使用网络减少受访者的认知负担或增强受访者对问题的思考的另一个潜在益处是增加了应答的信度或效度。有几项研究比较了相同问题的网络和纸质问卷。例如,Ritter、Lorig、Laurent和Matthews(2004)开展了一项平行实验。他们的研究包括397名受访者,他们被随机分派到互联网或邮件问卷完成了包含16个健康量表(其中一些量表只包含一个访题)的调查。一个由30名网络受访者组成的子样本在短时间内对问卷进行了第二次填答,来评估重测信度。纸质问卷(尤其是邮件问卷形式)提供了与网络一样的调整和重读问题的机会。总的来说,Ritter和他的同事发现16个量表的平均值没有显著差异,量表的信度也没有差异(由Cronbach's alpha估计)。这些发现具有一定的代表性,大量使用相同多访题量表(multi-item scale)的网络和纸质模式的比较研究都得到了与

译者思考

46. 网络调查增加了还是减少了受访者的认知负担?

此一致的结论。

当对网络和电话两种收集数据模式进行比较时，局面会发生变化。Chang和Krosnick（2009）在他们的研究中报告了比较研究的结果，发现使用两个网络调查追踪样本的调查的随机测量误差比电话调查低；在三个样本中，电话样本中访题的信度和预测效度最低。例如，在2000年的总统选举调查中，网络调查比电话调查更具预测性。

一些研究者认为，电话受访者比邮件或网络调查的受访者更有可能选择极端答案（例如Christian,Dillman,and Smyth,2008;Dillman and Tarnai,1991）。相比于电话访谈，网络调查可以减少受访者选择极端答案的倾向，更可能会增加量表应答的效度。Ye、Fulton和Tourangeau（2011）的荟萃分析发现，调查模式之间的答案分布存在系统性差异，但这种差异在量表的"正向"极端答案上更为显著。他们发现，电话受访者比邮件或网络受访者更有可能选择"正向"的极端答案。Ye和他的同事们认为，关键的因素是访问员的在场，而不是由视觉媒介因素引起的。面对面访谈的受访者比电话访谈的受访者更经常地选择"正向"的极端答案，而在互动式语音应答（IVR）访问中选择"正向"的极端答案的频次较少。Ye和他的合著者回顾的大多数调查属于客户满意度评价。

在网络调查中，量表的信度或效度可能受到输入答案的方法（例如，视觉类比量表与单选按钮）或屏幕上应答选项的排列（例如，垂直或水平）的影响。第6章已经讨论了滑动条和其他视觉类比量表的使用，找不到什么证据推荐使用它们。第5章研究了态度类量表应答选项的间隔和排列所引起的问题。从所回顾的研究中得出的至少一个明确结论是，量表选项的排列应该与基础维度的结构一致；例如，量表中的视觉中点应与基础维度的概念中点一致，并且当量表点要表示相等的间隔时，文字选项应等距分布（Tourangeau,Couper, and Conrad,2004)。

网络 VS. 面对面的数据收集模式。大多数涉及网络模式的比较研究都将互联网数据收集与邮件或电话调查进行了比较(例如,见表 7.4)。Heerwegh 和 Loosveldt(2008)的研究是一个例外。他们进行了一项随机实验,将网络调查与面对面的数据收集模式进行了比较。他们发现,与面对面访问相比,网络调查的区分度更大,但网络受访者比面对面访问的受访者更有可能选择"不知道"应答选项和中间的应答选项,这两种都是"调查满意"(survey satisficing)的潜在迹象。一般而言,网络调查的完成速度也比面对面访问快。

其他的一些实验比较了网络调查与面对面访问收集条件价值评估(contingent valuation, CV)数据。条件价值评估法研究通常会向受访者提供有关某些环境产品的详细信息,然后探寻受访者愿意为保护该产品而支付的费用。Lindhjem 和 Navrud(2011a)回顾了六项比较面对面和网络条件价值评估的研究,发现在两种模式下收集的数据没有一致的差异(另见 Lindhjem and Navrud,2011b;Marta Pedroso, Freitas,and Domingos,2007;Nielsen,2011)。总的来说,在这些研究中,平均支付意愿并没有因模式不同而有所不同,在网络调查中也没有明显的证据表明数据质量下降。

7.4 小结

网络调查与其他数据收集方法相比有几个重要特点,这些特点可以减少测量误差:

1）这些问题是由计算机而不是由访问员提出的，这一特点可以减少社会期望偏差，消除访问员效应；

2)提出问题的主要渠道是视觉的，允许合并照片、视频剪辑等；

3)调查可以是互动的，为受访者提供各种帮助，并为受访者定制适当的问卷；

4）受访者能够控制填答调查问题的节奏，可以轻松地重读问题，这些特点可以减轻认知负担。

网络调查的每一个特点都会影响受访者回答问题的难易程度和准确性。第5章和第6章详细讨论了视觉呈现和网络调查互动功能的影响。本章重点研究了网络调查的第一个和第四个特征，即无访问员特征以及网络调查对认知负担的影响。当然，除了这四个特征之外，网络调查是自动化的，它拥有所有自动化数据收集模式的一般优势(例如，根据预先加载的信息或先前问题的答案来定制问题、自动跳转、检查答案以确保答案在某个预定范围内、对问题的顺序或应答选项进行随机化，等等)。这些功能意味着网络调查可以使用高度复杂的问卷。

网络问卷似乎也具有传统自填模式调查在收集受访者敏感信息方面的优点。表7.4总结的荟萃分析表明，网络调查至少和邮件或其他纸质形式的自填模式一样好，能让受访者报告令人尴尬的信息。研究结果还表明，在收集非法药物使用、性行为或其他潜在敏感话题的信息方面，网络调查优于访问员主导的电话调查。对于年轻的受访者来说，网络数据收集模式的这些优势可能体现得更为明显，但当完成问题的环境不够私密或者调查使用虚拟访问员或融入其他人性化迹象时，这些优势可能会被削弱。

因为受访者可以控制网络调查的时间和节奏，并且可以很容易地重读这些问题，他们可能会对知识问题给出更准确的答案，对评估他们的态度或其他心理特征的一系列问题给出信度和效度更高的应答。如果网络调查以误导性的方式排列应答选项，这些优势可以被抵消。而对于阅读困难或计算机技能低下的人群，网络调查的任何认知优势都有可能消失或被逆转。

8. 讨论和结论

本章汇集了前几章的主要结论，从标准调查误差的概念——抽样误差、覆盖误差、无应答误差和测量误差——来讨论网络调查优缺点。调查误差来源的分类框架至少可以追溯到Deming（1944）的经典论文（另见 Groves,1989;Lessler and Kalsbeek,1992）。Kish（1965）将由于调查没有观测到所有目标人群而产生的误差和观测（或测量）过程中产生的误差作了更基本的区分。第一类误差通常被进一步细分为抽样误差、覆盖误差和无应答误差，正如我们在本书中所做的那样。大多数网络调查，正如我们在第2章和第3章所指出的，都容易出现较高水平的非观测性误差。这使得许多政府和学术机构无法将网络调查作为一种独立的数据收集方法。第二类误差——观测误差——对实际参与调查的样本成员进行测量所产生的问题。正如我们在第4章、第5章、第6章和第7章中所述，网络调查提供了许多有吸引力的测量功能，与传统的数据收集方法相比，在观测误差方面表现更好（例如，见第7章的荟萃分析结果）。

本章还提出了一个数学模型，试图捕捉这些误差源对网络调查估计的总体影响。我们使用该模型来探讨使用两种或多种数据收集模式收集数据的利与弊。尽管我们的模型聚焦于将在线收集的数据与传统方法收集的数据组合到一起,但它有助于澄清来自任意两种数据收集模式的数据组合所产生的问题。

最后,本章还总结了本书中提出的各种建议(有时只是含蓄的),并讨论网络调查(及其误差)在未来如何发展。

8.1　网络调查中的非观测误差

抽样和覆盖误差。第2章提出了关于网络调查抽样误差的主要结论。主要问题是,无论是针对一般的网络用户群体还是针对整个“家户”群体,都没有简单的方法来选择概率样本。试图招募一般人群(或互联网人群)作为代表性样本的网络调查使用了一些传统的抽样技术(如区域概率抽样、RDD或基于地址的抽样),在某些情况下,他们会提供电脑或互联网接入(或两者兼而有之)给那些无法参加网络调查的样本成员。美国的知识网络(Knowledge Networks)追踪样本(例如,Krotki and Dennis,2001)和荷兰的社会科学纵向互联网研究(Longitudinal Internet Studies for the Social Sciences, LISS)追踪样本采用了这种方法。

传统的数据收集方法通常与特定的抽样方法相联系。例如,面对面访谈通常与区域概率抽样相结合,电话调查通常与RDD抽样相结合。网络调查没有相应的抽样方法,即没有专门为网络调查设计的抽样方法。由于抽样的困难,许多网络调查使用自我选择(self-se-

译者思考
47. 网络调查中的非观测误差有哪些?

lected)的志愿者样本,而不是概率样本。对于选择加入的网络追踪样本,样本可能在两个时间点上受到选择偏差的影响——当招募成员第一次决定是否加入追踪样本时,以及当追踪样本成员决定是否完成一个特定的调查时。那些被邀请加入某个特定网络追踪样本的人可能已经是一个不具代表性的互联网用户样本;样本成员的大部分人可能来自少数网站。例如,Chang和Krosnick(2009)报告称,哈里斯民意在线调查追踪样本(Harris Poll Online Panel)90%以上的成员来自两个网站。显然,这样的追踪样本不包括那些没有互联网接入的人。此外,网络追踪样本成员通常属于多个在线追踪样本成员(Stenbjerre and Laugesen, 2005; Vonk, van Ossenbruggen, and Willems, 2006)。因此,来自网络追踪样本的数据中,相对较高的比例可能来自相对较少的高度活跃的志愿者(Couper and Bosnjak,2010,p.535)。

一些网络追踪小组试图通过对数据进行统计调整来弥补这些选择偏差;例如,可以对数据进行加权,以使受访者的样本更接近具有互联网接入的人群或一般人群。对这些调整进行评估的研究表明,这些调整只是部分成功(见表2.4)。

尽管存在这些局限性,但志愿者网络样本还是有一些优势的,无论志愿者是为一次性的调查还是为一个网络追踪样本招募的。与其他类型的非概率样本(例如购物中心截获样本被用于市场调查研究,或者来源于抽样库的心理学学生成为社会和认知心理学研究的目标样本)相比,在线招募可以产生更大、更多样的样本。此外,网络调查志愿追踪样本经常收集样本成员的详细信息;这意味着研究人员可以识别和瞄准相对罕见的亚群体。在某些情况下,样本成员是否为目标人群的成员(例如,他们是否是某一特定产品潜在市场的一部分)可能比他们是否构成该群体的代表性样本更重要。由于这些优点以及志愿者样本的成本相对较低,它们被广泛用于一系列不同目的的研究。例如,Couper(2007)开展了若干健康研究,这些研究使用网络样本,包括从社交焦虑症到溃疡性结肠炎等。

对一般人群进行网络调查的第二个主要问题是,除非向抽样成员提供互联网接入,否则无论如何挑选和招募,都会遗漏相当大的一部分人口。即使是在美国或欧盟等相对富裕的国家,互联网接入也远未普及。尽管没有互联网接入的家庭比例继续下降,但有互联网接入的家庭和没有互联网接入的家庭之间仍然存在明显的差异(表2.2和表2.3;另见Bethlehem,2010)。

一般人群存在的这些不利条件,对于特定人群通常不是问题,例如特定学校的学生或特定行业的员工。对于这样的人群,可能存在抽取样本的合适抽样框,并且电子邮件地址可以作为联系和招募样本成员完成调查的渠道。当然,对这些人群进行网络调查时,无应答可能是一个主要问题。

不过,一般而言,网络调查样本通常以不具代表性、自我选择样本开始,由于覆盖问题,它们可能会排除目标人群的一部分人。那些有互联网接入的人并不是一般人群的随机子集,与没有互联网接入的人有系统性的差异。在美国,与没有网络接入的人口相比,互联网人口更多地代表了年轻人和受过高等教育的人,而没有充分代表黑人和西班牙裔(见表2.2)。有互联网接入和没有互联网接入的人群也可能存在实质性的不同。例如,那些能上网的人在许多方面似乎比那些不能上网的人更健康(见表2.3)。这种差异可能会影响网络调查的结果,特别是当这些调查评估了普通人群的健康水平,或试图估计不同医疗条件下的患病率时。而对于其他主题,排除没有互联网接入的人群偏差可能会小一点。正如我们在第2章所示,统计校正和相关方法(如抽样匹配)只消除网络调查中这些抽样和覆盖问题引起的部分偏差。

非应答误差。除了从非代表性样本问题之外,网络调查比传统的数据收集方法更容易产生更高的无应答率,这可能进一步降低网络样本的代表性。正如我们在第3章中看到的，最近的两个荟萃分析（Lozar Manfreda et al.,2008;Shih and Fan,2008）将网络调查中的无应答率与其他数据收集方法中的无应答率进行了比较，两项研究都一致认为，应答率的差异平均约为11%，其中网络调查的应答率低于使用邮件或电话调查的应答率。荟萃分析还表明，网络调查的应答率与其他数据收集方法的应答率之间的差异取决于某些调查特征。例如，一次性调查的应答率差异（平均28%的差异）比追踪样本的应答差异更大（9%的差异；见 Lozar Manfreda et al.,2008）。Shih 和 Fan（2008）发现，网络和邮件应答率之间的差异因调查人群而异，还受到催答次数的影响。网络调查和邮件调查之间的应答率差异对于大学生来说相对较小（3%的差异，学生更青睐网络调查），但对于针对专业人士的调查来说，两者应答率差异相对较大（网络应答率平均比邮件应答率低23%）。当向样本成员发送一个或多个催答函时，邮件调查相对于网络调查的应答率优势更大。与其他类型的调查相比，多次催答不会大幅提高网络应答率。

与其他数据收集方法一样，网络调查的应答率（以及非概率网络调查志愿追踪样本的参与率）似乎随着时间的推移而下降（Couper and Bosnjak,2010）。追踪样本应答率的下降可能反映出样本成员每月收到的调查请求数量过于庞大。许多调查，包括在线调查和更传统的方法进行的调查，都采取了奖励措施，试图抑制应答率的下降，但由于各种原因，奖励措施在网络调查中的作用似乎不如在其他数据收集方法中有效（Göritz,2006a）。问题是网络调查通常提供最无效的奖励类型——非货币奖励（如抽奖），能否获奖取决于是否能完成调查。研究表明，在其他数据收集模式下，货币奖励比奖品或抽奖项目更有效，预付的奖励比承诺的奖励更有效（Singer,2002;Singer,van Hoewyk,and Gebler,1999）。在网络调查中，提前赠送现金可能也是提高应答率的最有效方法，但大多数网络调查并不使用这种方法。

除了常见的无应答形式外，网络调查可能倾向于（或更倾向于）出现一些相对新颖的无应答形式。当通过某些其他方法（如电话）招募网络调查的潜在受访者时，网络调查可能会受到“模式切换”的影响而产生无应答（Sakshaug, Yan, and Tourangeau, 2010）。Sakshaug 和他的合著者开展了一项调查研究，调查初始阶段通过电话联系受访者，在同意在线做调查的受访者中约 40% 的受访者并没有上网填答问卷。Sakshaug、Yan 和 Tourangeau 的研究表明，模式切换无应答是导致网络调查估计总体误差的一个重要因素。交互式语音应答（IVR）调查也存在类似的现象，初始阶段先由现场电话访问员联系的受访者，一些受访者同意在自动电话采访中完成其他问题，但在转到 IVR 系统时挂断电话。与传统的数据收集方法（如电话或面对面的访谈）相比，受访者一旦切换到网络调查时也会产生较高的“中止填答”率。我们怀疑，访问员的缺席可能会让受访者更容易中途退出调查。

总结一下关于无应答的讨论。网络调查的应答率往往低于邮件调查（11% 左右），而且可能会产生其他形式的无应答，例如模式切换无应答和“中止填答”，这在传统的数据收集方法中是相对少见或根本不可能的。与其他类型的调查一样，网络调查的应答率似乎在下降。近年来，奖励措施在调查中使用得越来越频繁（至少在美国是这样），但在网络调查中似乎效果有限（Góritz, 2006a），也许是因为大多数网络调查使用了相对无效的奖励措施。

总效应。网络调查受制于所有三种主要形式的非观测误差。如果使用概率样本，则网络调查的估计值（类似于基于任何概率样本的估计值）只会受到随机抽样误差的影响。但实践中更值得注意的

> 译者思考
> 48. 非观测误差会对调查结果造成怎样的影响？

是,使用完全由自我选择的志愿者组成的非概率样本可能导致抽样偏差。由于互联网人口缺乏良好的抽样框,而且互联网人口不包括美国或其他国家的所有成年人,大多数网络调查也有可能出现较大的覆盖偏差。最后,互联网调查的应答率低于邮件调查和其他使用传统数据收集方法的调查。即使是最好的网络追踪样本——样本成员基于概率抽样方法招募的——在接触和招募样本成员所需的多个步骤中,也会出现较高的无应答率。图8.1以图形方式描述了这三种形式的非观测误差。

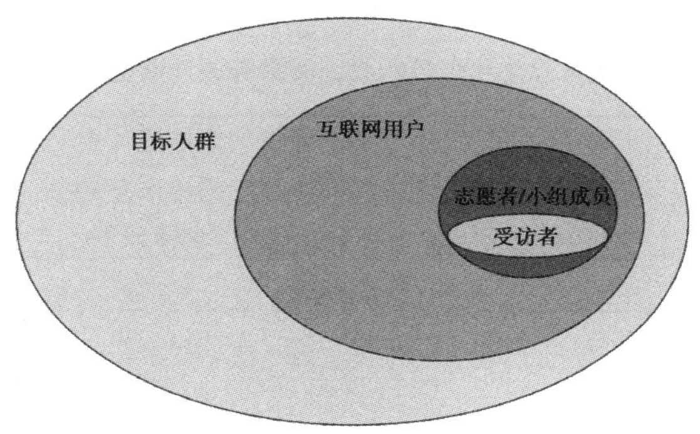

图8.1　三种形式的非观测误差

注:最大的椭圆代表目标人群,最小的椭圆代表特定网络调查的应答者,中间的椭圆代表具有网络接入的目标人群的子集以及加入网络追踪样本的成员。目标人群和互联网人群之间的差异构成覆盖误差。网络人群与志愿者或追踪样本成员之间的差异构成了选择误差。志愿者/追踪样本与调查应答者之间的差异构成无应答误差。

这三种形式的误差对网络调查估计的净影响是什么?几项研究试图衡量非观测误差对调查样本代表性的总效应。Chang和Krosnick(2009)将全国RDD调查与两个网络追踪样本的应答者的人口统计学特征进行了比较。两个网络追踪样本分别是哈里斯互动追踪样本(由自我选择志愿者组成)和知识网络(KN)追踪样本(最初通过RDD抽样选择)。在这项特别的调查中,按照一般人群的人口统计学特征抽取了哈里斯互动追踪样本成员构成调查样本(因此,该样本说明了样本匹配的局限性)。三个样本中的受访者回答了相同的一组调查问题。Chang和Krosnick以当前人口调查(Current Population Survey,CPS)样本的数据为基准,比较了三个样本的人口特征。在未进行任何加权调整的情况下,最新的RDD样本比两个网络调查志愿追踪样本更接近CPS数据;此外,总体上,知识网络(KN)追踪样本比哈里斯互动追踪样本更接近CPS数据。

表8.1 样本中教育程度和年龄构成,按是否统计调整分类(单位:%)

	未加权的估计值			
	(RDD)抽样样本	知识网络追踪样本	哈里斯互动追踪样本	CPS(2000年3月)
教育程度				
高中未毕业	7.0	6.7	2.0	16.9
高中毕业	31.3	24.4	11.8	32.8
大学未毕业	19.6	32.3	36.6	19.8
大学毕业及以上学历	42.1	36.6	49.5	30.5
样本量	1504	4925	2306	——
年龄				
18~24岁	10.0	7.8	8.0	13.2
25~34岁	17.9	19.1	21.2	18.7
35~44岁	24.5	25.8	21.5	22.1
45~54岁	20.7	23.0	27.9	18.3
55~64岁	12.1	12.4	15.5	11.6
65岁以上	14.9	11.9	5.8	16.1
样本量	1496	4923	2306	—

续表

	加权后的估计值			
	(RDD)抽样样本	知识网络追踪样本	哈里斯互动追踪样本	CPS(2000年3月)
教育程度				
高中未毕业	17.1	12.3	7.9	16.9
高中毕业生	32.7	33.5	36.5	32.8
大学未毕业	19.8	28.5	26.9	19.8
大学毕业及以上学历	30.3	25.6	28.8	30.5
样本量	1504	4925	2250	—
年龄				
18~24岁	13.5	9.8	6.7	13.2
25~34岁	15.3	19.1	24.4	18.7
35~44岁	22.7	22.8	32.3	22.1
45~54岁	17.8	19.8	36.6	18.3
55~64岁	12.4	13.4	10.4	11.6
65岁以上	18.3	15.2	14.5	16.1
样本量	1496	4923	2250	—

注:由于缺失数据,每个访题的样本量会有所差异。Chang和Krosnick(2009)。

表8.1显示了研究的一些代表性结果。表格上半部分给出了未加权样本的教育程度和年龄构成;表格下半部分给出了应用权重后的相应数据,加权调整是为了减少由于非观测误差引起的误差。这三个样本都对受教育程度低于高中的人代表性不足,也都倾向于过度代表大学学历或以上学历的人群;哈里斯互动追踪样本与CPS的数据偏离最大,RDD样本与CPS的数据偏离最小。同样,样本对年龄谱两端的人的代表性不足,并且过度代表了年龄在35到64岁之间的人;同样,这些偏差在哈里斯互动追踪样本中最大,在RDD样本中最小。权重大大改善了这种偏离,使三个样本的数据与CPS的数

据更接近。Tourangeau、Groves、Kennedy和Yan(2009)报告了类似于Chang和Krosnick的研究。他们将一个网络样本(从两个自我选择的网络调查志愿追踪小组中抽取)与美国社区调查(American Community Survey,ACS)的人口数据进行了比较,研究了应答者的年龄、性别、种族和教育分布的差异。与CPS一样,ACS是由美国人口普查局(US Census Bureau)开展的调查,但它的样本量更大。Tourangeau和他的同事报告了网络样本和美国成年人之间的差异,这些差异与Chang和Krosnick发现的相似。例如,网络样本严重地过度代表了大学或更高学位的人。

正如我们在第2章中所指出的,经常使用权重来调整由网络调查志愿追踪样本推断的估计值。使用事后分层加权(post-stratification)或多变量反复加权法(raking)来调整人口构成,或使用更复杂的方法消除误差。不幸的是,在调整之后,实质性的偏差(如Chang和Krosnick在2009年的发现)往往仍然存在。

8.2 观测误差

我们讨论最后一种形式的误差:测量误差或观测误差。网络调查有一些重要的功能,相对于其他数据收集方法,可以减少测量误差:

1)呈现问题的主要渠道是视觉,允许结合照片、视频剪辑等,使问题的含义更清晰;

2)调查可以具有互动性,为受访者提供各种帮助,并自动导航,让他们回答适当的问题;

3）这些问题是由计算机而不是由访问员提出的，这一特点减少了答案的社会期望偏差，优势明显；

4）受访者控制调查的节奏，可以轻松地重读问题，减轻回答问题的认知负担。

网络调查的每一个功能都会影响受访者如何容易、准确地回答问题。

视觉呈现。网络调查的一个潜在的可取功能是能够向受访者呈现视觉信息，包括静态图像和视频。在一些调查中，向受访者提供相关的视觉信息可能对调查的目的至关重要。其他的数据收集方式也允许向受访者展示视觉信息，例如，面对面访问员经常使用卡片展示视觉信息。

正如我们在第5章中所指出的，图像很可能会引起受访者的注意，当它们与问题一起呈现时，它们会影响受访者如何理解问题，或者在作出判断时采用什么标准。Couper、Tourangeau和Kenyon(2004)的一项实验提出了证据，证明目标类别(如购物)的图片可以改变受访者对该类别的理解。Couper、Conrad和Tourangeau(2007)后续的一项研究也证实了视觉环境的影响，这次是对受访者对健康状况判断的影响。除非图片是问题的重要部分，否则应该避免图片。

应答选项和其他视觉标签的间距也会影响受访者解读调查任务或应答量表的意义。我们(Tourangeau,Couper,and Conrad,2004,2007)提出受访者解读网络调查中应答量表意义的五种方式。五种解读方式为：

1. 中间意味着典型
2. 左和上意味着第一
3. 接近意味着相关

4.相似（在外表上）意味着接近（在意义上）

5.向上意味着良好

根据第一种解读方式，量表的视觉中点在理解量表点的意义方面起着重要的作用。根据这一解读方式，双极量表的视觉中点将被用来表示判断维度的概念中点，也就是说，在概率量表中代表发生率与不发生率都是50%的点。当基本维度是单极性时，受访者可能会假设视觉中点代表最典型的值（总体中位数或众数）。第二种解读方式（“左和上意味第一”）是指受访者预期应答选项遵循某种逻辑顺序。当应答选项以水平方向呈现时，受访者希望最左边的选项表示一个极端，最右边的选项表示另一个极端，其余选项按逻辑顺序从左到右排列。当应答选项以垂直方式呈现时，受访者预期顶部和底部选项代表两个极端，其余选项按从上到下的逻辑顺序排列。“接近意味着相关”的解读方式是指受访者倾向于根据他们的物理接近程度推断两个访题之间的概念联系。例如，受访者可能认为网格中的访题比在单独的屏幕上显示的访题关系更密切（Tourangeau et al.,2004，实验6）。第四种解读方式（“相似意味着接近”）是指受访者倾向于根据外表相似性来推断两个访题或两个应答选项之间的概念也相近。例如，相对于量表的两端是不同色调的阴影，当应答量表的两端是同一色调的阴影时，受访者会推断这两个极端在概念上更接近。这个推断可能会导致受访者给出不同的答案（Tourangeau et al.,2007）。最后的解读方式是指当访题在屏幕上更高的位置显示时，受访者更倾向于给予有利的评价；人们将物理位置与积极的评价联系起来，这会影响他们对研究对象的评级（Meier and Robinson, 2004;Tourangeau,Couper,and Conrad,2011）。

调查访题的计算机化。不同的调查模式最重要的区别之一是是否由访问员提出问题并记录答案。大量证据表明，当访问员不参与调查时，受访者更愿意在调查中报告令人尴尬的信息；如果电脑向受访者直接提出问题时，受访者也更愿意报告敏感信息（Tourangeau and Yan,2007）。无论电脑化还是纸质问卷的自填模式调查，通常都能促使受访者更准确地回答容易引起社会期望偏差的问题，例如有关非法药物使用、酒精消费和投票。在线调查的一个主要特征是没有访问员参与。

Kreuter、Presser和Tourangeau（2008）的一项研究证明了互联网调查相对于其他数据收集方法的这一优势。Kreuter和她的同事比较了受访者CATI、IVR和在线调查三种数据收集模式下的报告错误答案的状况；他们可以根据外部记录数据验证一些访题的答案的正确性。对于他们调查的所有4种社会“不受欢迎”的行为（比如在课堂上获得不满意的成绩或留校察看），网络调查的报告错误率最低，低于CATI（具有采访模式的特征）和IVR（没有采访模式的特征）。一些网络调查使用“替身”（avatar）（研究者或访问员呈现在屏幕上）或其他“人性化”互动的功能；到目前为止，这些功能似乎并没有加剧社会期望偏差（Tourangeau, Couper, and Steiger, 2003; 但见 Conrad, Schober,and Nielsen,2011；以及 Lind,Schober,Conrad,and Reichert，正在发表中）。尽管如此，当社会期望（social desirability）可能是一个问题时，这些功能应该避免使用。此外，“性别化”界面（例如，呈现女性调查员照片的网络问卷）可能会影响与性别相关问题的应答（例如，关于职场女性的问题；Tourangeauet al.,2003;另见 Fuchs,2009）。

除了减少社会期望偏差和访问员效应外，网络调查还具有“计算机化”问卷的所有一般优势，可以开展非常复杂的问卷调查。

互动功能。网络调查的第二个优势是能够与受访者实时互动。这种能力是以前文提到的计算机化的其他一些吸引人的功能为条件的；例如，网络调查可以根据受访者对先前问题的应答，为受访者定制适当的问题，但只有当问卷实时处理了受访者填答的信息时，才能做到。一些研究人员提倡使用网络调查的“静态”设计(在这种设计中,调查问卷以一个可滚动的HTML格式体现,很像纸质的调查问卷),但这种设计舍弃了计算机提供的许多功能。

原则上,网络调查问卷可以内置一些功能,在受访者回答问题时为其提供帮助,鼓励受访者填答问卷。在鼓励受访者填答问卷方面,网络问卷与其他计算机应用程序一样,可以设置进度标识,试图阻拦受访者“中止填答”。我们进行了一系列研究(Conrad,Couper,Tourangeau,and Peytchev,2010),发现除非进度标识提供令人鼓舞的消息,否则它们往往会增加而不是减少“中止填答”(关于更详细的总结,见第6章)。我们的研究比较了普通的进度标识、问卷前期“快速”—后期“缓慢”的进度标识、问卷前期“缓慢”—后期“快速”的进度标识。当一开始的进度反馈是“令人鼓舞”的时候,受访者最不可能中途“中止填答”问卷。然而,即使是最令人鼓舞的进度标识,与没有设置任何进度标识的调查相比,也没有降低受访者“中止填答”的比例。显然,有时候最好的消息是根本没有消息[①]。

我们的一些研究检验了向受访者提供关键术语的定义对提高受访者对访题的理解是否有效(Conrad,Couper,Tourangeau,and Peytchev,2006;见第6.2节中的讨论)。从这些研究中得到的主要教训是,任何较难的获取定义的操作(例如需要多次单击)都会降低受访者使用定义的可能性。与那些采取烦琐的操作(如点击和滚动)的受访者相比,那些只需滑动鼠标就可以获得定义的受访者更容易使用定义。当受访者确实使用了某个定义,他们似乎会把它放在心上,进而影响他们如何回答问题。

网络调查可以对受访者的行为做出响应,比如在受访者回答了某个问题后,改变该问题的外观,或者实时更新受访者的数字答案总和。我们和Galešic(Galešic,Tourangeau,Couper,and Conrad,2007)一

①作者的意思是不给受访者提供任何反馈信息。——译者注

起做的一项研究检验了响应性网格设计的优点。网络调查中经常使用网格访题来收集一系列相似访题的评级应答。通常,网格的每一行显示一个访题,每一列显示一个应答选项。与其他访题格式相比,网格问题似乎对受访者来说较为困难,会产生更高水平的数据缺失(以及更高的"中止填答"率)。我们和 Galešic 的研究比较了普通网格和在受访者对其进行填答后变灰的网格;响应性的网格格式产生了比普通网格设计更低的数据缺失率。在另一个研究网络调查互动功能有效性的例子中,DeRouvray 和 Couper(2002)开展了一个在线调查,该调查对"跳过(未回答)"某个访题的受访者进行了提示("我们非常希望您能回答这个问题。如果你想从建议答案中选择一个,请选择"上一步")。这样的提示降低了数据缺失的程度。在另一个在线调查互动能力的实验中,我们(Conrad et al.,2009)在关于饮食问题的调查中对"超速"受访者进行提示,在电脑上显示信息,要求受访者确保他们对这个问题有足够的思考。这些提示减缓了受访者对问卷后续访题的填答速度。

认知负担。尽管图像和其他视觉线索可能会产生非预期的后果,但网络问卷的视觉呈现特征也有其优势。其中之一是,网络调查给了受访者一个回顾问题和答案的机会。在电话访问中,访题由访问员提出,只有在受访者提出要求时,访问员才能重复问题;相比之下,在网络调查中,受访者可以根据自己的喜好,反复地重读问题。更普遍地说,网络调查与其他自填模式的数据收集模式一样,允许受访者以自己的速度和方便的时间完成调查。网络调查和其他自填模式调查能够使受访者轻松地重读问题,不慌不忙地在方便的时候完成调查,这些特点可能会减少回答问题所需的认知负担。

一些研究结果表明,与电话调查相比,网络调查确实减少了认知负担。Fricker、Galešic、Tourangeau 和 Yan(2005)发现,与在电话调查中回答相同访题的平行研究相比,网络调查中有较高比例受访者正确回答了基础科学知识问题;网络受访者在这些问题上也花了更多的时间。电话采访的节奏越快,在这些问题上的表现可能就越差。Chang和Krosnick(2009)发现,网络受访者比电话受访者对一组态度类访题给出的应答更具差异性;他们还发现,网络受访者的应答比电话受访者的应答的信度更高,并且具有更高的预测效度。相比之下,Fricker和他的同事(2005)发现,网络受访者的应答与电话受访者的应答相比差异较小,这可能是因为网络调查将访题分组在一个网格中。因此,模式对认知负担的影响不仅涉及模式本身,还涉及问卷设计等其他因素。

总结。总体而言,与其他数据收集方法(如电话访问等)相比,网络调查提供了许多可以减少观测误差的功能。网络调查具有很多优势,拥有自填模式、自动化、响应性、视觉呈现和减轻认知负担等功能具有的益处。在一些跨数据收集模式的实验比较中(例如,Chang and Krosnick,2009;Fricker ett al.,2005;Kreuter et al.,2008),与电话采访相比,网络调查获得了更准确的事实性信息和更有效的态度类测量。

8.3 模式效应模型

越来越多的调查使用多种模式收集数据,以降低成本或提高应答率,或两者兼而有之(de Leeuw,2005)。这自然会引发这样的问题:不同模式下的问卷是否应该设计成模式差异最小化?通过不同数据

译者思考

49. 网络调查与其他调查方式组合收集数据,都有哪些组合模式?应该如何选择?

收集方法收集的数据是否可以合并？例如，Dillman 和 Christian (2005)指出，电话调查倾向于使用仅有端点标签的评分量表，而邮件和网络调查则更倾向于使用每个量表点都有文字标签的量表。类似地，根据 Dillman 和 Christian 的说法，邮件调查和网络调查更倾向于使用“勾选所有适用的选项”的格式，而电话调查则会对每个项目给出肯定或否定的回答。

当调查使用多个模式时，可以采用两种取向的设计方式。一种取向试图最小化模式间的差异，即单模式取向设计(unimode approach)；另一种取向试图最小化每个模式中的误差，即使这意味着在不同的模式中使用不同的问题，即最佳实践取向设计(best practices approach)。

模式的影响。为了了解这两种取向的相对优点，应在测量估计中的总体误差模型中区分观测误差和非观测误差。我们首先从调查中推断的事实性估计值的误差开始探讨。为了具体起见，假设我们试图推断估计一般人群中危险行为的发生率(比如说，酗酒)。让 $\hat{\theta}_A$ 表示从使用单一数据收集模式的独立调查中获得的估计值，模式 A：

$$\hat{\theta}_A = \mu_A + b_A + \bar{e}_A \tag{8.1}$$

根据公式 8.1，估计值($\hat{\theta}_A$)反映了三个组成部分：该模式下受访者的平均真分数(μ_A)，数据收集方式对应答的系统影响(b_A)，以及该模式下的平均随机误差($\bar{e}_A$)。b_A 和 $\bar{e}_A$ 一起表示观测或测量误差对估计值的总体影响。

非观察误差反映在样本受访者的平均真分数与相应的总体参数之间的差异上($\mu_A - \mu$)。总体的真实分数平均值也就是目标人群的总体参数(即 $\mu = \theta$)。正如我们在第 2 章看到的，这种差异由两部分组成：

$$\mu_A - \mu = P_{A0}(\mu_{A1} - \mu_{A0}) + \frac{Cov(P_{A1i}, \mu_i)}{\bar{P}_{A1}} \tag{8.2}$$

第一个组成部分$P_{A0}(\mu_{A1} - \mu_{A0})$代表在特定模式调查中遗漏人口的影响。在网络调查中，指无法上网的那部分人。这一非观测偏差反映样本中缺失的成员，他们参与倾向为0。误差的第二个组成部分反映了这样一个事实，即使在参与倾向不为零的人群中，一些人比其他人更有可能成为志愿者或作出应答。如果参与倾向的差异(P_{A1i})与目标变量(μ_i)有关，估计值中还会有其他的非观测误差；这一误差反映在公式8.2的协方差项$\frac{Cov(P_{A1i}, \mu_i)}{\bar{P}_{A1}}$中。

组合模式。在多模式组成的调查中，总体估计值是从通过两种(或更多)数据收集模式获得的估计值综合计算得出。我们关注调查使用两种模式的情况：

$$\hat{\theta}_{AB} = w\hat{\theta}_A + (1 - w)\hat{\theta}_B = w(\mu_A + b_A + \bar{e}_A) + (1 - w)(\mu_B + b_B + \bar{e}_B) \tag{8.3}$$

其中$\hat{\theta}_A$是从第一种模式的应答中得出的估计值(例如，电话调查)，$\hat{\theta}_B$是从其他模式(网络调查)应答中得出的估计值，w是赋予第一个模式中个案的权重(通常是该模式应答样本的比例)。一般的假设是，组合模式相对于单独的单一模式提高了覆盖范围或应答率(或两者)。也就是说，相对于任何一种单一模式，有更高比例的样本成员能够对提供两种应答方式的调查作出回应。就模型而言，没有机会通过模式A或B完成调查的人口比例(P_{AB0})必然小于无法通过一种模式(P_{A0})或另一种模式完成调查的人口比例(P_{B0})：

$$\begin{aligned} P_{AB0} &\leqslant P_{A0} \\ &\leqslant P_{B0} \end{aligned}$$

然而，覆盖率的提高并不能保证非观测误差的减少。同样地，应答率的增加并不能保证非应答误差的减少(Keeter,Kennedy,Dimock,

Best,and Craighil,2006;Keeter,Miller,Kohut,Groves,and Presser,2000)。大多数研究者使用多模式部分是为了提高应答率(即,在我们的模型中表达为$\overline{P}_{AB} \geqslant \overline{P}_{A}$和$\overline{P}_{AB} \geqslant \overline{P}_{B}$),但大量的证据并不完全支持这一目标。有时,增加一种模式的选择似乎适得其反,降低了应答率(Brøgger, Nystad, Cappelen, and Bakke, 2007; Griffin, Fischer, and Morgan, 2001;更全面的讨论见第3.5节)。

但组合模式所担心的主要问题是对测量误差的潜在影响(例如,de Leeuw,2005)。从公式8.3可以看出,从混合模式调查得出的估计值的总误差为:

$$\hat{\theta}_{AB} - \theta = ([w\mu_{A} + (1 - w)\mu_{B}] - \mu) + [w(b_{A} + \bar{e}_{A}) + (1 - w)(b_{B} + \bar{e}_{B})] \tag{8.4}$$

第一部分误差——μ_A和μ_B的加权和与总体平均真分数(μ)之间的差异——代表非观测误差对估计值($\hat{\theta}_{AB}$)的影响,第二个部分表示观测误差的影响,其中b_A和b_B代表两种模式的效应,$\bar{e}_A$和$\bar{e}_B$代表两种模式各自的平均随机误差。由于$\bar{e}_A$和$\bar{e}_B$的期望值为零,因此$\hat{\theta}_{AB}$的混合模式调查的期望观测误差是:

$$wb_{A} + (1 - w)b_{B} \tag{8.5}$$

表达式8.5中的估计值大于或小于单模式调查估计的相应测量误差取决于几个因素:包括b_A和b_B的相对大小以及两种模式的误差是在同一方向还是相反方向。

假设模式A是调查的传统模式或主要模式,大多数受访者都是通过该模式完成调查。那么,问题就是$wb_A + (1 - w)b_B$是否大于、等于或小于b_A;也就是说,相对于第一种模式,添加第二种模式是增加了还是减小观测误差,或是使观测误差保持不变。如果两种模式的误差都是在同一个方向上的(例如,在所有数据收集模式中,受访者都可能低报酗酒状况),当$|b_B| < |b_A|$时,通过将模式B添加到混合中,

估计的总体准确性将得到提高。根据第7章的结果,在主要依靠电话收集数据的调查中增加网络选项可能会减少系统观测误差,至少对于敏感行为的调查而言是这样。另一方面,如果第二种数据采集模式的误差比第一种模式的误差大,添加将增加总体的观测误差。

当两种模式的误差方向相反时,情况就变得复杂了。在这种情况下,第二模式中的误差可以抵消第一模式中的误差;当 $|b_B - w_1(b_B - b_A)| < |b_A|$ 时,总体观测误差会减少。一般来说,尽管对涉及行为或事实的总体估计的准确性存在争议,最佳实践取向设计(即最小化每个模式中的误差)可能产生比单模式取向设计更好的总体估计。

让我们考虑一个具体的例子来说明这个模型的含义。假设调查的传统模式是计算机辅助电话采访(CATI),并将网络数据收集方法混合到调查中。进一步假设关键的目标访题是关于酗酒的("考虑到所有类型的酒精饮料,在过去的30天里,你有多少次一次喝了5杯或更多的酒?")。我们预计,无论哪种模式,受访者都会漏报酗酒行为,但漏报的情况在电话中会更糟(Link and Mokdad,2005a)。因此,在本例中,CATI(b_{CATI})的模式效应是负的,例如,−0.15表示漏报的比例约15%。网络数据收集可能会将相应值降低到5%(b_{WEB})。如果我们假设70%的受访者通过CATI完成了调查,30%通过Web完成了调查,那么根据8.5中的表达式会得到:

$$w_{CATI}b_{CATI} + (1 - w_{CATI})b_{Web} = (0.7 \times -0.15) + (0.3 \times -0.05) = -0.12$$

在这个案例中,添加网络调查可以将漏报的预期水平从15%降低到12%。当然,如果出于某种原因,网络数据收集导致受访者过度报告酗酒(比如,b_{WEB}=+0.05),那么,通过添加网络调查,总体估计的改善将更大:

$$w_{CATI}b_{CATI} + (1 - w_{CATI})b_{Web} = (0.7 \times -0.15) + (0.3 \times 0.05) = -0.09$$

尽管在误差方向相反的情况下改进了调查估计,但在这种情况下，混合模式并不一定能提高个人应答的质量。此外，研究人员指望误差能互相抵消（像他们在这个例子中所做的那样）是一个错误！

估计值的准确性vs.可比性。然而，对于许多使用混合模式的研究来说，关键的估计不是总体的点估计，而是各种类别的比较。例如，医疗服务供应者和系统的医院消费者评估调查（Hospital Consumer Assessments of Healthcare Providers and Systems surveys, HCAHPS）收集用于比较不同医院患者满意度的数据。HCAHPS调查共使用四种不同的模式来收集数据[邮件、电话、“招募—转换”互动式语音应答[①]（recruit-and-switch IVR）以及邮件伴随电话访问]，不同模式的患者评价存在实质性的差异（见Elliott，Zaslavsky，Goldstein，Lehrman，Hambarsoomian，Beckett，and Giordano，2009）。Elliott和他的同事做了一个随机实验，比较了这四种模式，发现HCAHPS受访者在电话和IVR访谈中对医院的评价往往高于他们在邮件问卷或“邮件—电话”组合中的评价。他们提出的证据表明，这种评价的差异是由模式差异引起的，而不是由不同模式下患者类型的差异引起的。

根据我们的模型，两家医院平均满意度的差异反映了三个方面差异——两所医院实际的病人满意度差异、非观测误差的差异（例如，由于无应答造成的）以及观测误差的差异：

$$\hat{\theta}_1 - \hat{\theta}_2 = (\mu_{1r} + b_1 + \bar{e}_1) - (\mu_{2r} + b_2 + \bar{e}_2)$$
$$= (\mu_{1r} - \mu_{2r}) + (b_1 - b_2) + (\bar{e}_1 + \bar{e}_2)$$
$$(\mu_{1r} - \mu_{2r}) = [\mu_1 + (\mu_{1r} - \mu_1)] - [\mu_2 + (\mu_{2r} - \mu_2)]$$
$$= (\mu_1 - \mu_2) + [(\mu_{1r} - \mu_1) - (\mu_{2r} - \mu_2)]$$
$$E(\hat{\theta}_1 - \hat{\theta}_2) = (\mu_1 - \mu_2) + (b_1 - b_2)$$
$$= (\mu_1 - \mu_2) + [(\mu_{1r} - \mu_1) - (\mu_{2r} - \mu_2)] + (b_1 - b_2) \quad (8.6)$$

在最后的表达式中，$\mu_1 - \mu_2$表示两所医院的实际总体满意度差

①先由电话招募受访者，然后转换到互动式语音应答系统中开始调查。——译者注

异,方括号内的表达式表示两所医院调查中无应答误差的差异,$b_1 - b_2$代表模式效应的差异。虽然很复杂,但公式8.6只能处理均值估计中的简单偏差。模式间随机误差项的方差的差异可能会将偏差引入其他类型的估计值中,如回归或相关系数。

一个例子可能有助于更清楚地理解公式8.6。假设患者满意度是使用5点量表(5代表最高水平的满意度),评价数据从两家医院(A和B医院)的患者中收集。假设A医院的满意度评价通过邮件调查收集数据,B医院的满意度评价通过网络调查收集数据。我们还假设A医院的患者实际上比B医院的患者更满意(实际上平均总体评分分别为4.2和3.7),但高满意度的病人比低满意度的病人更有可能完成调查(A医院患者的评分均值为4.4,B医院患者的评分均值为4.1,B医院的无应答误差较大,为4.1~3.7)。最后,我们假设存在模式差异,网络调查评分平均比邮件调查的评分低0.4。应用公式8.6,我们得到①:

$$
\begin{aligned}
E(\hat{\theta}_A - \hat{\theta}_B) &= (\mu_A - \mu_B) + [(\mu_{Ar} - \mu_A) - (\mu_{Br} - \mu_B)] + (b_{Mail} - b_{Web}) \\
&= (4.2 - 3.7) + [(4.4 - 4.2) - (4.1 - 3.7)] + [0.2 - (-0.2)] \\
&= 0.5 - 0.2 + 0.4 = 0.7
\end{aligned}
$$

在最后一行,0.5代表真实总体满意度差异,−0.2是两家医院在调查中无反应误差的差异,0.4是不同模式的应答差异。在这种情况下,模式差异导致高估了两家医院之间的差异(估计值为0.7,但实际差异为0.5)。

有三种方法可以最小化方程8.6的最后一项,$(b_1 - b_2)$或模式效应差异。首先,使用同样的数据收集模式调查两家医院患者的满意度。其次,如果使用一种以上的模式来收集数据(例如,Web和邮件的组合),那么在每家医院可以使用相同的混合模式开展调查,也就

①原文使用[(0.2−(−0.2)]来计算模式差异,译者推测邮件调查的模式效应为0.2,网络调查的模式效应为−0.2,两者差异为0.4。——译者注

是说，每家医院受访者参加每种调查模式的比例相同（比如，两家医院受访者都是40%受访者参加网络调查和60%的受访者参加邮件调查）。在这两种情况下，两家医院的b_1和b_2应该是相同的，两者之间的差异大概为零。第三，如果既不能使用相同的模式，也不能使用相同的混合模式，则可以使用“单模式取向”设计（以最小化模式差异目标来设计问题）。

一般来说，当调查的主要目的是对总体参数做出估计，特别是关于事实性问题的总体估计时，最佳实践取向的混合模式设计通常是最好的。这是因为（如我们在公式8.5中所示），当进行总体估计时，跨模式的测量误差基本上是相加的。因此，为了得到最佳的点估计，通常最好的做法是最小化每种模式的误差。相比之下，当对研究变量的评分进行比较是调查的主要目标时，单模式取向设计可能更合适。这是因为，在比较中，正是因模式引起的误差之间差异$(b_1 - b_2)$使比较结果产生偏差（见等式8.6）。为了使比较结果偏差最小，通常最好的方法是使每个模式中误差相等$(b_1 - b_2 = 0)$。当估计值的绝对水平不重要时（例如，调查中的大多数变量是主观式评级量表问题），不同模式之间的可比性是需要考虑的关键因素，单模式取向设计可能更有意义。这个结论只是基于偏差的考虑。当模式之间的方差差异较大时，这时考虑的因素会“超越”偏差，推动研究人员朝着减少各模式方差的方向进行研究设计——也就是说，促使他们采用最佳实践取向设计。

8.4 对网络调查的建议

在本书中，我们讨论了一些设计功能，这些功能可能会影响网络调查估计的好或坏。我们避免对大多数的问题提出明确的建议，因为我们相信，研究人员所需要的是了解这些建议所依据的原则和研究结论，而不是提供有关他们应该做什么的具体指南。每一项调查都是不同的，没有一项指南会适用于所有调查。尽管如此，从我们的讨论中还是可以得到一些建议。在这一节中，我们将明确提出这些建议，并在此呈现给读者。

减少非观测误差。尽管互联网接入率将继续增长，但是应用网络调查推断一般人群状况仍然存在严重的局限性。为了最小化这些局限，我们提出以下建议。

(1)如果调查的目标是将调查结果推广到一个已知的总体，那么就从一个概率样本开始。即使在低应答率的情况下，概率样本似乎比自选样本更能代表总体(例如，见表8.1，Chang和Krosnick，2009)。

(2)使用并行的电话调查结果来校正网络调查结果会对网络调查估计值产生很大的偏差，并增加其方差(Bethlehem,2010; Lee and Valliant,2009)；在可能的情况下，避免使用这种方法来纠正非观测偏差(请参见第2.3节中的讨论)。

(3)尽管如此，使用一些加权或调整的方法来纠正网络样本的不足是有帮助的；将与关键调查变量密切相关的协变量纳入权重中比精确的权重方法更重要(见第2章表2.4和公式2.4)。

(4)可以采取增加应答倾向或平衡各亚群体的应答倾向的措施来尝试最小化无应答偏差。使用电子邮件以外的事前通知(其他模式使用的)似乎会提高网络调查的应答率。在此之后，可以发送一封电子邮件邀请，其中可以包含调查的URL链接(请参阅第3.5节中的讨论)。

> 译者思考
>
> 50. 如何更好地使用网络调查方式收集数据?

（5）如果可能，使用预付现金奖励；如果使用抽奖奖励，立即通知样本成员抽奖结果（Tuten,Galešic,and Bosnjak,2004）。激励措施提高了样本中参加调查的比例，也减少了“中止填答”（见第3.5节）。

（6）一些令人不愉快的“意外”——进度缓慢（超过预期）、填答时长超过告知的需要的时间、访题难度超过预期（比如复杂的表格或需要填答较长文字的文本框）——会导致“中止填答”。尽量减少这种“意外”。

（7）追问缺失答案可以减少访题的无应答，但显然对“中止填答”率没有太大影响。如果某些访题对调查至关重要，则应包括后续追问，以减少丢失数据的程度（见第6.2节）。

减少观测误差。我们将最小化观测（或测量）误差的建议分为四类——（1）基本设计方面，（2）调查设计的视觉方面，（3）互动功能，（4）自填模式与认知负担。本书的前几节提出了这些建议的理论或实证研究基础。

基本设计方面：

（1）分页设计通常比滚动设计更可取，它允许调查使用网络的互动功能（见第4.3节）。

（2）使用白色或浅色背景（如浅蓝色）进行网络调查；避免使用背景图案（第4.4节）。

（3）网格可以导致中止填答、数据缺失和无差异化（直线化）。它们应该被谨慎使用，并且它们的设计应该尽可能简单。避免在一个网格中出现多个相倚问题。每隔一行加上阴影或使已完成的访题变灰可以减少数据缺失（第4.7节和第6.2节）。

（4）在整个调查过程中遵循标准惯例。例如，对问题文本使用黑体打印，对应答选项使用常规格式，对强调使用大写或斜体（第

4.4节)。

(5)确保输入工具与预期功能相匹配(例如,当需要单个答案时使用单选按钮;第4.6节)。

(6)网页的左上角是视觉上最突出的部分(第5.3节);把最重要的信息放在那里。

(7)左对齐调查访题;如果调查在一页上呈现多个问题,则对其进行编号;编号使受访者更容易看到有多少问题(第4.4节)。

(8)将应答输入框放在相应标签的左侧(第4.4节);在可能的情况下,将所有应答选项显示在一列(或一行)中。避免多栏排列选项;这可能会困扰受访者,导致他们选择多个答案。

(9)在每个屏幕底部包括"下一步"和"上一步"按钮;如果可能的话,使"上一步"按钮在视觉上比"下一步"按钮稍微不那么突出一些(第4.5节)。

视觉方面:

(1)图像能够引起受访者的注意。因为它们是强有力的情境刺激,所以应该谨慎地选择(或者避免使用;参见第5.2节中的讨论)。

(2)图片展现的内容都是具体的。它们能够缩小对调查类别的理解(第5.2节)。这是另一个谨慎选择使用它们或使用文字举例的原因。

(3)视觉标签应与评分量表的使用目的一致。如果量表点在概念上是等距的,请确保它们在视觉上也是等距的,并以这种方式在浏览器和设备中显示。中间选项应为中立点、50/50等;量表中的概念中点和视觉中点应一致(第5.1节)。

(4)避免显示非实质性选项(不知道或没有意见);但如果需要,在视觉上将它们与实质性应答选项分离(第5.1节)。

(5)不要使用颜色、数字或其他可能导致不必要推论的设计元素(第5.1节)。如果需要数字,使用计数数字(从1到n)。

（6）为每个量表点提供文字标签（第5.1节）。

互动功能方面：

（1）提供技术类术语的定义，并使应答者易于访问这些定义。最好的方法可能是当受访者似乎在纠结时自动显示定义（例如，当他们花了很长时间来回答时），或者直接在问题中提供定义（第6.2节）。

（2）请求回答问题过快的受访者花更多的时间可以让他们放慢速度，但似乎只影响其中一些"超速者"。这种方法似乎也减少了对后续访题的满意行为（satisficing behavior）（第6.2节）。

（3）进度标识可以减少"中止填答"，但只有当他们给出的消息令人鼓舞时才能发挥这一功能；通常，相对于任何形式的进度标识，没有进度标识时"中止填答"更少发生（第6.3节）。

（4）计数器和其他互动设备可以帮助受访者处理其他要求很高的访题。使用计算机执行比人做得更好的任务（第6.4节）。

（5）人性化的界面有可能会提高受访者参与度，但这也可能助长社会期望偏差和（虚拟）访问员的种族与性别效应。目前尚不明确使用人性化界面性价比是否更高（第6.4节）。

自填模式与认知负担：

（1）网络调查似乎是收集潜在敏感信息的好工具。如果环境不是私密的（例如，如果数据收集是在学校的计算机实验室进行的），或者如果使用了类人型界面（第7.2节），则可能会削弱网络数据收集的这一优势。

（2）网络调查也是评估受访者知识水平和进行标准化心理测验的良好数据收集模式。在评估受访者的知识时，重要的是采取措施防止受访者在线查找答案（见第7.3节）。

与所有指南手册一样,理解这些建议所依据的原则比盲目地遵循这些原则更为重要。每项调查都有它的困难和复杂性,有时忽略这些建议是有意义的。尽管如此,我们相信有很好的证据(在前面的章节中进行了回顾)可以支持这些指导方针。

8.5 网络调查的未来

网络调查的一个主要问题是缺乏广泛的互联网接入。对于许多调查研究人员来说,影响网络调查发挥吸引力的一个关键限制因素是大量的目标人群(如一般普通家庭)不能被网络调查覆盖。然而,无论是互联网还是互联网接入的含义都在发生着迅速的变化。人们为什么使用互联网以及他们如何上网,正在迅速进化。

想想我们是如何使用互联网的。Pew 互联网与美国生活项目(Pew Internet &American Life Project)(Purcell,2011)最近的一份报告指出,尽管在网上搜索信息和收发电子邮件仍然是互联网的主要用途(超过 90% 的互联网用户报告了这些活动),但社交网络自 2004 年(Facebook 上线之年)起就呈爆炸式增长。根据 Pew 的调查,65% 的互联网用户现在使用社交网站。尽管估计值各不相同,但大约 40% 的美国成年人(在本文撰写之时)拥有 Facebook 账户。电子商务、博客、下载音乐和视频、参与互动虚拟世界以及其他形式的在线娱乐正在取代(或赶上)电子邮件和信息搜索,成为互联网的主要用途。目前尚不清楚人们使用互联网的这些变化将如何影响他们参与在线调查的意愿以及如何回答调查问题。

与此同时,在过去十年左右的时间里,访问网络的方法有所扩展,许多(或绝大多数)用户通过手机或平板电脑上网。Pew 的另一项研究发现，“近一半的美国成年人（47%）报告称，他们至少在手机或平板电脑上获得了一些当地新闻和信息”（Purcell,Rainie,Rosenstiel, and Mitchell,2011）。这只是人们上网方式发生巨变的一个例证。新的互联网接入形式和互联网的新用途可能改变网络调查的覆盖面，并改变数字鸿沟。

据我们所知，几乎所有关于网络调查的研究都是基于通过笔记本电脑或台式电脑浏览器访问的调查。随着越来越多的网络调查在移动设备上完成，包括电话和平板电脑，这里提出的许多结论可能需要修改和扩展。仅举一些可能的差异，在智能手机上完成网络调查的受访者可能比在台式电脑上完成调查的受访者更容易分心，因为受到的短信或嘈杂的外部环境的影响；因此，工作量可能比完成传统电话采访工作量更大，而不是更少（见第7章中的讨论）。一些问题，如信息在屏幕上的位置，可能会被认为重要性更强，因为受访者将会在视觉空间更有限的设备上完成网络调查。互联网仍在迅速变化，只有时间才能说明其未来的发展将如何影响网络调查。

参考文献

AAPOR （2010）. AAPOR report on online panels. Deerfield, IL: American Association for Public Opinion Research.

AAPOR （2011）. Standard definitions: Final dispositions of case codes and outcome rates for surveys （7th ed.）. Deerfield, IL: American Association for Public Opinion Research.

Albaum, G., Roster, C. A., Wiley, J., Rossiter, J., & Smith, S. M. （2010）. Designing Web surveys in marketing research: Does use of forced answering affect completion rates? Journal of Marketing Theory and Practice, 1, 285-293.

Alexander, G. L., Divine, G. W., Couper, M. P., McClure, J. B., Stopponi, M. A., Fortman, K. K., Tolsma, D. D., Strecher, V. J., & Johnson, C. C. （2008）. Effect of incentives and mailing features on recruitment for an online health program. American Journal of Preventive Medicine, 34, 382-388.

Alvarez, R. M., Sherman, R. P., & VanBeselaere, C. （2003）. Subject acquisition for Web-based surveys. Political Analysis, 11, 23-43.

Atrostic, B. K., Bates, N., Burt, G., & Silberstein, A. （2001）. Nonresponse in U. S. government household surveys: Consistent measures, recent trends, and new insights. Journal of Official Statistics, 17, 209-226.

Baker, R. P., & Couper, M. P. （2007）. The impact of screen size and background color on response in Web surveys. Paper presented at the General Online Research Conference （GOR’07）, Leipzig, March.

Bälter, K. A., Bälter, O., Fondell, E., & Lagaross, Y. T. （2005）. Web-based and mailed questionnaires: A comparison of response rates and compliance. Epidemiology, 16, 577-579.

Bandilla, W., Blohm, M., Kaczmirek, L., & Neubarth, W. （2007）. Differences between respondents and nonrespondents in an Internet survey recruited from a face-to-face survey. Paper presented at the European Survey Research Association conference, Prague, June.

Bason, J. J. （2000）. Comparison of telephone, mail, Web, and IVR surveys of drugs and alcohol use among University of Georgia students. Paper presented at the 55th Annual Conference of the American Association for Public Opinion Research, Portland, OR, May.

Bates, N. （2001）. Internet versus mail as a data collection methodology from a high-coverage population. Paper presented at the 56th Annual Conference of the American Association for Public Opinion Research, Montreal, Quebec, May.

Bates, S. C., & Cox, J. M. （2008）. The impact of computer versus paper-pencil survey, and individual versus group administration, on self-reports of sensitive behaviors. Computers in Human Behavior, 24, 903-916.

Bauman, K., & Dent, C. W. （1982）. Influence of an objective measure on self-reports of behavior. Journal of Applied Psychology, 67, 623-628.

Beebe, T. J., Harrison, P. A., McRae, J. A., Anderson, R. E., & Fulkerson, J. A. （1998）. An evaluation of computer-assisted self-interviews in a school setting. Public Opinion Quarterly, 62, 623-632.

Bell, D. S., Mangione, C. M., & Kahn, C. E. （2001）. Randomized testing of alternative survey formats using anonymous volunteers on the World Wide Web. Journal of the American Medical Informatics Association, 8, 616-620.

Belli, R. F., Traugott, M. W., & Beckmann, M. N. （2001）. What leads to voting overreports? Contrasts of overreporters to validated voters and admitted nonvoters in the American National Election Studies. Journal of Official Statistics, 17, 479-498.

Belson, W. A. （1981）. The design and understanding of survey questions. Aldershot: Gower. Benway, J. P. （1998）. Banner blindness: The irony of attention grabbing on the World Wide Web. In Proceedings of the Human Factors and Ergonomics Society 42nd Annual Meeting, pp. 463-467.

Benway, J. P. & Lane, D. M. （1998）. Banner blindness: Web searchers often miss ‘obvious’ links. ITG Newsletter, 1 （3）. http://www. internettg. org/newsletter/dec98/banner_blindness.html

Berrens, R. P., Bohara, A. K., Jenkins-Smith, H., Silva, C., & Weimer, D. L. （2003）. The advent of Internet surveys for political research: A comparison of telephone and Internet surveys. Political Analysis, 11 , 1-22.

Bethlehem, J. G. （2002）. Weighting nonresponse adjustments based on auxiliary information. In R. M. Groves, D. Dillman, J. L. Eltinge, & R. J. A. Little （Eds.）, Survey Nonresponse （pp. 275- 288 ）. New York: John Wiley.

Bethlehem, J. （2010）. Selection bias in Web surveys. International Statistical Review, 78, 161-188.

Birnholtz, J. P., Horn, D. B., Finholt, T. A., & Bae, S. J. （2004）. The effects of cash, electronic, and paper gift certificates as respondent incentives for a Web-based survey of technologically sophisticated respondents. Social Science Computer Review, 22, 355-362.

Boltz, M. G. （1993）. Time estimation and expectancies. Memory and Cognition, 21, 853-863. Bosnjak, M., Neubarth, W., Couper, M. P., Bandilla, W., & Kaczmirek, L. （2008）. Prenotification in Web-based access panel surveys: The influence of mobile text messaging versus e-mail on response rates and sample composition. Social Science Computer Review, 26, 213-223.

Bosnjak, M., & Tuten, T. L. （2002）. Prepaid and promised incentives in Web surveys - an experiment. Social Science Computer Review, 21, 208-217.

Brener, N. D., Eaton, D. K., Kann, L., Grunbaum, J. A., Gross, L. A., Kyle, T. M., & Ross, J. G. （2006）. The association of survey setting and mode with self-reported risk behavior among high schools students. Public Opinion Quarterly, 70, 354-374.

Brennan, M. （2005）. The effect of a simultaneous mixed-mode （mail and Web） survey on respondent characteristics and survey responses. Paper presented at the ANZMAC 2005 Conference.

Brick, J. M., Brick, P. D., Dipko, S., Presser, S., Tucker, C., & Yuan, Y. （2007）. Cell phone survey feasibility in the U.S.: Sampling and calling cell numbers versus landline numbers. Public Opinion Quarterly, 71, 23-39.

Brick, J. M., Waksberg, J., Kulp, D., & Starer, A. （1995）. Bias in list-assisted telephone surveys. Public Opinion Quarterly, 59, 218-235.

Brøgger, J., Nystad, W., Cappelen, I., & Bakke, P. （2007）. No increase in response rate by adding a Web response option to a postal population survey: A randomized trial. Journal of Medical Internet Research, 9, e40.

Brunner, L. J. （1979） Smiles can be backchannels. Journal of Personality and Social Psychology, 37, 728-734.

Burris, J., Chen, J., Graf, I., Johnson, T., & Owens, L. （2001）. An experiment in Web survey design. Paper presented at the 56th Annual Conference of the American Association for Public Opinion Research, Montreal, Quebec, May.

Callegaro, M., & DiSogra, C. （2008）. Computing response metrics for online panels. Public Opinion Quarterly, 72, 1008-1032.

Callegaro, M., Shand-Lubbers, J., & Dennis, J. M. （2009）. Presentation of a single item versus a grid: Effects on the Vitality and Mental Health Subscales of the SF-36v2 health survey. Paper presented at the 64th Annual Conference of the American Association for Public Opinion Research, Hollywood, FL, May.

Callegaro, M., Villar, A., & Yang, Y. （2011）. A meta-analysis of experiments manipulating progress indicators in Web surveys. Paper presented at the 66th Annual Conference of the American Association for Public Opinion Research, Phoenix, AZ, May.

Cantor, D., Brick, P. D., Han, D., & Aponte, M. （2010）. Incorporating a Web option in a two-phase mail survey. Paper presented at the 65th Annual Conference of the American Association for Public Opinion Research, Chicago, May.

Carbonell, J. （1983）. Derivational analogy in problem solving and knowledge acquisition. In R.S. Michalski （Ed.）, Proceedings of the International Machine Learning Workshop （pp. 12-18）. Urbana, IL: Department of Computer Science, University of Illinois at Urbana-Champaign. Casady, R. J., & Lepkowski, J. M. （1993）. Stratified telephone survey designs. Survey Methodology, 19, 103-113.

Catania, J. A., Binson, D., Canchola, J., Pollack, L. M., Hauck, W., & Coates, T. J. （1996）. Effects of interviewer gender, interviewer choice, and item wording on responses to questions concerning sexual behavior. Public Opinion Quarterly, 60, 345-375.

Chang, L., & Krosnick, J. A. （2009）. National surveys via RDD telephone interviewing versus the Internet: Comparing sample representativeness and response quality. Public Opinion Quarterly, 73, 641-678.

Childers, T. L., & Jass, J. （2002）. All dressed up with something to say: Effects of typeface semantic associations on brand perceptions and consumer memory. Journal of Consumer Psychology, 12, 93-106.

Christian, L. M., & Dillman, D. A. （2004）. The influence of graphical and symbolic language manipulations on responses to self-administered questions. Public Opinion Quarterly, 68, 57-80. Christian, L. M., Dillman D. A., & Smyth J. D. （2007）. Helping respondents get it right the first time: The influence of words, symbols, and graphics in Web surveys. Public Opinion Quarterly, 71, 113-125.

Christian, L. M., Dillman D. A., & Smyth J. D. （2008）. The effects of mode and format on answers to scalar questions in telephone and Web surveys. In J. M. Lepkowski, C. Tucker, J. M. Brick, E. D. de Leeuw, L. Japec, P. J. Lavrakas, M. W. Link, & R. L. Sangster （Eds.）, Advances in telephone survey methodology （pp. 250-275）. New York: John Wiley.

Christian, L. M., Parsons, N. L., & Dillman, D. A. （2009）. Designing scalar questions for Web surveys. Sociological Methods and Research, 37, 393-425.

Church, A. H. （1993）. Estimating the effect of incentives on mail survey response rates: A meta-analysis. Public Opinion Quarterly, 57, 62-79.

Clark, H. H., & Schaefer, E. F. （1989）. Contributing to discourse. Cognitive Science, 13, 259-294.

Clark, H. H., & Schober, M. F. （1991）. Asking questions and influencing answers. In J. M. Tanur （Ed.）, Questions about questions: Inquiries into the cognitive bases of surveys （pp. 15-48）. New York: Russell Sage Foundation.

Clark, R. L., & Nyiri, Z. （2001）. Web survey design: Comparing a multi-screen to a single screen survey. Paper presented at the 56th Annual Conference of American Association for Public Opinion Research, Montreal, Quebec, May.

Conrad, F. G., Couper, M. P., Tourangeau, R., Galešic, M., & Yan, T. （2009）. Interactive feedback can improve the quality of responses in Web surveys. Paper presented at the conference of the European Survey Research Association. Warsaw, Poland. July.

Conrad, F. G., Couper, M. P., Tourangeau, R., & Peytchev, A. （2005）. Effectiveness of progress indicators in Web surveys: First impressions matter. Proceedings of SIGCHI 2005: Human Factors in Computing System s Portland, OR.

Conrad, F. G., Couper, M. P., Tourangeau, R., & Peytchev, A. （2006）. Use and non-use of clarification features in Web surveys. Journal of Official Statistics, 22, 245-269.

Conrad, F. G., Couper, M. P., Tourangeau, R., & Peytchev, A. （2010）. Impact of progress indicators on task completion. Interacting with Computers, 22, 417-427.

Conrad, F. G., & Schober, M. F. （2000）. Clarifying question meaning in a household telephone survey. Public Opinion Quarterly, 64, 1-28.

Conrad, F. G., Schober, M. F., & Coiner, T. （2007）. Bringing features of human dialogue to Web surveys. Applied Cognitive Psychology, 21, 165-188.

Conrad, F. G., Schober, M. F., Jans, M., Orlowski, R., Nielsen, D., & Levenstein, R. （2008）. Virtual interviews on mundane, non-sensitive topics: Dialog capability affects response accuracy more than visual realism does. Paper presented at 63rd Annual Conference of the American Association for Public Opinion Research, New Orleans, LA.

Conrad, F. G., Schober, M. F., & Nielsen, D. （2011）. Race of virtual interviewer effects. Paper presented at the 66th Annual Conference of the American Association for Public Opinion Research, Phoenix, AZ, May.

Conrad, F. G., Tourangeau, R., Couper, M. P., & Kennedy, C. （2009）. Interactive interventions in Web surveys increase respondent conscientiousness. Paper presented at the 64th Conference of the American Association for Public Opinion Research, Hollywood, FL, May.

Conrad, F., Tourangeau. R., Couper, M. P., & Zhang, C. （2011）. Interactive interventions in Web surveys can increase response accuracy. Paper presented at the Annual Conference of the American Association for Public Opinion Research, Phoenix, AZ.

Conrad, F. G., Tourangeau, R., Couper. M. P., & Zhang, C. （In preparation）. Interactive intervention to reduce satisficing in Web surveys.

Cooley, P. C., Miller, H. G., Gribble, J. N., & Turner, C. F. （2000）. Automating telephone surveys: Using T-ACASI to obtain data on sensitive topics. Computers and Human Behavior, 16, 1-11.

Couper, M. P. （2000）. Web surveys: A review of issues and approaches. Public Opinion Quarterly, 64, 464-494.

Couper, M. P. （2007）. Issues of representation in eHealth research （with a focus on Web surveys）. American Journal of Preventive Medicine, 32, S83-S89.

Couper, M. P. （2008a）. Designing effective Web surveys . New York: Cambridge University Press.

Couper, M. P. （2008b）. Technology and the survey interview/questionnaire. In M. F. Schober and F. G. Conrad （Eds.）, Envisioning the survey interview of the future （pp. 58-76）. New York: John Wiley.

Couper, M. P., Baker, R. P., & Mechling, J. （2011）. Placement of navigation buttons in Web surveys. Survey Practice, February, http://surveypractice. org/2011/02/14/navigation_buttons/

Couper, M. P., & Bosnjak, M. （2010）. Internet surveys. In P. V. Marsden & J. D. Wright （Eds.）. The handbook of survey research （2nd ed., pp. 527-556）. Bingley, UK: Emerald.

Couper, M. P., Conrad, F. G., & Tourangeau, R. （2007）. Visual context effects in Web surveys. Public Opinion Quarterly, 71, 91-112.

Couper, M. P., Kapteyn, A., Schonlau, M., & Winter, J. （2007）. Noncoverage and nonresponse in an Internet survey. Social Science Research, 36, 131-148.

Couper, M. P., Kennedy, C., Conrad, F. G., & Tourangeau, R. （2011）. Designing input fields for non-narrative open-ended responses in Web surveys. Journal of Official Statistics, 27, 65-85.

Couper, M. P., Tourangeau, R., & Conrad, F. G. （2009）. Improving the design of complex grid questions. Paper presented at the Internet Survey Methodology Workshop, Bergamo, Italy.

Couper, M. P., Tourangeau, R., Conrad, F. G., & Zhang, C. （In press）. The design of grids in Web surveys. Social Science Computer Review.

Couper, M. P., Tourangeau, R., Conrad, F. G., & Crawford, S. （2004）. What they see is what we get: Response options for Web surveys. Social Science Computer Review, 22, 111-127.

Couper, M. P., Tourangeau, R., Conrad, F. G., & Singer, E. （2006）. Evaluating the effectiveness of visual analog scales: A Web experiment. Social Science Computer Review, 24, 227-245.

Couper, M. P., Tourangeau, R., & Kenyon, K. （2004）. Picture this! Exploring visual effects in Web surveys. Public Opinion Quarterly, 68, 255-266.

Couper, M. P., Traugott, M., & Lamias, M. （2001）. Web survey design and administration. Public Opinion Quarterly, 65, 230-253.

Cox, S., Parmer, R., Tourkin, S., Warner, T., Lyter, D. M., & Rowland, R （2007）. Documentation for the 2004-05 Teacher Follow-up Survey. Washington, DC: National Center for Education Statistics, NCES 2007-349.

Crawford, S., Couper, M. P., & Lamias, M. （2001）. Web surveys: Perception of burden. Social Science Computer Review, 19, 146-162.

Crawford, S. D., McCabe, S. E., Saltz, B., Boyd, C. J., Freisthler, B., & Paschall, M. J. （2004）. Gaining respondent cooperation in college Web-based alcohol surveys: Findings from experiments at two universities. Paper presented at the 59th Annual Conference of the American Association for Public Opinion Research, Phoenix, AZ, May.

Curtin, R., Presser, S., & Singer, E. （2005）. Changes in telephone survey nonresponse over the past quarter century. Public Opinion Quarterly, 69, 87-98.

de Leeuw, E. D. （2005）. To mix or not to mix data collection modes in surveys. Journal of Official Statistics, 21, 233-255.

de Leeuw, E. D., & de Heer, W. （2002）. Trends in household survey nonresponse: A longitudinal and international comparison. In R. M. Groves, D. Dillman, J. L. Eltinge, & R. J. A. Little （Eds.）, Survey Nonresponse （pp. 41-54 ）. New York: John Wiley.

Delavande, A., & Rohwedder, S. （2008）. Eliciting subjective probabilities in Internet surveys. Public Opinion Quarterly, 72, 866-891.

Deming, W. E. （1944）. On errors in surveys. American Sociological Review, 9, 359-369.

Denniston, M. M., Brener, N. D., Kann, L., Eaton, D. K., McManus, T., Kyle, T. M., Roberts, A. M., Flint, K. H., & Ross, J. G. （2010）. Comparison of paper-and-pencil versus Web administration of the Youth Risk Behavior Survey （YRBS）: Participation, data quality, and perceived privacy and anonymity. Computers in Human Behavior, 26, 1054-1060.

Denscombe, M. （2006）. Web-based questionnaires and the mode effect: An evaluation based on completion rates and data contents of near-identical questionnaires delivered in different modes. Social Science Computer Review, 24, 246-254.

Denscombe, M. （2009）. Item non-response rates: A comparison of online and paper questionnaires. International Journal of Social Research Methodology, 12, 281-291.

DeRouvray, C., & Couper, M. P. （2002）. Designing a strategy for reducing no opinion responses in Web-based surveys. Social Science Computer Review, 20, 3-9.

Dever, J. A., Rafferty, A., & Valliant, R. （2008）. Internet surveys: Can statistical adjustments eliminate coverage bias? Survey Research Methods, 2, 47-62.

Dillman, D. A. （2000）. Mail and Internet surveys: The tailored design method. New York: John Wiley.

Dillman, D. A. （2007）. Mail and internet surveys: The tailored design method （2nd ed.）.

New York: John Wiley.

Dillman, D. A., & Christian, L. M. （2005）. Survey mode as a source of instability in responses across surveys. Field Methods, 17, 30-52.

Dillman, D. A., Sinclair, M. D., & Clark, J. R. （2003）. Effects of questionnaire length, respondent-friendly design, and a difficult question on response rates for occupant-addressed census mail surveys. Public Opinion Quarterly, 57, 289-304.

Dillman, D. A., Smyth, J. D., & Christian, L. M. （2009）. Internet, mail, and mixed-mode surveys: The tailored design method . New York: John Wiley.

Dillman, D. A., & Tarnai, J. （1991）. Mode effects of cognitively designed recall questions: A comparison of answers to telephone and mail surveys. In P. P. Biemer, R. M. Groves, L. E. Lyberg, N. A. Mathiowetz, & S. Sudman （Eds.）, Measurement errors in surveys （pp. 73-93）. New York: John Wiley.

DiSogra, C., Callegaro, M., & Hendarwan, E. （2009）. Recruiting probability-based Web panel members using an address-based sample frame: Results from a pilot study conducted by Knowledge Networks. In Proceedings of the Joint Statistical Meetings, Survey Research Method Section, （pp. 5270-5283）.

Duncan, S., & Fiske, D. W. （1977）. Face-to-face interaction . Hillsdale, NJ: Erlbaum.

Eaton, D. K., Brener, N. D., Kann, L., Denniston, M. M., McManus, T., Kyle, T. M., Roberts, A. M., Flint, K. H., & Ross, J. G. （2010）. Comparison of paper-and-pencil versus Web administration of the Youth Risk Behavior Survey （YRBS）: Risk behavior prevalence estimates. Evaluation Review, 34, 137-153.

Ehlen, J., & Ehlen, P. （2007）. Cellular-only substitution in the United States as lifestyle adoption: Implications for telephone survey coverage. Public Opinion Quarterly, 71, 717-733.

Elliott, M. N., Zaslavsky, A. M., Goldstein, E., Lehrman, W., Hambarsoomians, K., Beckett, M. K., & Giordano, L. （2009）. Effects of survey mode, patient mix, and nonresponse on CAHPS® Hospital Survey scores. Health Services Research, 44, 501-518.

Fendrich, M., & Johnson, T. P. （2001）. Examining prevalence differences in three national surveys of youth: Impact of consent procedures, mode, and editing rules. Journal of Drug Issues, 31, 615-642.

Flemming, G., & Sonner, M. （1999）. Can Internet polling work? Strategies for conducting public opinion surveys online. Paper presented at the 54th Annual Conference of the American Association of Public Opinion Research, St. Petersburg Beach, Florida, May.

Fowler, F. J., & Stringfellow, V. L. （2001）. Learning from experience: Estimating teen use of alcohol, cigarettes, and marijuana from three survey protocols. Journal of Drug Issues,

31, 643-664.

Fricker, S., Galešic, M., Tourangeau, R., & Yan, T. （2005）. An experimental comparison of Web and telephone surveys. Public Opinion Quarterly, 69, 370-392.

Fu, H., Darroch, J. E., Henshaw, S. K., & Kolb, E. （1998）. Measuring the extent of abortion underreporting in the 1995 National Survey of Family Growth. Family Planning Perspectives, 30, 128-133 & 138.

Fuchs, M. （2009）. Gender-of-interviewer effects in a video-enhanced Web survey: Results from a randomized field experiment. Social Psychology, 40, 37-42.

Fuchs, M. （2009）. Asking for numbers and quantities: Visual design effects in paper and pencil surveys. International Journal of Public Opinion Research, 21, 65-84.

Fuchs, M., & Funke, F. （2007）. Video Web survey—Results of an experimental comparison with a text-based Web survey. In M. Trotman （Ed.）, Challenges of a changing world. Proceedings of the Fifth International Conference of the Association for Survey Computing （pp. 63-80）. Berkeley: Association for Survey Computing.

Funke, F., Reips, U.-D., & Thomas, R. K. （2011）. Sliders for the smart: Type of rating scale on the Web interacts with educational level. Social Science Computer Review, 29, 221-231.

Galešic, M. （2006）. Dropouts on the Web: Effects of interest and burden experienced during an online survey. Journal of Official Statistics, 22, 313-328.

Galešic, M., Tourangeau, R., Couper, M. P., & Conrad, F. G. （2007）. Using change to improve navigation in grid questions. Paper presented at the General Online Research Conference （GOR’07）. Leipzig, March.

Galešic, M., Tourangeau, R., Couper, M. P., & Conrad, F. G. （2009）. Eye-tracking data: New insights on response order effects and other cognitive shortcuts in survey responding. Public Opinion Quarterly, 72, 892-913.

Gentry, R., & Good, C. （2008）. Offering respondents a choice of survey mode: Use patterns of an Internet response option in a mail survey. Paper presented at the 63rd Annual Conference of the American Association for Public Opinion Research, New Orleans, May.

Gibson, J. J. （1979）. The ecological approach to visual perception . New York: Harper and Row.

Goodwin, C. （1981）. Conversational organization: Interaction between speakers and hearers . New York: Academic Press.

Göritz, A. S. （2006a）. Incentives in Web studies: Methodological issues and a review. International Journal of Internet Science, 1, 58-70.

Göritz, A. S. （2006b）. Cash lotteries as incentives in online panels. Social Science Computer Review, 24, 445-459.

Göritz, A. S. （2010）. Using lotteries, loyalty points, and other incentives to increase participant response and completion. In S.D. Gosling & J.A. Johnson （Eds.）, Advanced methods for behavioral research on the Internet （pp. 219-233）. Washington, DC: American Psychological Association.

Gray, W. D. & Fu, W. （2004）. Soft constraints in interactive behavior: The case of ignoring perfect knowledge in-the-world for imperfect knowledge in-the-head. Cognitive Science, 28, 359-382.

Griffin, D. H., Fischer, D. P., & Morgan, M. T. （2001）. Testing an Internet response option for the American Community Survey. Paper presented at the 56th Annual Conference of the American Association for Public Opinion Research, Montreal, Quebec, May.

Groves, R. M. （1989）. Survey costs and survey errors . New York: John Wiley.

Groves, R. M. （2006）. Nonresponse rates and nonresponse error in household surveys. Public Opinion Quarterly, 70, 646-675.

Groves, R. M., & Couper, M. P. （1998）. Nonresponse in household interview surveys. New York: John Wiley.

Groves, R. M., Couper, M. P., Presser, S., Singer, E., Tourangeau, R., Acosta, G. P., & Nelson, L. （2006）. Experiments in producing nonresponse bias. Public Opinion Quarterly, 70, 720-736.

Groves, R. M., Fowler, F. J., Couper, M. P., Lepkowski, J. M., Singer, E., & Tourangeau, R. （2009）. Survey methodology （2nd ed.）. New York: John Wiley.

Groves, R. M., & Lyberg, L. （2010）. Total survey error: Past, present, and future. Public Opinion Quarterly, 74, 849-879.

Groves, R. M., & Peytcheva, E. （2008）. The impact of nonresponse rates on nonresponse bias: A meta-analysis. Public Opinion Quarterly, 72, 167-189.

Guéguen, N. & Jacob, C. （2002）. Solicitations by e-Mail and solicitor's status: A field study of social influence on the Web. CyberPsychology and Behavior, 5, 377-383.

Hammen, K. （2010）. The impact of visual and functional design elements in online survey research. Paper presented at the General Online Research conference, Pforzheim, Germany, May.

Harmon, M. A., Westin, E. C., & Levin, K. Y. （2005）. Does type of pre-notification affect Web survey response rates? Paper presented at the 60th Annual Conference of the American Association for Public Opinion Research, Miami Beach, May.

Hays, R. D., Bode, R., Rothrock, N., Riley, W., Cella, D., & Gershon, R. （2010）. The impact of next and back buttons on time to complete and measurement reliability in computer-based surveys. Quality of Life Research, 19, 1181-1184.

Healey, B. （2007）. Drop downs and scroll mice: The effect of response option format and input mechanism employed on data quality in Web surveys. Social Science Computer Review, 25, 111-128.

Healey, B., Macpherson, T., & Kuijten, B. （2005）. An empirical evaluation of three Web survey design principles. Marketing Bulletin, 16, Research note 2.

Heerwegh, D. （2003）. Explaining response latencies and changing answers using client-side paradata from a Web survey. Social Science Computer Review, 21, 360-373.

Heerwegh, D. （2005）. Effects of personal salutations in e-mail invitations to participate in a Web survey. Public Opinion Quarterly, 69, 588-598.

Heerwegh, D., & Loosveldt, G. （2002）. An evaluation of the effect of response formats on data quality in Web surveys. Social Science Computer Review, 20, 471-484.

Heerwegh, D., & Loosveldt, G. （2006）. An experimental study on the effects of personalization, survey length statements, progress indicators, and survey sponsor logos in Web surveys. Journal of Official Statistics, 22, 191-210.

Heerwegh, D., & Loosveldt, G. （2008）. Face-to-face versus Web surveying in a high-Internet-coverage population. Public Opinion Quarterly, 72, 836-846.

Heerwegh, D., Vanhove, T., Matthijs , K. , & Loosveldt, G. （2005）. The effect of personalization on response rates and data quality in Web surveys. International Journal of Social Science Methodology, 8, 85-99.

Heinberg, A., Hung, A., Kapteyn, A., Lusardi, A., & Yoong, J. （2010）. Five steps to planning success . Report to the Social Security Administration. Santa Monica, CA: Rand Corporation

Heuer, R., Kuhr, B., Fahimi, M., Curtin, T. R., Hinsdale, M., Carley-Baxter, L., & Green, P. （2006）. National Study of Postsecondary Faculty （NSOPF: 04） methodology report （NCES 2006-179）. U.S. Department of Education. Washington, DC: National Center for Education Statistics.

Holbrook, A. L., Krosnick, J. A., Moore, D., & Tourangeau, R. （2007）. Response order effects in dichotomous categorical questions presented orally: The impact of question and respondent attributes. Public Opinion Quarterly, 71, 325-348.

Holland, J. L., & Christian, L. M. （2009）. The influence of topic interest and interactive probing on responses to open-ended questions in Web surveys. Social Science Computer Review, 27, 196-212.

Holmberg, A., Lorenc, B., & Werner, P. （2010）. Contact strategies to improve participation via the Web in a mixed-mode mail and Web survey. Journal of Official Statistics, 26, 465-480.

International Organization for Standardization （2009）. ISO 26362:2009 Access panels in market, opinion, and social research—Vocabulary and service requirements. Geneva: ISO.

International Telecommunication Union （2007）. Yearbook of statistics. Geneva, Switzerland: ITU.

Israel, G. （2009）. Obtaining responses by mail or Web: Response rates and data consequences. Survey Practice, June 2009.

Iyengar, S. S., & Lepper, M. （2000）. When choice is demotivating: Can one desire too much of a good thing? Journal of Personality and Social Psychology, 76, 995-1006.

Jenkins, C. R., & Dillman, D. A. （1997）. Towards a theory of self-administered questionnaire design. In L. Lyberg, P. Biemer, M. Collins, E. de Leeuw, C. Dippo, N. Schwarz, & D. Trewin （Eds.）, Survey measurement and process quality （pp. 165-196）. New York: John Wiley.

Joinson, A. N., & Reips, U. -D. （2007）. Personalized salutation, power of sender and response rates to Web-based surveys. Computers in Human Behavior, 23, 1372-1383.

Joinson, A. N., Woodley, A., & Reips, U. -D. （2007）. Personalization, authentication and self-disclosure in self-administered Internet surveys. Computers in Human Behavior, 23, 275-285.

Kaczmirek, L. （2009）. Human-survey interaction: Usability and nonresponse in online surveys . Cologne: Herbert von Halem Verlag.

Kaczmirek, L. （2011）. Attention and usability in Internet surveys: Effects of visual feedback in grid questions. In M. Das, P. Ester, & L. Kaczmirek （Eds.）, Social research and the Internet （pp. 191-214）. New York: Taylor and Francis.

Kalton, G., & Flores-Cervantes, I. （2003）. Weighting methods. Journal of Official Statistics, 19, 81-97.

Kane, E. W., & Macaulay, L. J. （1993）. Interviewer gender and gender attitudes. Public Opinion Quarterly, 57, 1-28.

Kaplowitz, M. D., Hadlock, T. D., & Levine, R. （2004）. A comparison of Web and mail survey response rates. Public Opinion Quarterly, 68, 94-101.

Kaplowitz, M. D., Lupi, F., Couper, M. P., & Thorp, L. （2012）. The effect of invitation design on Web survey response rates. Social Science Computer Review, 30, 339-349.

Keeter S., Kennedy, C., Dimock, M., Best, J., & Craighill, P. （2006）. Gauging the impact of growing nonresponse on estimates from a national RDD telephone survey. Public Opinion Quarterly, 70, 259-279.

Keeter S., Miller, C., Kohut, A., Groves, R. M., & Presser, S. （2000）. Consequences of reducing nonresponse in a large national telephone survey. Public Opinion Quarterly, 64,

125-148.

Kent, R., & Brandal, H. （2003）. Improving email response in a permission marketing context. International Journal of Market Research, 45, 489-506.

Kish, L. （1965）. Survey sampling. New York: John Wiley.

Knapp, H., & Kirk, S. A. （2003）. Using pencil and paper, Internet and Touch-Tone phones for self-administered surveys: Does methodology matter? Computers in Human Behavior, 19, 117-134.

Kreuter, F., Presser, S. & Tourangeau, R. （2008）. Social desirability bias in CATI, IVR and Web surveys: The effects of mode and question sensitivity. Public Opinion Quarterly, 72, 847-865.

Krosnick, J. （1991）. Response strategies for coping with the cognitive demands of attitude measures in surveys. Applied Cognitive Psychology, 5, 213-236.

Krosnick, J. A. （1999）. Survey research. Annual Review of Psychology, 50, 537-567.

Krosnick, J. A., & Alwin, D. （1987）. An evaluation of a cognitive theory of response order effects in survey measurement. Public Opinion Quarterly, 51, 201-219.

Krosnick, J. A., Ackermann, A., Malka, A., Yeager, D., Sakshaug, J., Tourangeau, R., DeBell, M., & Turakhia, C. （2009）. Creating the face-to-face recruited Internet survey platform （FFRISP）. Paper presented at the Third Annual Workshop on Measurement and Experimentation with Internet Panels, Santpoort, The Netherlands, August.

Krotki, K., & Dennis, J. M. （2001）. Probability-based survey research on the Internet. In Proceedings of the 53rd Conference of the International Statistical Institute, Seoul, Korea, August.

Krysan, M. & Couper, M. P. （2003）. Race in the live and the virtual interview: Racial deference, social desirability, and activation effects in attitude surveys. Social Psychology Quarterly, 66, 364-383.

Kwak, N., & Radler, B. T. （2002）. A Comparison between mail and Web surveys: Response pattern, respondent profile, and data quality. Journal of Official Statistics, 18, 257-273.

Lebrasseur, D., Morin, J. -P., Rodrigue, J. -F., & Taylor, J. （2010）. Evaluation of the innovations implemented in the 2009 Canadian census test. Proceedings of the American Statistical Association Survey Research Methods Section, pp. 4089-4097.

Lee, S. （2006a）. An evaluation of nonresponse and coverage errors in a prerecruited probability Web panel survey. Social Science Computer Review, 24, 460-475.

Lee, S. （2006b）. Propensity score adjustment as a weighting scheme for volunteer panel Web surveys. Journal of Official Statistics, 22, 329-349.

Lee, S., & Valliant, R. （2008）. Weighting telephone samples using propensity scores. In J.

M. Lepkowski, C. Tucker, J. M. Brick, E. D. de Leeuw, L. Japec, P. J. Lavrakas, M. W. Link, & R. L. Sangster （Eds.）, Advances in telephone survey methodology （pp. 170-183）. New York, NJ: John Wiley.

Lee, S., & Valliant, R. （2009）. Estimation for volunteer panel Web surveys using propensity score adjustment and calibration adjustment. Sociological Methods and Research, 37, 319-343.

Lenhart, A., Horrigan, J., Rainie, L., Allen, K., Boyce, A., Madden, M., & O' Grady, E. （2003）. The ever-shifting Internet population: A new look at Internet access and the digital divide . Washington, D. C.: The Pew Internet and American Life Project .

Lensvelt-Mulders, G. J. L. M., Hox, J., van der Heijden, P. G. M, & Maas, C. J. M. （2005）. Meta-analysis of randomized response research. Sociological Methods and Research, 33, 319-348.

Lepkowski, J. M. （1988）. Telephone sampling methods in the United States. In R. M. Groves, P. Biemer, L. Lyberg L, J. Massey, W. Nicholls W, & J. Waksberg （Eds.）, Telephone survey methodology. New York: John Wiley.

Lesser, V. M., Newton, L., & Yang, D. （2010）. Does providing a choice of survey modes influence response? Paper presented at the 65th Annual Conference of the American Association for Public Opinion Research, Chicago, May.

Lessler, J. T., & Kalsbeek, W. D. （1992）. Nonsampling error in surveys . New York: John Wiley.

Lind, L. H., Schober, M. F., Conrad, F. G., & Reichert, H. （under review）. Why do survey respondents disclose more when computers ask the questions?

Link, M. W., & Mokdad, A. H. （2005a）. Effects of survey mode on self-reports of adult alcohol consumption: A comparison of mail, Web, and telephone approaches. Journal of Studies on Alcohol, 66, 239-245.

Link, M. W., & Mokdad, A. H. （2005b）. Alternative modes for health surveillance surveys: An experiment with Web, mail, and telephone. Epidemiology, 16, 701-709.

Lindhjem, H., & Navrud, S. （2011a）. Using Internet in stated preference surveys: A review and comparison of survey modes. International Review of Environmental and Resource Economics, 5, 309-351.

Lindhjem, H., & Navrud, S. （2011b）. Are Internet surveys an alternative to face-to-face interviews in contingent valuation? Ecological Economics, 70, 1628-1637.

Lipsey, M. W., & Wilson, D. B. （2001）. Practical meta-analysis. Thousand Oaks, CA: Sage Publications.

Little, R. J., & Rubin, D. B. （2002）. Statistical analysis with missing data （2nd ed.）.

New York: John Wiley.

Little, R. J., & Vartivarian, S. L. （2004）. Does weighting for nonresponse increase the variance of survey means? （April 2004）. The University of Michigan Department of Biostatistics Working Paper Series. Working Paper 35.

Lozar Manfreda, K., Bosnjak, M., Berzelak, J., Haas, I., & Vehovar, V. （2008）. Web surveys versus other survey modes: A meta-analysis comparing response rates. International Journal of Market Research, 50, 79-104.

Lynch, P. J., & Horton, S. （2001）. Web style guide: Basic design principles for creating Web sites （2nd ed.）. New Haven: Yale University Press.

MacElroy, B. （2000）. Measuring response rates in online surveys. Modalis Research Technologies, unpublished paper, www.modalis.com.

Marta-Pedroso, C., Freitas, H., & Domingos, T. （2007）. Testing for the survey mode effect on contingent valuation data quality: A case study of Web based versus in-person interviews. Ecological Economics, 62, 388-398.

Matzat, U., Snijders, C., & van der Horst, W. （2009）. Effects of different types of progress indicators on drop-out rates in Web surveys. Social Psychology, 40, 43-52.

McCabe, S. E. （2004）. Comparison of Web and mail surveys in collecting illicit drug use data: A randomized experiment. Journal of Drug Education, 34, 61-72.

McCabe, S. E., Boyd, C. J., Couper, M. P., Crawford, S., & D’ Arcy H. （2002）. Mode effects for collecting alcohol and other drug use data: Web and U.S. mail. Journal of Studies on Alcohol, 63, 755-761.

McCabe, S. E., Couper, M. P., Cranford, J. A., & Boyd, C. J. （2006）. Comparison of Web and mail surveys for studying secondary consequences associated with substance abuse: Evidence for minimal mode effects. Addictive Behaviors, 31, 162-168.

McCarthy, M. S., & Mothersbaugh, D. L. （2002）. Effects of typographic factors in advertising-based persuasion: A general model and initial empirical tests. Psychology and Marketing, 19, 663-691.

Meier, B. P., & Robinson, M. D. （2004）. Why the sunny side is up: Associations between affect and vertical position. Psychological Science, 15, 243-247.

Millar, M. M., & Dillman, D. A. （2011）. Improving response to Web and mixed-mode surveys. Public Opinion Quarterly, 75, 249-269.

Miller, J. （2006）. Online marketing research. In R. Grover & M. Vriens （Eds.）, The handbook of marketing research （pp. 110-131）. Thousand Oaks, CA: Sage.

Miller, J. D. （1998）. The measurement of civic scientific literacy. Public Understanding of Science, 7, 203-223.

Muñoz-Leiva, F., Sánchez-Fernández, J., Montoro-Ríos, F., & Ibáñez-Zapata, J. A. （2010）. Improving the response rate and quality in Web-based surveys through the personalization and frequency of reminder mailings. Quality and Quantity, 44, 1037-1052.

Murray, D., O' Connell, C., Schmid, L., & Perry, C. （1987）. The validity of smoking self-reports by adolescents: A reexamination of the bogus pipeline procedure. Addictive Behaviors, 12, 7-15.

Nass, C., Moon, Y., & Green, N. （1997）. Are machines gender neutral? Gender-stereotypic responses to computers with voices. Journal of Applied Social Psychology, 27, 864-876.

Nielsen, J. （2000）. Designing Web usability . Berkeley, CA: New Riders.

Nielsen, J. （2005）. Guidelines for visualizing links. http://www. useit. com/alertbox/20040510.html

Nielsen, J. （2006）. F-shaped pattern for reading Web content. Alert Box, April 17, 2006. Available at http://www.useit.com/alertbox/reading_pattern.html

Nielsen, J., & Loranger, H. （2006）. Prioritizing Web usability . Berkeley, CA: New Riders.

Nielsen, J., & Pernice, K. （2010）. Eyetracking Web usability . Berkeley, CA: New Riders.

Nielsen, J. S. （2011）. Use of the Internet for willingness-to-pay surveys: A comparison of face-to-face and Web-based inteviews. Resource and Energy Economics, 33, 119-129.

Norman, D. A. （1988）. The design of everyday things . New York: Doubleday.

Norman, K. L., Friedman, Z., Norman, K., & Stevenson, R. （2001）. Navigational issues in the design of online self-administered questionnaires. Behaviour and Information Technology, 20, 37-45.

Norris, P. （2001）. Digital divide: Civic engagement, information poverty, and the Internet worldwide . Cambridge: Cambridge University Press.

Novemsky, N., Dhar, R., Schwarz, N., & Simonson, I. （2007）. Preference fluency in choice. Journal of Marketing Research, 44, 347-356.

Nyiri, Z., & Clark, R. L. （2003）. Web survey design: Comparing static and dynamic survey instruments. Paper presented at the 58th Annual Conference of the American Association for Public Opinion Research, Nashville, May.

O' Muircheartaigh, C., Gaskell, G., & Wright, D. B. （1995）. Weighing anchors: Verbal and numeric labels for response scales. Journal of Official Statistics, 11, 295-307.

Oudejans, M., & Christian, L. M. （2010）. Using interactive features to motivate and probe responses to open-ended questions. In M. Das, P. Ester, & L. Kaczmirek, L. （Eds.）, Social research and the Internet: Advances in applied methods and research strategies （pp. 215-244）. New York: Routledge.

Oviatt, S. & Adams, V. （2000）. Designing and evaluating conversational interfaces with animated characters. In J. Cassell, J. Sullivan, S. Prevost, & E. Churchill （Eds.）, Embodied conversational agents （pp. 319-346）. Cambridge, MA: MIT Press.

Pagendarm, M., & Schaumburg, H. （2001）. Why are users banner-blind? The impact of navigation style on the perception of Web banners. Journal of Digital Information, 2. http:// journals.tdl.org/ jodi/index.php/jodi/article/viewArticle/36/38

Page-Thomas, K. （2006）. Measuring task-specific perceptions of the World Wide Web. Behaviour and Information Technology, 25, 469-477.

Pearson, J., & Levine, R. A. （2003）, Salutations and response rates to online surveys. Paper presented at the Association for Survey Computing Fourth International Conference on the Impact of Technology on the Survey Process, Warwick, England, September.

Peytchev, A. （2005）. How questionnaire layout induces measurement error. Paper presented at the 60th Annual Conference of the American Association for Public Opinion Research, Miami Beach, FL, May.

Peytchev, A. （2009）. Survey breakoff. Public Opinion Quarterly, 73, 74-97.

Peytchev, A., Conrad, F. G., Couper, M. P., & Tourangeau, R. （2010）. Increasing respondents' use of definitions in Web surveys. Journal of Official Statistics, 26, 633-650.

Peytchev, A., Couper, M. P., McCabe, S. E., & Crawford, S. D. （2006）. Web survey design: Paging versus scrolling. Public Opinion Quarterly, 70, 596-607.

Pope, D., & Baker, R. （2005）. Experiments in color for Web-based surveys. Paper presented at the FedCASIC Workshops, Washington, D.C., March.

Porter, S. R., & Whitcomb, M. E. （2005）. E-mail subject lines and their effect on Web survey viewing and response. Social Science Computer Review, 23, 380-387.

Purcell, K. （2011）. Search and email still top the list of most popular online activities.

Purcell, K., Rainey, L., Rosenstiel, T., & Mitchell, A. （2011）. How mobile devices are changing community information environment.

Reber, R., & Schwarz, N. （1999）. Effects of perceptual fluency on judgments of truth. Consciousness and Cognition, 8, 338-342.

Redline, C. D., & Dillman, D. A. （2002）. The influence of alternative visual designs on respondents' performance with branching instructions in self-administered questionnaires. In R. M. Groves, D. A. Dillman, J. L. Eltinge, & R. J. A. Little （Eds.）, Survey nonresponse （pp. 179-193 ）. New York: John Wiley.

Redline, C. D., Dillman, D. A., Dajani, A. N., & Scaggs, M. A. （2003）. Improving navigational performance in U. S. Census 2000 by altering the visually administered languages of branching instructions. Journal of Official Statistics, 19, 403-419.

Redline, C. D., Tourangeau, R., Couper, M. P., & Conrad, F. G. （2009）. Formatting long lists of response options in demographic questions. Paper presented at the Annual Federal Conference on Survey Methodology.

Richman, W. L., Kiesler, S., Weisband, S., & Drasgow, F. （1999）. A meta-analytic study of social desirability distortions in computer-adminstered questionnaires, traditional questionnaires, and interviews. Journal of Applied Psychology, 84, 754-775.

Ritter, P., Lorig, K., Laurent, D., & Matthews, K. （2004）. Internet versus mailed questionnaires: A randomized comparison. Journal of Medical Internet Research, 6, e29.

Rivers, D. （2006）. Web surveys for health measurement. Paper presented at Building Tomorrow's Patient-Reported Outcome Measures: The Inaugural PROMIS Conference, Gaithersburg, MD, September.

Rivers, D., & Bailey, D. （2009）. Inference from matched samples in the 2008 U.S. national elections. Paper presented at the 64th Annual Conference of the American Association for Public Opinion Research, Hollywood, FL, May.

Rookey, B. D., Hanway, S., & Dillman, D. A. （2008）. Does a probability-based household panel benefit from assignment to postal response as an alternative to Internet-only? Public Opinion Quarterly, 72, 962-984.

Rosenbaum, P. R., & Rubin, D. B. （1984）. Reducing bias in observational studies using subclassification on the propensity score. Journal of the American Statistical Association, 79, 516-524.

Sakshaug, J., Tourangeau, R., Krosnick, J. A., Ackermann, A., Malka, A., DeBell, M., & Turakhia, C. （2009）. Dispositions and outcome rates in the 'Face-to-Face Recruited Internet Survey Platform' （the FFRISP）. Paper presented at the 64th Annual Conference of the American Association for Public Opinion Research, Hollywood, FL, May.

Sakshaug, J., Yan, T., & Tourangeau, R. （2010）. Nonresponse error, measurement error, and mode of data collection: Tradeoffs in a multi-mode survey. Public Opinion Quarterly, 74, 907-933.

Schegloff, E. A. （1982）. Discourse as an interactional achievement: Some uses of "uh huh" and other things that come between sentences. In D. Tannen （Ed.）, Georgetown University Roundtable on Languages and Linguistics 1981; Analyzing discourse: Text and talk （pp. 71-93）. Washington, DC: Georgetown University Press.

Scherpenzeel, A., & Das, M. （2011）. "True" longitudinal and probability-based Internet panels: Evidence from the Netherlands. In M. Das, P. Ester, & L. Kaczmirek （Eds.）. Social research and the Internet （pp. 77-104）. New York: Taylor and Francis.

Schneider, S. J., Cantor, D., Malakhoff, L., Arieira, C., Segal, P., Nguyen, K.-L. , & Tancreto, J. G. （2005）. Telephone, Internet, and paper data collection modes for the Census 2000 short form. Journal of Official Statistics, 21, 89-101.

Schober, M. F., & Conrad, F. G. （1997）. Does conversational interviewing reduce survey measurement error? Public Opinion Quarterly, 61, 576-602.

Schober, M. F., Conrad, F. G., & Fricker, S. S. （2004）. Misunderstanding standardized language in research interviews. Applied Cognitive Psychology, 18, 169-188.

Schonlau, M., van Soest, A., & Kapteyn, A. （2007）. Are ‘Webographic’ or attitudinal questions useful for adjusting estimates from Web surveys using propensity scoring? Survey Research Methods, 1, 155-163.

Schonlau, M., van Soest, A., Kapteyn, A., & Couper, M. P. （2009）. Selection bias in Web surveys and the use of propensity scores. Sociological Methods and Research, 37, 291-318.

Schonlau, M., Zapert, K., Simon, L. P., Sanstad, K. H., Marcus, S. M., Adams, J., Spranca, M., Kan, H., Turner, R., & Berry, S. H. （2004）. A comparison between responses from a propensity-weighted Web survey and an identical RDD survey. Social Science Computer Review, 22, 128-138.

Schriver, K. A. （1997）. Dynamics of document design . New York: John Wiley.

Schuman, H., & Presser, S. （1981）. Questions and answers in attitude surveys . New York: Academic Press.

Schwartz, B. （2000）. The paradox of choice: Why more is less . New York: Harper Collins.

Schwarz, N. （1996）. Cognition and communication: Judgmental biases, research methods, and the logic of conversation . Mahwah, NJ: Lawrence Erlbaum.

Schwarz, N., Grayson, C. E., & Knäuper, B. （1998）. Formal features of rating scales and the interpretation of question meaning. International Journal of Public Opinion Research, 10, 177-183.

Schwarz, N., & Hippler, H. -J. （1987）. What response scales may tell your respondents: Information functions of response alternatives In H. -J. Hippler, N. Schwarz, & S. Sudman（Eds.）, Social information processing and survey methodology （pp. 163-178）. New York: Springer-Verlag.

Schwarz, N., Knäuper, B., Hippler, H. -J., Noelle-Neumann, E., & Clark, F. （1991）. Rating scales: Numeric values may change the meaning of scale labels. Public Opinion Quarterly, 55, 618-630.

Scott, J., & Barrett, D. （1996）. 1995 National Census Test: Image optimization test final report . Washington, D.C.: U.S. Census Bureau, unpublished report.

Shih, T. -H., & Fan, X. （2008）. Comparing response rates from Web and mail surveys: A meta-analysis. Field Methods, 20, 249-271.

Short, J., Williams, E., & Christie, B. （1976）. The social psychology of telecommunications . London: John Wiley.

Simon, H. A. （1956）. Rational choice and the structure of the environment. Psychological Review, 63, 129-138.

Singer, E. （2002）. The use of incentives to reduce nonresponse in household surveys. In R. M. Groves, D. Dillman, J. L. Eltinge, & R. J. A. Little （Eds.）, Survey nonresponse （pp. 163-177 ）. New York: John Wiley.

Singer, E., Van Hoewyk, J., & Gebler, N. （1999）. The effect of incentives on response rates in interviewer-mediated surveys. Journal of Official Statistics, 15, 217-230.

Singer, E., Van Hoewyk, J., & Maher, M. P. （2000）. Experiments with incentives in telephone surveys. Public Opinion Quarterly, 64, 171-188.

Smith, R. M., & Kiniorski, K. （2003）. Participation in online surveys: Results from a series of experiments. Paper presented at the 58th Annual Conference of the American Association for Public Opinion Research, Nashville, TN, May.

Smith, T. W. （1995）. Little things matter: A sampler of how differences in questionnaire format can affect survey responses. In Proceedings of the American Statistical Association, Survey Research Methods Section （pp. 1046-1051）. Alexandria, VA: American Statistical Association.

Smith, T. W. （2003）. An experimental comparison of Knowledge Networks and the GSS. International Journal of Public Opinion Research, 15, 167-179.

Smyth, J. D., Dillman, D. A., Christian, L. M., & McBride, M. （2009）. Open-ended questions in Web surveys: Can increasing the size of answer boxes and providing verbal instructions improve response quality. Public Opinion Quarterly, 73, 325-337.

Smyth, J. D., Dillman, D. A., Christian, L. M., & O’ Neill, A. C. （2010）. Using the Internet to survey small towns and communities: Limitations and possibilities in the early 21st century. American Behavioral Scientist, 53 （9）: 1423-1448.

Song, H., & Schwarz, N. （2008a）. If it’s hard to read, it’s hard to do: Processing fluency effort prediction and motivation. Psychological Science, 19, 986-988.

Song, H., & Schwarz, N. （2008b）. Fluency and the detection of misleading questions: Low processing fluency attenuates the Moses illusion. Social Cognition, 26, 791-799.

Spiekermann, E., & Ginger, E. M. （2003）. Stop stealing sheep and find out how type works （2nd ed.）. Berkeley, CA: Adobe Press.

Sproull, L., Subramani, R., Kiesler, S., Walker, J. H., & Waters, K. （1996）. When the interface is a face. Human-Computer Interaction, 11, 97-124.

Stenbjerre, M., & Laugesen, J. M. （2005）. Conducting representative online research: A summary of five years of learnings. Paper presented at ESOMAR Worldwide Panel

Research Conference, Budapest, April 17-19.

Stern, M. J. （2008）. The use of client-side paradata in analyzing the effects of visual layout on changing responses in Web surveys. Field Methods, 20, 377-398.

Strabac, Z., & Aalberg, T. （2011）. Measuring political knowledge in telephone and Web surveys: A cross-national comparison. Social Science Computer Review, 29, 175-192.

Sudman, S., Bradburn, N., & Schwarz, N. （1996）. Thinking about answers: The application of cognitive processes to survey methodology . San Francisco: Jossey-Bass.

Suessbrick, A, Schober, M. F., & Conrad, F. G. （2000）. Different respondents interpret ordinary questions quite differently. In Proceedings of the American Statistical Association, Survey Research Methods Section （pp. 907-912 ）. Alexandria, VA: American Statistical Association.

Szoc, R. Z., Thomas, R. K., & Barlas, F. M. （2010）. Making it all add up: A comparison of constant sum tasks on self-reported behavior. Paper presented at the 65th Annual Conference of the American Association for Public Opinion Research, Chicago, IL.

Taylor, H., Bremer, J., Overmeyer, C., Siegel, J. W., & Terhanian, G. （2001）. The record of Internet-based opinion polls in predicting the results of 72 races in the November 2007 US elections. International Journal of Market Research, 43, 127-135.

Thomas, R. （2010）. Visual effects: A comparison of visual analog scales in models predicting behavior. Paper presented at the 65th Annual Conference of the American Association for Public Opinion Research, Chicago, IL.

Thornberry, O., & Massey, J. （1988）. Trends in United States telephone coverage across time and subgroups. In. R. Groves, P. Biemer, L. Lyberg, J. Massey, W. Nicholls, & J. Waksberg （Eds.）, Telephone Survey Methodology （pp. 41-54 ）. New York: John Wiley.

Toepoel, V., Das, M., & van Soest, A. （2008）. Effects of design in Web surveys: Comparing trained and fresh respondents. Public Opinion Quarterly, 72, 985-1007.

Toepoel, V., Das, M., & van Soest, A. （2009a）. Design of Web questionnaires: The effect of layout in rating scales. Journal of Official Statistics, 25, 509-528.

Toepoel, V., Das, M., & van Soest, A. （2009b）. Design of Web questionnaires: The effects of the number of items per screen. Field Methods, 21, 200-213.

Toepoel, V., Das, M., & van Soest, A. （2009c）. Relating question type to panel conditioning: Comparing trained and fresh respondents. Survey Research Methods, 3, 73-80.

Toepoel, V., & Dillman, D. A. （2008）. Words, numbers, and visual heuristics in Web survey: Is there a hierarchy of importance? Unpublished paper. Tilburg University.

Tourangeau, R. （2007）. Incentives, falling response rates, and the respondent-researcher relationship. Proceedings of the Ninth Conference on Health Survey Research Methods (pp. 244-253). Hyattsville, MD: National Center for Health Statistics.

Tourangeau, R., Conrad, F., Arens, Z., Fricker, S., Lee, S., & Smith, E. (2006). Everyday concepts and classification errors: Judgments of disability and residence. Journal of Official Statistics, 22, 385-418.

Tourangeau, R., Conrad, F. G., Couper, M. P., & Ye, C. (2011). The effects of providing examples in survey questions. Unpublished manuscript,

Tourangeau, R., Couper, M. P., & Conrad, F. G. (2004). Spacing, position, and order: Interpretive heuristics for visual features of survey questions. Public Opinion Quarterly, 68, 368-393.

Tourangeau, R., Couper, M. P., & Conrad, F. G. (2007). Color, labels and interpretive heuristics for response scales. Public Opinion Quarterly, 71, 91-112.

Tourangeau, R., Couper, M. P., & Conrad, F. G (in press). Up means good: The impact of screen position on evaluative ratings in Web surveys. Public Opinion Quarterly.

Tourangeau, R., Couper, M. P., & Gale š ic, M. (2005). Use of eye-tracking for studying survey response processes. Paper presented at the ESF Workshop, Dubrovik, Croatia. September.

Tourangeau, R., Couper, M. P., & Steiger, D. M. (2003). Humanizing self-administered surveys: Experiments on social presence in Web and IVR surveys. Computers in Human Behavior, 19, 1-24.

Tourangeau, R., Groves, R. M., Kennedy, C., & Yan, T. (2009). The presentation of a Web survey, nonresponse, and measurement error among members of Web panel. Journal of Official Statistics, 25, 299-321.

Tourangeau, R., Groves, R. M., & Redline, C. D. (2010). Sensitive topics and reluctant respondents: Demonstrating a link between nonresponse bias and measurement error. Public Opinion Quarterly, 74, 413-432.

Tourangeau, R., & Rasinski, K. A. (1988). Cognitive processes underlying context effects in attitude measurement. Psychological Bulletin, 103, 299-314.

Tourangeau, R., Rasinski, K., Jobe, J., Smith, T., & Pratt, W. (1997). Sources of error in a survey of sexual behavior. Journal of Official Statistics, 13, 341-365.

Tourangeau, R., Rips, L. J., & Rasinski, K. (2000). The psychology of survey response. New York: Cambridge University Press.

Tourangeau, R., & Smith, T. W. (1996). Asking sensitive questions: The impact of data collection mode, question format, and question context. Public Opinion Quarterly, 60, 275-304.

Tourangeau, R., Steiger, D. M., & Wilson, D. （2002）. Self-administered questions by telephone: Evaluating interactive voice response. Public Opinion Quarterly, 66, 265-278.

Tourangeau, R., & Yan, T. （2007）. Sensitive questions in surveys. Psychological Bulletin, 133, 859-883.

Tourkin, S., Parmer, R., Cox, S., & Zukerberg, A. （2005）. （Inter） net gain? Experiments to increase response. Paper presented at the 60th Annual Conference of the American Association for Public Opinion Research, Miami Beach, FL, May.

Trouteaud, A. R. （2004）. How you ask counts: A test of Internet-related components of response rates to a Web-based survey. Social Science Computer Review, 22, 385-392.

Tuten, T. L., Bosnjak, M., & Bandilla, W. （2000）. Banner-advertised Web surveys. Marketing Research, 11, 17-21.

Tuten, T. L., Galešic, M., & Bosnjak, M. （2004）. Effects of immediate versus delayed notification of prize draw results on response behavior in Web surveys: An experiment. Social Science Computer Review, 22, 377-384.

Vehovar, V., Lozar Manfreda, K., & Batagelj, Z. （1999）. Design issues in WWW surveys. Paper presented at the 54th Annual Conference of the American Association for Public Opinion Research, Portland, OR, May.

Vonk, T., van Ossenbruggen, R., & Willems, P. （2006）. The effects of panel recruitment and management on research results: A study across 19 panels. Proceedings of ESOMAR World Research Conference, Panel Research 2006, Barcelona, Spain, pp. 79-99 [CD].

Ware, C.. （2004）. Information visualization: Perception for design （2nd ed）. Burlington MA: Morgan Kaufmann.

Werner, P. （2005）. On the cost-efficiency of probability sampling based mail surveys with a Web response option . Department of Mathematics, Link ö ping University, Sweden: Ph.D. dissertation.

White, J. V. （1990）. Color for the electronic age . New York: Watson-Guptill.

Wolfe, E. W., Converse, P. D., Airen, O., & Bodenhorn, N. （2009）. Unit and item nonresponses and ancillary information in Web- and paper-based questionnaires administered to school counselors. Measurement and Evaluation in Counseling and Development, 42, 92-103.

Wroblewski, L. （2008）. Web form design: Filling in the blanks . Brooklyn, NY: Rosenfeld Media.

Yan, T. （2005）. Gricean effects in self-administered surveys . College Park, MD: University of Maryland, unpublished doctoral dissertation.

Yan, T., Conrad, F. G., Tourangeau, R., & Couper, M. P. （2011）. Should I stay or should I go: The effects of progress feedback, promised task duration, and length of questionnaire on completing Web surveys. International Journal of Public Opinion Research, 23, 131-147.

Ye, C., Fulton, J., & Tourangeau, R. （2011）. More positive or more extreme? A meta-analysis of mode differences in response choice. Public Opinion Quarterly, 75, 349-365.

Yeager, D. S., Krosnick, J. A., Chang, L., Javitz, H. S., Levendusky, M. S., Simpser, A., & Wang, R. （2011）, "Comparing the accuracy of RDD telephone surveys and Internet surveys conducted with probability and non-probability samples. Public Opinion Quarterly, 75, 709-747.

Yoshimura, O. （2004）. Adjusting responses in a non-probability Web panel survey by the propensity score weighting. In Proceedings of the Survey Research Methods Section （pp. 4660-4665）. Alexandria, VA: American Statistical Association.

图书在版编目(CIP)数据

网络调查的科学 / (美) 罗杰·图兰格
(Roger Tourangeau), (美) 弗雷德里克·G. 康拉德
(Frederick G. Conrad), (美) 米克·P. 库珀
(Mick P. Couper) 著 ; 翟洪江, 余志刚译 . -- 重庆 :
重庆大学出版社, 2023.1

(万卷方法)

书名原文: The Science of Web Surveys

ISBN 978-7-5689-3623-1

Ⅰ. ①网… Ⅱ. ①罗… ②弗… ③米… ④翟… ⑤余…
Ⅲ. ①互联网络—应用—调查方法 Ⅳ. ①C31-39

中国版本图书馆 CIP 数据核字(2022)第 227018 号

网络调查的科学

[美] 罗杰·图兰格(Roger Tourangeau)
[美] 弗雷德里克·G. 康拉德(Frederick G. Conrad) 著
[美] 米克·P. 库珀(Mick P. Couper)
翟洪江 余志刚 译
策划编辑:林佳木
责任编辑:李桂英 版式设计:林佳木
责任校对:王 倩 责任印制:张 策

*

重庆大学出版社出版发行
出版人:饶帮华
社址:重庆市沙坪坝区大学城西路 21 号
邮编:401331
电话:(023)88617190 88617185(中小学)
传真:(023)88617186 88617166
网址:http://www.cqup.com.cn
邮箱:fxk@cqup.com.cn(营销中心)
全国新华书店经销
重庆华林天美印务有限公司印刷

开本:890mm×1 240mm 1/32 印张:8.625 字数:226 千
2023 年 1 月第 1 版 2023 年 1 月第 1 次印刷
印数:1—4 000
ISBN 978-7-5689-3623-1 定价:45.00 元

版贸核渝字(2021)第 063 号

万卷方法®

知识生产者的头脑工具箱

很多做研究、写论文的人，可能还没有意识到，他们从事的是一项特殊的生产活动。而这项生产活动，和其他的所有生产活动一样，可以借助工具来大大提高效率。

万卷方法是为辅助知识生产而存在的一套工具书。

这套书系中，

有的，介绍研究的技巧，如《会读才会写》《如何做好文献综述》《研究设计与写作指导》《质性研究编码手册》；

有的，演示STATA、AMOS、SPSS、Mplus等统计分析软件的操作与应用；

有的，专门讲解和梳理某一种具体研究方法，如量化民族志、倾向值匹配法、元分析、回归分析、扎根理论、现象学研究方法、参与观察法等；

还有，

《社会科学研究方法百科全书》《质性研究手册》《社会网络分析手册》等汇集方家之言，从历史演化的视角，系统化呈现社会科学研究方法的全面图景；

《社会研究方法》《管理学问卷调查研究方法》等用于不同学科的优秀方法教材；

《领悟方法》《社会学家的窍门》等反思研究方法隐蔽关窍的慧黠之作……

书，是人和人的相遇。

是读者和作者，通过书做跨越时空的对话。

也是读者和读者，通过推荐、共读、交流一本书，分享共识和成长。

万卷方法这样的工具书很难进入豆瓣、当当、京东等平台的读书榜单，也不容易成为热点和话题。很多写论文、做研究的人，面对茫茫书海，往往并不知道其中哪一本可以帮到自己。

因此，我们诚挚地期待，你在阅读本书之后，向合适的人推荐它，让更多需要的人早日得到它的帮助。

我们相信：

每一个人的意见和判断，都是有价值的。

我们为推荐人提供意见变现的途径，具体请扫描二维码，关注“重庆大学出版社万卷方法”微信公众号，发送“推荐员”，了解详细的活动方案。